生孩子与开盲盒

读懂天赋 松弛养育

张晓宇 著
王 良

重庆出版集团 重庆出版社

图书在版编目（CIP）数据

生孩子与开盲盒：读懂天赋，松弛养育 / 张晓宇，王良著. -- 重庆：重庆出版社，2025.3. -- ISBN 978-7-229-19716-2

Ⅰ．G78

中国国家版本馆CIP数据核字第20254H5W61号

生孩子与开盲盒：读懂天赋，松弛养育
SHENG HAIZI YU KAI MANGHE:DUDONG TIANFU,SONGCHI YANGYU

张晓宇　王　良　著

图书策划：秦　琥
责任编辑：袁　宁　吕梦媛
责任校对：刘　艳
装帧设计：刘　尚

重庆出版集团
重庆出版社　出版

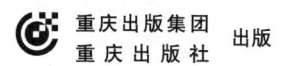

重庆市南岸区南滨路162号1幢　邮政编码：400061　http://www.cqph.com
重庆出版社艺术设计有限公司制版
重庆鹏程印务有限责任公司印刷
重庆出版集团图书发行有限公司发行
全国新华书店经销

开本：890mm×1240mm　1/32　印张：11.25　字数：200千
2025年3月第1版　2025年3月第1次印刷
ISBN 978-7-229-19716-2

定价：68.00元

如有印装质量问题，请向本集团图书发行有限公司调换：023-61520678

版权所有　侵权必究

序　言

生孩子就像开盲盒！这是近年来越来越多家长的感慨。

明明父母都是学霸，孩子却在学习上屡屡受挫；明明按照科学的育儿方法去做，孩子却依然给家长带来无数挑战；同一个家庭里，几个兄妹性格迥异，兴趣偏好截然不同……家长不禁感叹：生孩子就像开盲盒，完全看运气！

也许，这句话是对的。

但这并不意味着家庭教育没有作用。相反，我们应从遗传差异的角度重新理解家庭教育。因材施教是古老的智慧，只不过，随着科学的发展，我们对"材"本身有了更为深刻的理解，这是一个跨越教育学、心理学、脑神经科学乃至生物化学的持续探索过程。

如今，学界已普遍达成共识：遗传差异是塑造个体的关键因素，它对心理差异的解释力，远超其他任何因素。无论是双胞胎研究，还是基因组研究，所有证据都在不断印证着这一结论。

换句话说，自母亲和父亲的基因相遇、融合，创造出一个独一无二的胚胎时，孩子的许多行为倾向——能力、兴趣、性格，甚至情感反应模式——就已经在很大程度上定型。

那个数学总是学不好的孩子，那个不愿努力的孩子，那个自控力差的孩子，那个容易发脾气的孩子，那个不喜欢刷题却热衷于手工的孩子……并不是他们不愿意满足父母的期望，而是他们的遗传倾向让他们在做某些事情时感到特别痛苦。毕竟，所有的精神活动，都建立在大脑"硬件"的基础上，受限于生物层面的硬约束。

如果父母不能正视这一点，不能理解遗传差异，那么爱可能会失去边界，甚至变成控制和侵入，亲情一地鸡毛。抑郁、厌学、亲情反目等悲剧，在许多家庭中上演，成为这些家庭无法承受之痛。

自由度、掌控感，是无数孩子内心最迫切的呼声，尤其在教育内卷的当下，孩子们亟需获得理解与空间。

这种理解与空间，往往取决于家长的认知。哪怕家长稍微了解"教育多基因指数""遗传率""回归均值"等概念，了解大脑前额叶皮质的发育特点及其影响，掌握"后天的先天性"等规律，就会根据孩子的遗传基础，对自己的期望进行重新校准和调整。

目前，这些知识还散见于行为遗传学、神经生物学、社会学等专著和专栏中，距离家庭教育的实际运用还有一定距离。也许，你需要一个"前哨"，进入这些领域，把"侦察"到的信息汇集整理，用通俗的语言呈现。

现在你手中拿到的，正是这样一本书。作为一名在家庭教育领域深耕多年的记者，我有机会走进许多家庭，倾听不同孩子的成长故事；作为一个正值青春期的男孩的母亲，我也亲身经历了育儿中的种种挑战；作为一名阅读的爱好者，我对人性充满了好奇与追问……所有这些经历，最终汇聚成本书。

当然，这难免会有"野人献曝"的嫌疑，但我依然真诚地希望通过本书，能够帮助家长解读孩子"基因小包"中的"操作指令"，洞察环境与基因的交互规律，平衡"有为"与"无为"智慧，真正做到因材施教，让花成花、让树成树。

开盲盒，充满了不确定性，但也带来了多样性，而多样性让世界变得丰富而美好。

每个人生而不同，也不必相同；每个人生而不完美，也无须完美。

无论孩子最终成为什么样的人，养育过程中的亲情陪伴，本身已经蕴含无可替代的价值，让我们的生命变得厚重而温暖。

本书由张晓宇与王良共同完成。为了便于叙述，整本书采用第一人称的写作方式，其中的"我"指的是第一作者张晓宇，负责完成书稿的主体内容，既讲述了许多他人典型的成长故事，也融入了张晓宇个人的经历与生命体验。王良则在案例分析、专业资料的搜集与阐释方面发挥了重要作用。作为两个孩子的父亲，王良深刻理解孩子遗传天性的影响，并始终重视亲情陪伴的价值，这与我的思考高度契合。

真诚邀请读者诸君与我们一同踏上这段探索之旅。这条路，通向最好的自己——无论是对孩子，还是对我们每一个人。

目录

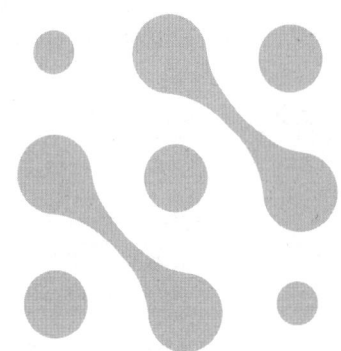

序言 /I

导语 "学霸"真是天生注定吗? /001

第一章 父母与孩子:那些相同与不同 /019

第二章 天赋gift:来自上天的馈赠 /055

第三章 教养的迷思 /101

第四章 从社会再到家庭 /145

第五章 高考的爱与痛 /181

第六章 个性化时代的多元选择 /207

第七章 成长问题:让子弹飞一会儿 /241

第八章 正视遗传,做好期待管理 /277

第九章 核心主张:自主性支持育儿 /313

后记 我的故事,从武汉到重庆 /337

"学霸"真是天生注定吗?

> 孩子就好像是一棵小树:你要虐待孩子,毁掉这棵树,那比较容易;但你要想让这棵树长得出类拔萃,那不取决于你。
>
> ——科学作家万维钢

我与妹妹，差异来自哪里

　　这是豫西南一所普通的农村小学校，坐北朝南，方方正正。30多年前，我在这里读书时，周围还都是大片平整的麦田。我家在一公里外的一个小村子，每天我们要斜穿过麦田往返学校。当时我爸爸是这所学校的民办教师。

　　现在，学校周边的麦田已经被一排排二层小楼代替，我妹妹家就住在毗邻校门口50米处。

　　妹妹是典型的农村妇女，皮肤黑红，穿着也不讲究。尽管才44岁，但由于结婚早，她女儿已经高职毕业在郑州工作了3年，儿子在县城读高中，妹夫大多数时间在外打工。妹妹一个人在家，现在土地也少了，机械化程度又高，她一点都不忙，刷刷视频，与邻居打打牌，日子颇为悠闲。妹妹一直都很满足于这样的农村生活——从小，她似乎也没太渴望脱离农村。

　　但我就不同。从13岁开始，我就不安于，更准确地说是恐惧于农村艰辛乏味的生活。通过考学脱离农村的信念，伴随我整个青春。13岁那年我突然长醒，在这之前，上学对我来说一直是稀里糊涂的事。

这种稀里糊涂，应该与家庭环境有关。尽管爸爸是教师，还教语文，但说实话，我从来没有感受到他身上的文化气质，也没见他读过书。我很好奇，作为五年级语文教师，他到底是怎么教孩子们归纳中心思想、讲述作家生平背景的，因为我总感觉这离他庸常的生活很遥远。

爸爸对我们的学习也几乎不过问，这也不奇怪，在20世纪整个80年代到90年代初，我们那里考大学还是很少听闻的事，父母不会奢求孩子考上大学。

小学时，有时候晚上写作业，很久还没写完，耽搁了爸爸睡觉，他就会催促："不要写了，明天我去给老师说一下，没事。"或者是下大雪了，也说我们可以不上学，他去给老师说。若现在哪个孩子有这样的爸爸，真不知能高兴成啥样。

爸爸不管事，妈妈只顾埋头种地，上学就是一个孩子成长中的规定流程。就这样，我迷迷糊糊上到了初中。但初二暑假里的一天，我的脑子就像突然受到神明点拨般开了窍。

那是一个傍晚，父母在厨房忙活，因为停电，屋内昏暗，我一个人躺在床上胡思乱想。突然，一阵巨大的恐惧攫取了我：要是我不努力学习，将来不也像我妈一样，成为一个农村妇女，每天忙完地里活，回家还要围着锅台转？

我越想越恐惧……一夜之间长醒！于是，我开始审视自己的学习：一塌糊涂，尤其是英语，30多分，啥都不会，马上升入初三了，中考怎么办？

尽管那年我才13岁，但没与任何人商量，就做了个决定：留级一年，把落下的功课补上！从此我的学习进入自觉状态，极为努力。复读初二结束时，已经冲到班里前几名。进入初三，更加刻苦，记得那个冬季很多夜晚，我坐在被窝里背书，困得睡着了，早晨醒来才发现没脱衣服。

现在回忆起来，这真是一件很奇怪的事情。13岁那个傍晚，究竟是受什么刺激，让我一夜之间长醒？但就那么长醒了。"逃离"，是我觉醒之后的关键词——我要通过考学，逃离农村。

但这种"跳农门"的逆袭故事，并没发生在妹妹身上。

妹妹小学时成绩还行，初中时一般，也曾复读过一年初三，但成绩距离考中专或高中还是遥不可及，她也很快断了考学的念头，心甘情愿落在了农村，然后出去打工，21岁就嫁到了邻村。

其实，妹妹只比我小一岁多。小时候母亲给我们做一样的衣服，我们一起上学、放学，一起干农活。由于她的个头很快就赶上了我，尽管两人长相并不太像，但还是经常被人说成是双胞胎。不过，自从我考上大学，她落在农村后，两人的生活轨迹就渐行渐远了。

至今我都没问过妹妹，当年她有没有落入农村的恐惧？向不向往大城市的生活？有没有经历过一次觉醒时刻？是否意识到考大学是最好的出路？学习是学不会还是不想学？……

当然，这些问题我也没问过两个弟弟。我家共四姐弟，我是大姐，妹妹是老二，下面还有两个弟弟，只有我一人考上了大学。如果放在现在家庭教育的语境下——父母在孩子的成长中起到非常关键的作用，就很值得追问：我们的成长经历、教育资源都差不多，父母在整个教育过程中都是缺位的，那为什么我能考上大学，而他们没有？

当然，在我生命中的大部分时间，我都很少思考这些问题，毕竟，这种情况在多姊妹家庭中很常见。

直到我进入教育媒体,这个问题在我眼中有了别样的意义。

采访中的困惑

在我的书架上,有一本《费曼学习法:我就是这样考上清华的》。开篇作者写道,从小学到初中,自己始终都是"别人家的孩子",是"100分种子选手""年级第一专业户",最终考上了清华。接下来,他提到了自己的弟弟,并与读者互动。

> 弟弟比我小3岁,同样的爸爸妈妈、同样的学校、同样的老师,最后我考上了清华大学,你猜弟弟考到了哪里?
> A.北京大学
> B.天津大学
> C.浙江工商大学
> D.新东方烹饪学校
> 你肯定想不到,我弟弟只上到小学四年级,连小学毕业证都没拿到,就去务农了。我们俩的求学路径颇为相似,为什么在学习结果上有这么大的差别?

作者目的是引出学习方法的重要性,也就是他那本书的主旨。这个当然没问题,但如果是从家庭教育的角度写,就很尴尬了。

进入教育媒体后,我曾负责过《家有优等生》栏目,主要采访考上国内外名校的学生及家长,从家庭教育的角度探讨父母对孩子成长的重要性。我敢打赌这位清华哥的父母一定不会接受我的采访，因为当侃侃而谈自己如何培养大儿子的学习习惯、如何激发孩子的学习动力——退一步说，即便这些都没有，只谈自己作为家长如何自立自强、勤劳踏实，给孩子树立了好榜样等很多"励志干货"后，却被记者冷不丁地发现：家里还有一个只读到小学四年级的小儿子？这就尴尬了。

父母可以说大儿子爱学习，非常努力和自觉，学习方法也特别好。但是，爱学习的动力又是哪儿来的？他为什么就能琢磨出这么好的学习方法呢？即便他天生比弟弟聪明，但有句话不是说，"以你的努力程度，还远没到拼天赋的时候"。弟弟也可以努力一把呀。考不上清华，考个普通大学应该可以吧，为什么小学都没毕业呢？难道父母没有以哥哥为榜样督促他吗？……

我认为：归根结底，在于孩子自己。

也正是这个原因，我在《家有优等生》栏目的写作中，就遇到了不少困难。因为栏目的切入点是家庭教育，而在我的采访中，大概有一半的家庭，父母坦言，并没有什么特别的管教，孩子就是该上学上学，该完成作业就完成作业，没费多少精力。

比如有一次，我采访一位母亲，她儿子数学高考满分，考入南京大学。采访之初，这位母亲像很多"别人家的父母"一样，给我的答案是"关键是学习习惯，从小就培养得好，他作业从来都是在学校写完后才回家"。

这样的答案，可不能使我这个"老炮记者"满意。没有细节、空谈概念的文章没人愿意读，于是我追问："那您给我举些例子，家长是如何培养他学习习惯的？"我想，这位母亲本身就是初中数学教师，至少能给我讲一点辅导孩子数学的细节吧，但依然没有，对话依旧停留在上一个层面，她反复强调习惯培养得特别好。她还告诉我，孩子爸爸在外做工程，常年不在家。她教初中数学，又是班主任，陪伴儿子的时间很少，儿子的饮食起居主要是姥姥在管。

我明白我又遇到难题了，于是主动问："如果我说孩子本身遗传了您和您老公的基因，理工科思维天生好，本身又特别自觉，您不会反对吧？"话还没说完，母亲就连连点头："承认，承认。"

有些家长比较直率，对话一开始，就直接告诉我："我觉得我们没怎么费心思，就一般的支持环境，关键在于孩子自己。"说这种话的家长，其中还有一位是区县的数学教研员，他女儿考上了南开大学。

还有一次，采访一位考取北大的女孩，我例行公事，再次问起父母在她的学习中起到什么作用，女孩不以为然："没起到啥作用，我姥姥就特别聪明，我妈也是，但她们都因为各种原因，只读到小学或初中。"

北大的孩子果然有个性，有啥说啥，简单明了。

因为这种情况经常遇到，我写得痛苦，读者读着也别扭，以至于《家有优等生》栏目按照原有的定位没办法写下去了。不过，两年多采访了四五十个孩子后，让我有机会一窥孩子成长背后更多的奥秘，对人们常挂在嘴边的"学霸都是父母培养出来的""子不教，父之过"等家教金句，多了一层审视和狐疑。而且，我除了负责《家有优等生》这个栏目外，还负责《家有职校生》《家事优解》等栏目，有机会接触更多家庭、更多孩子的成长样态，于是，这层困惑也就越发浓重——

一个父母都出去打工的留守儿童，为什么依旧学习自觉？一个小学时被父母管理得井井有条的孩子,为什么到初中就躺平了?一个曾令家长无比苦恼的耍娃,为什么到一定年龄突然长醒了?一个小学初中时的差生,为什么到职校后突然开了挂?一个来自多姊妹家庭的孩子,为什么异军突起,明显超过其他兄妹?……

这些还仅仅是从学业成绩上看,而在人格方面,相信大家肉眼就能看到多姊妹家庭中孩子的不同个性表现。同一个家庭,有些孩子沉稳,有些急躁;有些敏感谨慎,有些神经大条;有些好奇心强,有些沉闷乏味;有些乖巧听话,有些调皮不羁……

我相信,家庭教养之外,一定还有其他强大的力量在起着作用。

相关不等于因果

的确,在我采访的"优等生"中,有60%来自城市中产家庭,父母文化程度较高,对孩子学习相对重视。"你看嘛,父母重视学习,孩子就有出息。"于是这似乎成了家长在孩子学习方面能起到很大作用的证据。其实,如果他们能明白相关不等于因果,就不会这么武断地下结论了,因为这里没有控制遗传变量,这些家庭的孩子本来也大概率遗传了父母有利于学习的基因。

相关不等于因果。比如,你可以调研出喝红酒的人更健康,但真正的原因可能是,喝红酒的人本来生活质量就更高,更注重饮食搭配、更注重锻炼。喝红酒与更健康之间只是相关关系,或者是弱因果关系。

世界级认知心理学家史蒂芬·平克出版过一本名著《白板》。

在探讨儿童教育这一主题时，平克就特别指出了这种混淆"相关与因果"及夸大"弱因果关系"的现象：

> 父母提供给孩子的，除了家庭环境之外，还包括基因……然而，几乎在所有情况下，研究者考虑的都是最极端的情况：父母的养育意味着一切。

是的，相对于可见可体验的家庭教养来说，基因看不见摸不着，所以常常被人们忽视。平克这本书写于2002年，如今20多年过去了，脑科学、神经生物学、行为遗传学、演化心理学等学科又有了长足的发展，遗传基因对个体的影响逐渐被关注，相关研究也见诸中外学者的一些科普文章中。比如上海交大教授、基因科学家仇子龙在"得到"APP就开设了一门课程"基因科学20讲"。第一讲就直接亮出观点——基因是生命舞台上的绝对主角。课程中提到了发表在某顶级学术期刊上的一个研究（这个研究的前提，是中产家庭，原因后文会有详细解释）。仇子龙在专栏中写道：

> 2018年，美国和英国的科学家发现，只要分析基因，就能预测一个人能不能上大学。
>
> 用来预测的基因是1200个ATGC字符，散落在我们30亿个字符的DNA里。我们可以把这1200个字符叫作教育基因。
>
> 科学家们发现，携带厉害版本教育基因的人，比携带较弱版本教育基因的人，上大学的概率足足大了4倍。

这个研究说明，美国和英国中产家庭出身的孩子能不能上大学，居然跟家庭有没有钱，父母重不重视教育没多大关系，纯粹看自身能力。

仇子龙自己也感慨："这个结论太可怕了，还有些反常识：环境明明会影响一个人上大学的概率，这也是为什么有人买高价学区房，削尖脑袋把孩子送进名校的原因。难道他们都错了吗？"

也许真错了。进名校不是孩子考上好大学最关键的因素，孩子自己才是。

仇子龙提到的"教育基因"，在2021年出版的《基因彩票：运气、平等与补偿性公正》一书中，有了一个更准确的概念——教育多基因指数（Educational Polygenic Index）。这本书的作者是美国行为遗传学家凯瑟琳·佩奇·哈登。哈登在书中详细介绍了教育多基因指数这一概念的来源及研究过程，也再次强调了其与上大学的显著相关关系，即遗传差异很大程度上能够解释孩子的学业成就差异。

"总之，核心观点很清晰：孩子的命运是他自己的，家长能起的作用很小。"这是科学作家万维钢老师一贯持有的观点。万老师也非常关注孩子的教育问题，他在"得到"APP"精英日课"中，解读了许多有关家庭教育的前沿思想，并多次说过类似的话：

家长能对子女做的非常有限，像陪伴写作业、上辅导班、限制打游戏那些养育手段没多大意义。

这几乎就是说，哪怕你生下孩子就不管了，让别的家庭替你养，这孩子该怎么样还是怎么样。

孩子就好像是一棵小树：你要虐待孩子，毁掉这棵树，那比较容易；但你要想让这棵树长得出类拔萃，那不取决于你。

· · · · · · ·

在当今主流家庭教育语境下，这些观点都显得有些异端。

难道仇子龙、哈登、万维钢等人都说错了吗？但他们可都是最有机会接触前沿研究的圈内人，可以代表当前科学理解。与其质疑，不如再仔细琢磨一下那些你原以为正确的育儿知识。

生活中我们经常听到，父母成就高孩子成就也高。比如梁启超的子女各个不得了，杨振宁的父亲是清华大学教授，而杨振宁的子女们也各有建树，谷爱凌的父母都是斯坦福大学的……人们会说这家很会搞子女教育，能不能写本书分享一下经验呀？像什么《哈佛女孩刘亦婷》……且不说幸存者偏差效应，至少刚才那个提醒值得再强调一遍——相关不等于因果：这家孩子厉害，到底是因为教育方法好，还是基因好？

学术界早就有过硬的研究。最直观的方法就是考察同卵双胞胎。两个孩子的基因几乎完全一样，如果一出生就被送到两个不同的家庭养育，成长环境不同，那等他们长大之后，是相同点多，还是不同点多？

事实是相同点远远大于不同点。研究发现，不同环境长大的同卵双胞胎的人生成就、工作领域、兴趣爱好、生活习惯都高度相似（这里有个前提，即不能把孩子送到太恶劣太匮乏的环境中去，对此后文会详细阐述）。

也可以从相反的角度观察同一家庭中兄弟姐妹的不同，即控制家庭变量，看不同基因对生活结果的影响（兄弟姐妹间基因平均相似度是50%）。我们从生活中就能直观感受到，多子女家庭中，子女之间的差别可能很大，就如我家的姐弟四人、清华哥与他弟弟等。还有研究表明，在同一家庭中长大，但没有血缘关系的兄弟姐妹间的差别就更大，可以说完全不像。

总之，不同的家庭环境并没有让基因完全相同的两个人变得更不像，反过来，住在同一个屋檐下也不会让没有血缘关系的人变得更像，即便生活在同一家庭中的亲生兄弟姐妹也会非常不同。

家庭教育，你真做对了吗？

我相信，你的疑惑一定更深了，那既然这样，家庭教育还重要吗？要知道，2022年1月，《中华人民共和国家庭教育促进法》（以下简称"家庭教育促进法"）正式实施，家庭教育由传统的家事上升到了国事。

其实，这里的关键，是正确理解家庭教育——家庭教育促进法并没有说家长无所不能、孩子可以像泥巴一样任你塑造，而是始终贯彻尊重差异、因材施教的原则。比如第五条指出：要尊重未成年人的身心发展规律和个体差异。这里的"个体差异"不就是天生的基因禀赋差异吗？现在家庭教育的最大问题，恰恰在于家长不顾孩子个体差异，在高考指挥棒下，把学业绩优作为首要诉求，对孩子高控制、高期待、高依赖，从而引发亲子冲突、孩子抑郁症等诸多问题，家长自己也痛苦不堪。

"现在出问题的孩子，90%是家长缺乏边界意识、对孩子的过分侵入所导致。"这是来自我身边一线的家庭教育指导师朋友们的普遍反馈。

事实上，不同的孩子在学习能力，包括学习意愿方面有很大差异。有些孩子就是一点就透，学习时也更专注、快乐、努力，成为清华哥那样的"别人家的孩子"；而有些孩子则学习困难，一拿起书就心情烦躁、无法专注，任凭家长怎么督促也没用。这种差异，主要来自先天遗传，需要家长看见并正确对待。

遗传不仅影响孩子的学习成绩，还影响其个性特点，比如内向或外向、有条理或随意、勤奋或懒散、自信或自卑、好斗或胆怯，还包括孩子喜欢和擅长什么技能等，也都需要家长心中有数，不要把自己的意愿强加给孩子。

每个孩子生来并不是一张白板，而是像电脑，带着预装系统。真正好的家庭教育，恰恰是看到孩子的天生不同，因材施教，这才是家庭教育促进法真正倡导的。

尹建莉在《最美的教育最简单》一书中写过一个案例：有个妈妈向她请教，说女儿不爱学习，就爱串珠子，摆弄亮晶晶的小饰品，挺愁人的。尹建莉听了连连说，愁啥呢？挺好呀，谁规定所有的孩子都要成绩好？爱串珠子，以后说不定能成为珠宝设计师呢——最美的教育最简单，顺着孩子的天性，教育就会简单许多。

类似的观点，当代著名教育家朱永新也表达过，"你语文考试第一名，我体育成绩第一名，他数学第一名，有人踢球第一名，还有人剪纸第一名……让每个人都做第一名不是很好吗？为什么所有人都要争抢唯一的'第一名分数'呢？"

是的，就像那位清华哥的弟弟，如果他热爱厨艺，去新东方烹饪学校也挺好啊；如果他愿意一直务农，那就去务农呗。我妹妹也是，她很安于自己的生活，幸福度并不比我低，我有什么资格对她的生活评头论足？正如尹建莉反问家长的那句："你想要孩子成为一个快乐的清洁工，还是成为一个学富五车的精神病患者？"

· · · · · · · ·

看到这里，我想你能理解，对遗传基因的重视，并不代表我否认家庭教育的作用。我只是反对将家庭教育过度神话，反对过度操控孩子，因为目前由家长"大力出奇迹"的养育观引发的悲剧太多了。任何事情走到极端就会被反噬，我们需要看到影响孩子成长的其他重要因素。我们也需要底层解释，正视遗传差异的客观存在并了解其原因，否则"尊重孩子的个性差异"就会成为只停留在口头上的鸡汤。

在这个世界上，可能没什么问题比孩子成长更复杂的了，非此即彼、非黑即白的思维方式在这里显然不适用。正如著名作家菲茨杰拉德的一句名言：检验一流智力的标准，就是看你能不能在头脑中同时存在两个相反的想法，还能维持正常行事的能力。

面对复杂系统，需要有复杂思维。

好，在达成这个共识的基础上，欢迎你继续读下去。我们显然不会只停留在"基因和环境都重要"的层面，这是和稀泥，没什么实际指导意义。我们需要做颗粒度更细的辨析，在接下来的章节中，我们会深入探讨很多相关话题。比如为什么"龙生龙，凤生凤"符合人们的直觉，而"一龙生九子，九子各不同"亦普遍存在？什么情况下基因起主导作用，什么情况下家庭影响更大？家庭之外的其他环境因素，又发挥着什么作用？真的有"顽劣不化"的孩子吗，家长面对这些孩子又该怎么办？……所有这些问题，引入遗传视角后，都有重新打量的广阔空间。

我希望将这本书归为家庭教育类图书，但它长得有点奇怪：很少讲育儿技巧，也几乎没写小孩子的故事。原因很简单，育儿技巧类图书如今市面上已经有很多，基本方法也是对的，不需要我再多写一本。至于没写小孩子的故事，是因为教育的目的，本来就应该着眼于人的长远发展。拉大时空尺度审视一个人的成长，才能看得更清楚，天赋基因、家庭教育、社会环境、偶然机遇等诸多因素复杂交互作用的奥秘，给读者带来真正的启发。

写作方法上，本书最大的一个特点是故事化讲述。作为一名教育媒体记者，我长期在一线采访，听得见隆隆的炮声，见证了许多孩子真实的成长经历；我自己也曾是高考受益者，如今却不得不面对自家"考二代"的学习困境，经历同样的失落和挣扎；与此同时，我还阅读了许多人物传记，时刻搜集生活中与此有关的信息……所有这些，都汇聚成一个个鲜活的、有血有肉的故事。其中有名人，也有普通你我；有宏图大业，也有生计日常，都与教育息息相关。

统计学家乔治·博克斯说过："所有的模型都是错的，但所有的模型都是有用的。"我想说："所有的故事都是片面的，但所有的故事背后都有一些隐秘的、通用的规律。"

通过这些形形色色、时间跨度较大的故事，我一方面试图诠释基因与环境交互作用的复杂性，探索家庭教育中"积极有为"与"松弛无为"的平衡点；另一方面，我也希望与大家一起思考，作为家长，我们又该如何过好自己的人生。

我期待与您分享这些故事。

最后，化用一句斯多葛学派的名言，送给所有家长："给我胸怀，接受我不能改变的；给我勇气，改变我能改变的。"希望在面对孩子的教育难题时，你有智慧分辨二者。

第一章

父母与孩子：那些相同与不同

> 有一个孩子的父母会相信后天的作用，而有两个孩子的父母则会相信先天的作用。有了两个孩子，你会发现尽管在相似的环境中培养他们，他们还是会体现出难以置信的巨大差异。
>
> ——《先天后天：基因、经验及什么使我们成为人》作者马特·里德利

父母除了教养，还给了我们什么

第一次见到斯哥是在2016年秋，他的外表让我略有点惊讶——理着平头，宽额头，颌骨方正，皮肤黑里透红，眼睛不大却很闪亮，给人的感觉敦厚而精明。尽管个头近1.8米，西装却松垮垮地挂在身上，这给我一种熟悉的亲切感——像我们村里那些庄稼好把式，第一次进城，好不容易精心挑选了一件衣服，却并不合身。

之所以惊讶，是因为这个形象与写深度商业题材的记者有些偏差。就在这次见面前，我刚读了他的一篇分析重庆本地一家互联网企业的雄文，甚为佩服；他曾是一家商业媒体的笔杆子——2011年360与QQ大战时，采访过马化腾和周鸿祎，写了一篇在圈内颇有影响的文章。所以，当斯哥与同行的另外两个颇有城市精英范的男人一起出现——斯哥显然更像一个刚刚农忙完、被晒得有点粗糙的庄稼汉，这就难免让我感到意外了。

很快，在饭桌上，他的优势就显现出来：描摹生动，情绪饱满，气场强大。记得那天他还花了不少时间，兴致勃勃地分享减肥的成功经历——足足减掉了30多斤。这也解释了我之前的疑惑,西装为啥如此松垮。

很快,我们成了好朋友,尽管我的年龄比他大一些,但我依然也像身边的人一样,称呼他斯哥,这是他名字的最后一个字。

除了文章写得好,斯哥还是个科技迷,对很多事情充满好奇心。比如减肥,就源于2016年春刚在中国出版的一本书《谷物大脑》。这本书颠覆认知,引起很大争议。他读了后,接下来几个月严格执行减肥计划,多吃肉菜蛋,戒断糖米面,效果明显——3个月减重35斤。

斯哥对前沿科技的敏感和好奇,也给我带来不少红利。2023年初ChatGPT火起来后,他立马尝鲜,并手把手帮我安装使用,还顺便帮我几个同事也都装了——他总是乐于助人。

斯哥文章如行云流水,科技运用得心应手,人际圈中也颇受欢迎。然而,总还是有一些事令斯哥糟心,那就是儿子的学习。像众多"80后"一样,斯哥夫妻俩对孩子的学习很重视,把儿子送进了重庆巴蜀小学。然而,孩子成绩一般,原以为那套学区房能够包干到初中,不料政策有变,令他忧心忡忡。

"我四五年级时就知道好好学习,必须考大学,这小子咋就长不醒,不努力,也学不会。不知道是基因问题,还是我们家庭教育没搞对?"2023年的某个夏日,在嘉陵江畔的一家火锅店,斯哥把一块刚刚烫好的麻辣牛肉夹进碗里,同时狠狠地扒了一口米饭,闷闷地说。此时的他,体重又基本反弹回减肥之前,《谷物大脑》开出的食谱他并没坚持下来。

当然,彼时的我也面临同样的困惑。我儿子读高一,学习成绩、努力程度等方面,与我当年也相差甚远。不过,这次我约斯哥吃火锅,并不是吐槽各自的儿子。在这之前,我曾断断续续听斯哥讲过自己的故事。他是苏北连云港人，1980年出生，是整个家族中第一个大学生，有一个木讷的父亲和一个精明的母亲。他大学读的是工学院电焊专业，却无可救药地爱上写作，在媒体行业干得风生水起……里面应该还有更丰富的细节，这是我想知道的。吃完火锅后，还有一下午的奢侈时间，可以随便聊。他刚从老家回来，话题就从这里说起。

"我们家是村里的'穷大辈'，很多比我父亲年龄还大的，我要喊哥。与我年龄一样的，有些喊我爷爷。"谈起老家生活，斯哥兴致勃勃。同样有过农村生活经验的我，对他描述的情况一点都不陌生。弟兄多，结婚晚，累积不了几代，就会出现这种辈分悬殊的情况，川渝人叫"幺房出老辈子"。但斯哥这次强调的是一个字——穷。

斯哥的父亲在兄弟四人中排行老二。20世纪70年代，农村人一般20岁出头就结婚，而他父亲27岁才成家。不光父亲，爷爷也晚婚，所以他的辈分在同龄人中就明显高出一截。这就是他所说的"穷大辈"。

"我们张家是村里的大户，村里基本上都姓张，往上追溯几代，其实都是一家人。我查了族谱，大概800年前，四个兄弟从无锡逃难来到苏北，从此就在这里扎根。"

好奇心使然，这几年，斯哥把自己的家谱做了仔细考证，得出的结论是，800年来，不管是官场，还是商界，张家就没出过什么人物，最大的也就是一个县丞。当然，也可能有聪明人，但人家离开了，开拓新边疆去了，留下的世世代代都务农。接下来，斯哥得出了这样的结论：" '人挪活，树挪死。'不管是一个家族也好，整个人类也好，走得越远的越聪明，留在原地的，就是那些不太聪明的。"

得出这个结论,斯哥有一定的情绪化倾向。在他看来,这能够解释父亲性格里一些不好的元素,比如木讷、保守、胆小——这来自他从小的观察。其实,差别往往源于对比,尤其是当你正好有一个精明能干的母亲时。在这之前,我就断断续续听斯哥提到母亲在他们兄弟俩学业上的助推作用,而这次讲述中,母亲的形象进一步丰满了起来。

斯哥的母亲出嫁时25岁,在20世纪70年代算是晚婚了,原因是家庭成分不好,一直没找到合适的对象,勉强嫁给了斯哥的爸爸。

"两人吵架时,经常听我妈指着我爸说,'要不是我家庭成分不好,我咋会嫁给你'。两人一辈子就那么不对付,我妈嫌我爸笨。包括现在,家里花几百元买个啥东西,我爸爸嫌浪费,能唠叨半天,老是被我妈骂,该买就买,有啥舍不得的。"斯哥说完后,又特意补上一句,"我妈其实也节约,但人家能够与时俱进。"

对于妈妈的天赋,斯哥也乐意从家族方面找原因。母亲姓王,在娘家那个村子王姓并不是大姓,是外来户,在那个村子生活没有几代。由于没有族谱,久远的历史不太清楚,但有一点斯哥很肯定,母亲家道中落,非常穷,但读书的意识却很强烈。母亲姐弟五个,只有一个男孩,于是四个女孩都没读书,举全家之力把男孩供了出来。

"这是我妈一辈子的痛啊,看着舅舅读书,她眼馋得很。我妈当年如果有机会读书,肯定至少也能考上中师。"斯哥的语气很笃定,他觉得妈妈身上有家族的好基因。比如读出来的那个舅舅就很聪明,尽管考的是中师,当年在农村,考大学的极少,中师就能跳出农门,吃上商品粮,足够令人艳羡。舅舅原则上只能教小学,但通过自学,后来能教初中,又继续自学,最终教高中数学。

他又说起自己的二外公,即自己外公的亲弟弟,家里三个孩子或考大学或经商,改革开放后都过得很好。

斯哥说,妈妈嫁给爸爸三四年后,家里就修起了大瓦房,实际上,村里很多人家结婚多年也修不起瓦房,这也是母亲能干的一个标志。后来,家里就没再为房子操心,父母挣钱的唯一目标就是供孩子读书。

"父母挣钱很不容易,我们那里田地少,必须另外找营生。我爸是石匠,最初在公社,后来到东北打工,力气活,也挣不了多少钱。我妈就在家种地,带我们兄弟俩。我们村是个豆腐村,家家户户做豆腐,我妈也做,做豆腐很辛苦,天不亮就起来忙活,天亮就要赶到县城卖。我妈经常很晚才回来,我和弟弟放学后就坐在院子里等她回来。小本生意,挣不了多少钱,够平时花销。爸爸挣的钱就攒起来,以后供我们读大学用。"说起当年父母的辛苦,还有自己与弟弟傍晚等候妈妈回家的情景,斯哥很是动情。

"我是村里张家大家族第一个考上大学的,我弟弟也考上了,这应该不是偶然,我觉得我兄弟俩都遗传了我妈妈的基因,跟我爸爸一点都不像。"说到这里,斯哥稍稍有点不好意思:前面已经充分夸了妈妈聪明,这会儿又说自己像妈妈,显然不够谦虚。不过我倒觉得,在这件事上,斯哥如果谦虚,倒显得有点不真诚了——他的确是我所认识的人中很聪明的一个。

"那你觉得,你能考上大学,是好基因起的作用大,还是家庭环境起的作用大?"这是我最好奇的部分。毕竟在斯哥对母亲的讲述中,他多次提到,母亲从小就给他灌输一个观念:一定要好好学习，考上大学、走出农村。显然，受舅舅的刺激，妈妈对上大学很有执念。

一个人的成长中，遗传因素和家庭因素往往是混杂在一起的。聪明的母亲，往往也能敏锐地识别机会，给孩子指路，尤其是当这个机会还未被更多家长识别并重视时，聪明人总能捷足先登。显然，斯哥也有兴趣继续探讨下去，作为对比，他讲述了村里更多同龄人的故事。

"他们一般读到初中毕业就不读了。我们那里沿海，距县城很近。20世纪90年代初，有很多打工机会，年轻人可以跟船出海，有风险，但挺挣钱。"斯哥顿了顿，继续说，"你想嘛，十五六岁，如果读高中，那就要家里负担，继续花钱。但如果出去打工，是挣钱，这一反一正，很多家长都不会让小孩继续读书。我有个堂哥，是我们张家为数不多读了高中的，但高三时，家里穷，父母就不让他读了，那个堂哥遗憾了一辈子。我妈就不是这样，不管别家孩子打工挣多少钱，她就认定读书才是正道。"

"那我们假设一下，如果你仅仅遗传了妈妈的基因，而妈妈并不重视学习的话，你认为你还能考上大学不？"我再次追问道。我也知道，这个问题很没道理，一个人的成长不可逆，并没有另外一个平行世界去验证这个假设。

"呃……这个，还真不好说……"斯哥挠了挠头。显然，这不是凭聪明就能回答的。

不过，接下来，斯哥提供了弟弟的故事——另一个版本的考大学故事。与从小听话、成绩一直优异的斯哥相比，小他5岁的弟弟较为调皮、学习一般，妈妈的念叨、批评，似乎都不起作用。初中时，弟弟还执拗地辍学两年，学武术、打工，最后靠自己醒悟，重回中学读书，考取了大学。

"怎么说呢？我弟弟也很聪明吧，但当年我妈管不住他，他就是各种叛逆。这个事最终还是靠自己，长醒了就好，兜兜转转还是会回到自己该走的路上来。"讲完弟弟的故事后，斯哥特意强调了一句。

兄弟俩考大学的故事讲完后，斯哥没忘记交代父母现在的情况："妈妈在苏州帮弟弟带孩子，农村老太太，老早就适应了城市生活，现在60多岁了，手机玩得贼溜，看视频、发朋友圈、微信支付，很快就能教会，还能与我共享相册。"说完母亲后，他又对比了父亲，"我爸爸就学不会，也懒得学，他也住不惯城里，一个人住老家。当年盖的大瓦房，我们哥弟俩翻修成三层小别墅了，但他还是节约得很。"

斯哥说这段话，想强调的是：一个人的智商高低，也体现在能否适应新环境、接受新生事物上，他父母的对比就很明显。其实，这个也与我对周围那些70岁以上的农村长辈们的观察一致——看视频一般都可以学会，但能否学会微信支付（包括愿不愿意学习），真能成为区分一个老年人是否聪明、是否有好奇心的简易方法。

事实的一面：龙生龙，凤生凤

故事讲到这里，我想说什么？与斯哥一致，我认为一个孩子的聪明程度，就如外表一样，与父母的遗传有很大关系，正所谓"龙生龙，凤生凤"。那么，父母是如何将自己的性状遗传给子女的？亲子之间究竟有多少相似度？这是一个很复杂的问题，但可以做如下简单的理解：父母与孩子之间的遗传是指孩子从父母那里继承了一定比例的基因，从而决定了孩子的一些特征和行为。遗传是生物进化和适应的重要机制，也是个体差异的主要来源之一。

一般来说，父母跟儿女有50%的基因同型率，因为父亲贡献自身基因的50%，母亲贡献50%，所以每一个孩子的基因跟父母有50%的遗传关系。这与我们的生活经验相符，个高的父母生出的孩子一般个头也高；父母长得好看，孩子一般也不会丑。记得我儿子读幼儿园时，有一次家长参加活动，站在一边观摩，我与另外一个家长无聊，就做了一个游戏，看我们能否根据长相猜测哪个家长与哪个孩子是一家，结果准确率达到70%。由此可见，孩子对家长遗传性状的继承，还是很明显的。

不过，这种遗传又有很大随机性，到底哪些性状遗传哪一方，遗传多少，取决于大自然的任性之手。在网红账号"高矮胖瘦一家人"中，如果你只看到心心母女，你会感叹遗传的无力——女儿与母亲差异如此之大，母亲的美貌被浪费了；而当你看到心心与父亲时，又会感叹遗传的力量如此之强——父女俩太像了！

外表如此，心智也如此，只不过不像外表那样一望即知。让我们来看看一些名人的故事，他们的传记中往往有更详细的家族资料。

就在我写这本书时，由沃尔特·艾萨克森撰写的《埃隆·马斯克传》中文版出版。提到马斯克，你会想到什么呢？梦想，冒险，高智商，脾气古怪？的确，他是一个复杂的人，优点和缺点都很突出。单凭他的言行，会觉得这是个妄人甚至是个疯子，但有时候，他又真的在创造历史，改变世界。马斯克身上的这种复杂性，能从家族中找到渊源。

先说说他的古怪脾气。如果以大五人格分类，在宜人性这个特质中，他显然处于低分端。连比尔·盖茨也被马斯克正在做的事情所吸引，想要和他交朋友，却因无法容忍他的性格闹到不欢而散。马斯克的弟弟金巴尔，也是他的第一个创业伙伴，就曾经说过，"我非常爱我的哥哥，但和他一起工作真的很费劲"。

这一性格很像他父亲埃罗尔·马斯克。马斯克的妈妈就是无法容忍丈夫的家暴及怪脾气离婚的。马斯克也说自己与父亲的相处就像开盲盒，他永远也猜不到父亲什么时候会变得明媚欢快，什么时候会变得阴沉恶毒。不过，他父亲是一个成功的工程师，有着理工科缜密的逻辑思维，马斯克也幸运地继承了这一点。

马斯克最为人称道的是他的冒险精神，这个又来自哪儿呢？传记作者艾萨克森在书中说：

> 埃隆·马斯克热爱冒险的基因来自他的家族，在这方面，像极了他的外祖父乔书亚……

乔书亚原本是美国人，后入籍加拿大，20世纪50年代初他就购买了私人飞机，经常带着妻儿在北美大陆四处游历。本来一家人在加拿大过着富足的生活，他却不满意加拿大政府的一些作为，当听一些去过南非的传教士讲述了那里的美丽风光后，就离开加拿大到南非去定居。想想看，一般人即便在本国生活得不大愉快，但会轻易携家带口奔赴万里之外的另外一个陌生国家吗？乔书亚就这么做了。

不管在哪里，全家人都是旁人眼中的异类。马斯克母亲梅耶在自传《人生由我》中这么写道：

> 在加拿大时，人们认为我们全家都是疯子。因为我的父母会带着小孩，开着他们的帆布蒙皮单螺旋桨飞机四处飞行，这在当时当地简直是闻所未闻。在我们搬到南非之后，当地人都认为我们得了失心疯，有一个人甚至直接叫我们"疯狂美国人"。

1952 年，乔书亚和妻子驾驶飞机完成了一次 2.2 万英里的往返旅行；两年后，又飞行 3 万英里由南非往返澳大利亚。媒体认为他们夫妻两人是唯一一对驾驶单引擎飞机从非洲飞到澳大利亚的私人飞行员。

马斯克的母亲回忆起她的父亲时说："父亲从来不会人云亦云。只要有梦想，他就会采取行动。"马斯克的舅舅也说过同样的话："他教导我们说，你能够做任何事情，你只需要做出决定，然后放手去做。"

这些话，用在马斯克身上都完全合适。

有意思的是，类似的故事还发生在鲁迅及其祖父之间。历史学家张宏杰写过一本书《历史的局外人》，第一章就是讲鲁迅的故事，开篇讲道：

> 绍兴人，在北京生活多年；
> 个性强毅好斗，擅长骂人，能骂到令人"镂心刻骨"的水平。

喜欢文艺，文笔优长。

数十年坚持记日记，一直记到临死前一天。

张宏杰说，读了以上这些描述，相信很多人会认为此公只能是鲁迅。其实这些文字，也可以一字不差地用来描述他的祖父周介孚。

鲁迅的弟弟周作人回忆祖父周介孚，说他身上最突出的特点之一就是脾气乖张、极善骂人。上至皇帝老子下至子侄孙儿，都被他骂遍了。他骂起人来，"明示暗喻，备极刻薄，说到愤极处，咬嚼指甲嘎嘎作响，乃是常有的事情"。有时骂人还拐了一道弯，更为蕴藉有味。

鲁迅也爱骂人，嬉笑怒骂皆成章。

遗传的强大往往超乎我们的想象，以至于隔辈人之间的相似可以达到复印式的精确。从外在的身高、长相，到内在的智商、性格等，莫不如此。

······

"龙生龙，凤生凤"这句来自民间的谚语，其实是对大概率事件的一种直观概括。当你走在路上，感叹孩子与父母或祖辈的外表如此之像、声音如此之像时，应该也容易联想到，在智力和人格层面，孩子也很可能受到来自父母、祖辈的遗传影响。但体现在家庭教育领域，人们往往忽略了这一点。当我们看到一些优秀家庭培养出优秀孩子时，总是将主要原因归结于父母的教养方式；而当看到孩子出现一些不当行为时，也会将其归结为原生家庭的不当教育，很少有人会意识到背后那些来自遗传的隐秘因素。

那么，如何判断一个孩子的特征是受家庭环境的影响，还是父母遗传基因的影响？各自的比例又是多少？在一般家庭中，这个问题很难回答，因为亲生父母同时也是养育者，两个因素紧密交织在一起。最好的研究方法是观察领养家庭，并与非领养家庭作对比。

罗伯特·普罗明是英国伦敦国王学院的行为遗传学教授，在领养和双胞胎研究领域有着辉煌的成就。1974年，他发起了一个名为科罗拉多领养项目（Colorado Adoption Project，简称CAP）的研究。该研究涵盖了250个领养家庭和250个匹配的对照家庭，时间跨度从孩子的婴儿时期一直持续到16岁。研究人员通过问卷调查、电话采访、访谈和观看互动录像等方式收集数据。结果发现，就体重和智力而言，领养家庭的养父母与子女之间的相关性趋近于零，而这些养子女与他们亲生父母之间的相关性为0.3，尽管他们刚出生几天就再也没见过亲生父母。作为对照组，那些自出生以来就跟着亲生父母生活的家庭，子女与父母之间在体重和智力方面的相关性也是0.3。

也就是说，就体重和智力这两个特性而言，生了孩子后，无论你是自己抚养还是送人抚养，孩子与你之间的相关性都是0.3；如果你家孩子是收养的，那就没有相关性。孩子与亲生父母的相似性几乎与环境无关，完全是由遗传决定的。

那么，在一般人认为受环境影响较大的特性中，遗传的作用又如何呢？比如看电视，会不会也存在一些"爱看电视基因"呢？在CAP项目中，普罗明也重点研究了这一课题。团队分别在孩子们3岁、4岁、5岁时访问了这500个领养家庭和非领养家庭，采访了父母10分钟，了解他们的孩子看多久电视以及看什么节目。

他们花了5年时间来收集这三个年龄段的数据，结果出乎普罗明的预料。

团队首先计算了非领养家庭兄弟姐妹间（亲兄妹）的相关性，为0.5；然而对比领养家庭的兄弟姐妹间的相关性时，出现了明显的差距，对应数字只有非领养家庭的一半，也就是说，遗传差异约贡献了儿童看电视时长差异的一半。在家访期间，普罗明还询问了父母自己看电视的时间，结果表明，亲生父母及其子女与养父母及其领养子女相比，前者观看电视的时长更为相似（相关系数分别为0.3和0.15）。最让普罗明惊讶的是，亲生母亲观看电视的时长与她们被领养走的孩子观看电视的时长具有显著相关性，相关系数为0.15，尽管这些亲生母亲在孩子出生一周后就被带走了。普罗明得出结论，父母与其子女的这种相关性表明，儿童看电视时长的差异，有三分之一可以用父母的遗传因素解释。

所以，当我们下次说"问题孩子的背后一定有问题家庭""孩子就是父母的复印件"或者"爱阅读的孩子背后一定有爱阅读的父母"时，一定要记得，父母除了给孩子提供教养环境外，还提供了遗传基因。

一旦你有了代际遗传的视角，理解问题的方式就不一样了。

新东方创始人俞敏洪有一档视频自媒体节目，经常邀约一些名人走进演播室，后来还据此整理了几本厚厚的《老俞对谈录》。在一次与李玫瑾的对谈中，俞敏洪讲述了自己曲折的考大学经历——考了两次没考上，第三次一举考中北大。

李玫瑾没有否定俞敏洪的努力，而是话锋一转，接着说，你应该感谢你的父母，遗传很重要。

俞敏洪说，自己的父母都是不认识字的农民。

接下来是一段对话：

> 李玫瑾：认不认字取决于他们的社会环境有没有机会，但遗传是骨子里的。我在研究心理学的过程中发现，在历史上有很多的战乱、灾荒会导致人们在行走过程中迁移到另一些地方……这就导致有些看似是从山里走出来的人，学习分数很高，但很有可能就是因为他们的遗传基因特别好，尤其是男性的Y系，多少代都是不变的，只是因为他们不知道自己祖上是谁，没有家谱无法溯源罢了。说不定你们家三代以上可能有厉害的人。
>
> 俞敏洪：我也不太能确定我的祖先是谁。我看过我们村上保留的残缺不全的家谱，翻不到太前面，但翻到五代以上都是农民。据说我母亲那边有名人，我没有查过，不过我母亲从没有上过学，但她很聪明，做任何事反应速度都极快。

这段对话，是不是让你想起了前面关于斯哥家族的故事？两位母亲也非常相似。从俞敏洪的其他著作中，你可以清晰地拼接出他母亲的形象。毫无疑问，这也是一个非常能干的母亲。在那个贫穷的年代，她力所能及地给孩子们提供了一个温暖舒适的生活环境，还当过妇女队长，改革开放后，办了全村第一个小工厂。所以俞敏洪在1981年进京读大学时，只提到自己作为农村孩子在见识上与城里孩子的差距，没提过经济上的困窘。家有聪明的母亲，经济条件一般不差。

当然，与斯哥的母亲一样，一个聪明的母亲是能识别机会的，考大学是孩子最好的出路，这是两位母亲的相同判断。俞敏洪说：

> 妈妈尽管文化水平不高，一天学都没上过，但是一直是个特别有见识的人……从小，我妈对我说得最多的一句话就是"长大后当个先生"，"先生"就是老师的意思。所以即使在"文化大革命"那个不读书的时代，只要我和姐姐坐下来写作业和读书，妈妈脸上就会露出非常欣慰的笑容。

后来，俞敏洪在连续两次考大学没有考取的情况下，也是母亲千方百计寻找机会，把他送到了县城的补习班，这才有了俞敏洪的第三次一举考上北大的逆袭。

在这次访谈中，就连李玫瑾自己，也没回避小时候就表现出的聪明："我小时候成绩很好，我父母也没强迫过我学什么，就感觉都没怎么学，后来就考上了中国人民大学。"巧的是，李玫瑾也谈到了自己父母的家族在抗战之前都是大家族，父母也是因为时代原因没有读过多少书，但从小似乎就对读书写字有种特别的亲近感。1978年恢复高考第一年，李玫瑾就在母亲不由分说的督促下，复习备考进了中国人民大学。

这样的故事，从家庭教育的角度来看，你可以说，"优秀的孩子背后，都有优秀的家庭"，或者说学习好是父母督促引导的结果，甚至李玫瑾和俞敏洪这篇对谈的题目也依旧是《父母是最重要的老师》，但你在阅读的过程中，却无时无刻不感觉到：除了后天教养因素外,其实还有一股隐秘的力量,使得父母在助推孩子成长方面,要省力得多,顺势而为罢了。

是的,顺势而为。

接下来,在父母与孩子的关系上,我们继续沿着基因遗传的道路前行一会儿,我依然要碎碎念地讲点小故事。准确地说,这个故事其实源于一位百岁老人的碎碎念——《一百年,许多人,许多事:杨苡口述自传》。以下截取的故事,只是她家族往事中的一瞥,但我觉得很值得从教育的角度去打量。

先来看一组数据。故事的讲述者杨苡老人1919年出生,2023年去世,活了103岁。她兄妹三个,大哥杨宪益活了95岁,姐姐杨敏如101岁,三兄妹的妈妈徐燕若,则活了96岁。一家人如此长寿,你很难说不与遗传基因有关,属于看得见摸得着的,眼见为实。

接下来看兄妹三人各自的成就。杨苡是翻译家,先后就读于西南联大、重庆中央大学;姐姐杨敏如毕业于燕京大学,后任教于北京师范大学,是古典文学研究专家,出版多部唐诗宋词研究专著;哥哥杨宪益,中国翻译界泰斗,是把《离骚》《史记》等中国古典名著推向世界的第一人。

三兄妹的母亲徐燕若,是一个只读到小学二年级的家庭妇女,一位姨太太。但我们今天的故事,重点就在这位姨太太杨母身上。

20世纪初,杨家是显赫的大家族,杨苡的父亲任天津中国银行行长,杨母徐燕若是杨父买来的妾,进杨家时才15岁。徐燕若聪明伶俐,比如说到父母的关系时,杨苡是这么写的:

父亲喜欢母亲，待她很好，对二姨太就不那么好了。我想这不仅是因为母亲生了我哥，父亲对她还是有感情的，母亲应该也比二姨太听话，性格上更讨父亲喜欢。

　　就连与正妻相比，杨父也更愿意与这位大姨太徐燕若说知心话。我们知道，一个人聪明，往往会表现在各个方面，比如杨苡提到母亲受到了父亲的独宠。杨父去世后，家里大太太当家，但是，大太太往往会把这位大姨太作为智囊参谋。

　　最难得的是，尽管自己只是一个读到二年级的旧式大家族的姨太太，徐燕若却非常看重孩子们的教育。那时候很少送女孩出去读书，就连大太太嫡出的两个女儿，都没正经上过学。杨苡和姐姐杨敏如是庶出，照理说更没机会读书，但徐燕若就认定了孩子们一定要读书，而且要念就一直念到头，要上大学；儿子呢，还要留学。三个孩子也很争气，最终在各自的领域取得了非凡的成就。

　　因为杨苡的父亲娶了一妻两妾，共三房，有趣的对比就出现了。

　　刚才提到，正妻生了两个女儿；大姨太徐燕若，生了杨苡兄妹三人；二姨太也生了一个女儿。可以对比这六个孩子的命运。正妻的两个女儿，前面说了都没怎么正经读过书。大女儿飞扬跋扈，40多岁时死于精神错乱；二女儿16岁时患伤寒死亡。二姨太的一个女儿，本来也送出去上学了，但中途辍学，也年纪轻轻就死了。

　　这样算下来，杨父的六个子女中，以娶的三个老婆作为三个分支的话，就杨苡母女（子）这一支发展得最好，无论是学业还是生活际遇。为什么这几个孩子会过得好一些呢？说归功于杨母徐燕若的基因遗传和教育有方，你肯定不会有异议。而且，在我看来，就如几兄妹的长寿一样，在智商方面，他们遗传了母亲的好基因，也许是比"教育有方"更重要的因素。

其中有一个细节对比很耐人寻味。

在杨苡的这本口述实录中，大太太生的那位大公主给人留下了深刻的印象。生大公主之前，大太太习惯性流产，好不容易得了这么一个宝贝女儿，各种宠爱，惯坏了。她念书也念不下去，只读了小学就不读了，理由是每天坐黄包车上学太辛苦。大公主在家里也飞扬跋扈，不理人，每天都是气鼓鼓的，好像全世界都欠她似的。后来又是各种胡闹：离婚，跟人同居，被骗，再离婚，精神出问题，死亡……

那么，大公主的不上进及跋扈性格，是天生如此，还是被骄纵宠坏了？我们可以对比杨苡的哥哥，即后来成为翻译界泰斗的杨宪益，他小时候的受宠程度不亚于大公主。而且，出生之后也并非由亲生母亲徐燕若抚养，而是被大太太抱走抚养的。

事情是这样的，由于大太太一直没生出儿子，大姨太徐燕若生出杨宪益后，这可是不得了的大事，作为杨家唯一的男孩，用杨苡的话说就是"我哥是真正的小皇帝，关起门来，就是小溥仪。还很小的时候，说句话全家人都得听"。

熟悉历史的人都知道，皇后生不出儿子时，皇帝的妃子只要生出儿子，其大多会被皇后抱走抚养，孩子也未必知道亲生母亲是谁。所以杨苡回忆，一直到杨宪益好几岁了，都还不知道他们其实是一母同胞。

对于杨宪益小皇帝般的生活,杨苡这样描述:"起个床,两个佣人在边上,给他端洗脸盆,给他拧毛巾,拿漱盂接着他的漱口水。还要帮他穿衣服,里面的穿好了,裤子系上了,最后是拿了上衣站他身后候着,他要做的就是两条胳膊往袖筒里一伸,所以他到好大了都不大会自己穿衣……平时上楼,脚还没抬,下人们已经在大呼小叫:'少爷要上来了!'"

种种宠溺,简直是《红楼梦》中贵族少爷生活的真实再现。要按现在一般的家庭教育观点来说,这种养法,孩子肯定是要废掉了,但杨宪益既聪明又勤奋,性格也正常,后来到剑桥大学留学,在翻译界取得了卓越成就,被誉为"翻译了整个中国"的人。

同样被无限宠溺的大公主和大少爷,同样都是大太太抚养,为什么差别会这么大呢?

其实,孩子原本是挺"皮实"的一种生物,并不会轻易被某种教养方式所塑造。《红楼梦》中的贾宝玉,集万千宠爱于一身,也没见他飞扬跋扈,依然非常有同情心;而他那位同父异母的弟弟贾环,没他受宠爱吧,该怎么使坏就怎么使坏。现实生活中不也如此吗?有些人,小时候未必受到什么宠溺,依然会目中无人、飞扬跋扈;有些人从小很受宠溺,但依然很谦和。

而大公主和大少爷杨宪益的经历,似乎为我们做了一个天然的对比实验:亲生母亲不同(更准确来说,是天赋基因不同,因为同一个母亲也可能生出两个很不同的孩子),即便有着同样的养育环境,孩子的性格、成就依然会有很大差别。而这些差别主要由遗传决定。

关于杨苡的这位姨太太母亲徐燕若,还有一些细节值得说。人总是在对比中,才能显示出性情、心智等方面的差别。且看看

父母与孩子:那些相同与不同

她与大太太的对比。

前面说到，在杨父去世后，大太太有很多拿不定的主意，都要向这位大姨太问询，为什么？大姨太能力更强一些呗。好，再来对比两个女人的日常生活。先来看大太太：

> 大太太每天要睡到十点多才起来……每天的生活内容主要就是打麻将。吃了午饭，下午开始打，一直要打到晚上十二点。

整本书里，没看到大太太还有其他爱好，生活非常单调。然而，作为姨太太，杨苡的母亲徐燕若却经常想办法解闷，带孩子们出去看电影、看戏、吃时髦的东西，还很爱照相。总之，尽可能追求丰富的生活体验。

这是不是让你想到大五人格中的一个特质：开放性。它指的是一个人对新经验和新事物的接受程度。具有高开放性的人通常表现出以下特征：好奇心强，想象力丰富，具有审美和艺术兴趣，有智力追求，愿意接受不同的观点。这些特征使得他们在面对变化和新环境时更具适应能力和创造力。前面提到的斯哥的妈妈、俞敏洪的妈妈，都有这些特质，而斯哥和俞敏洪身上的这些特质也非常明显。

杨苡三兄妹后来不凡的人生经历，就如他们高寿一样，应该也是幸运地继承了母亲的智力及人格方面的优点。退一步，母亲即便没有那么重视孩子们的教育，但只要上学的通道是畅通的，仅仅凭借母亲遗传的好基因，兄妹三人依然会取得一定的成绩——别忘了，杨宪益的整个少年时期，都是在极其宠溺的教养环境中度过的,但并没被宠坏。

所以,这也是我在斯哥的故事中,一直在追问的一件事:"就凭你妈遗传给你和弟弟的基因,没有督促学习,你们兄弟还会考取大学吗?"面对这个问题时,当时斯哥先是犹豫了一下,然后点了点头——会。

类似的话俞敏洪也说过,在感恩母亲的督促和托举之余,对于自己的内驱力,俞敏洪也很清楚:"能考上北大……我自己也很吃惊,我想可能跟自己的渴望有关,因为我特别渴望离开农村,也为此付出了加倍的努力。"

事实的另一面:龙生九子,各有不同

但是,关于父母与孩子之间的遗传问题,我不会天真地以为"龙生龙,凤生凤"就是一个绝对真理。它只是一个概率观察,不需要你的反驳,我自己就能举出许多相反的例子。

在《快手人类学》一书中,有一篇《流浪也是一种生活方式》的纪实文章,讲述了一个快手账号为"北京浪人"的故事。这位"北京浪人"一年四季都在外流浪,他有一张饱受高原风吹日晒的黧黑的脸,头发梳成髻,油腻如条。

"北京浪人"是土生土长的北京人,其父亲是北京大学数学系教授,从小生活在知识的海洋里,他却只读到初中毕业,最差的恰恰是数学。他自嘲说,自己连电话号码都记不住,和数字没缘分。

不过"北京浪人"还有一个学霸哥哥,名校毕业,是位成功人士。同一个家庭，如此迥异的兄弟，家长到哪儿说理去？

正如《先天后天：基因、经验及什么使我们成为人》一书的作者马特·里德利所说："有一个孩子的父母会相信后天的作用，而有两个孩子的父母则会相信先天的作用。有了两个孩子，你会发现尽管在相似的环境中培养他们，他们还是会体现出难以置信的巨大差异。"

类似的故事，每个读者都能说出一大筐。2002年，我就读的县一高破天荒出了一位高考理科状元。这位状元女孩正好是我高中同桌的舅家表妹。据我这位同桌说，舅舅舅妈都很聪明，做生意挺成功，接连生了四个孩子，全部是女儿。考取状元的是大女儿，另外两个女儿考上了一般大学，还有一个女儿，复读后才勉强读了个大专。同一爹妈生的四姐妹，差别就有这么大。

"龙生龙，凤生凤"是一个大概率事件，但"一龙生九子，九子各不同"同样也符合老百姓的日常观察，真理的背面往往是另一个真理。

所以在这里，我们需要对"遗传"这一概念进行界定。遗传可以有狭义和广义两种理解。当我们说孩子遗传了父母的某种特征时，这里的遗传指的是亲子之间的基因同型度，即代际遗传中相似的那50%。而本书大多时候是在更广泛的意义上使用"遗传"这一概念，指的是个体之间DNA序列的差异。组成DNA的化学物质像计算机代码的1和0一样排列形成基因，这些基因创造了蛋白质的"配方"，除了构成我们的身体外，蛋白质还是生命活动的承担者，负责我们身体从心智到行为的所有过程。每个人的DNA序列都是独特的，这是造成人与人之间差异的根本原因。而这些差异既包括父母遗传的相同部分，也包括随机组合形成的与父母不同的部分。前者解释了"龙生龙，凤生凤"的现象，后者则解释了"一龙生九子，九子各不同"的现象。

· · ·◦◁◦▷◦· · ·

普通人如此，而一些名人传记，也能够为我们提供一个窥探兄弟姐妹间异同的机会。

在上文关于马斯克的故事中，我们的视角是纵向的，接下来我们切换为横向视角，看一下马斯克三兄妹之间的异同。

说到遗传父亲脾气"低宜人性"的一面，其实，马斯克和弟弟金巴尔都没能幸免。金巴尔曾说："父亲体内肯定具有某种重要的化学物质，并且肯定都遗传给我和埃隆了。这令我们的成长过程在情绪方面极具挑战性，但也造就了今天的我们。"

金巴尔是马斯克首次创业的伙伴，有一次因为决策争执，兄弟俩竟然在办公室挥拳相向。回忆起这件事，金巴尔承认哥哥和自己都不具备说服对方接受自己观点的能力。

不过总的来说，金巴尔的性格还是要比哥哥马斯克平和得多，因此在创业初期，马斯克主要致力于后台代码编写，而弟弟金巴尔则因为更具亲和力和魅力而负责挨家挨户推销。

兄弟俩的这些差异，从小就有端倪。据马斯克妈妈回忆，孩子们小时候，弟弟金巴尔和妹妹托斯卡都会带朋友来家里玩，马斯克却从未将朋友带回家，他似乎没有什么朋友。

在兴趣爱好方面，兄弟二人也各有千秋，马斯克喜欢看书，痴迷电脑；而弟弟金巴尔很小就对食物感兴趣，12岁时就开始安排家人餐食，亲自下厨做饭。尽管后来他曾追随哥哥在互联网领域创业，但现在依然从事与食物有关的行业，做得很成功。

马斯克的妹妹托斯卡，在15岁时也有过一个壮举，似乎在提醒着人们，她的血液中也流淌着来自家族的基因——追逐梦想、敢于冒险、决绝果断。

事情是这样的，马斯克兄妹都觉得南非生活环境不好，督促母亲带着他们回到母亲的祖籍加拿大。当大哥马斯克先行去了加拿大后，妹妹托斯卡的态度更是异常坚决，于是母亲梅耶就先去加拿大看看情况，留托斯卡一人在家。三周后，等梅耶返回南非时却发现，女儿为了加快全家人离开南非的进程，她干脆把家里的房子、家具和车子全卖了！

15岁，你能想象吗？一个初中毕业生的年龄，竟有如此魄力！与两个哥哥不同的是，托斯卡的职业兴趣点既不在电脑，也不在食物，而是音乐和表演，如今她是一位成功的制片人和电影流媒体平台的联合创始人兼首席执行官。

相同之中有不同，不同之中又有相同。父母与孩子之间的异同、兄弟姐妹之间的异同，令人着迷。毕竟父母跟儿女只有50%的基因同型率，那就意味着孩子的基因中还有另外一半完全随机，反映在某个特性上有时差异极大，以至于很多人感叹基因是门玄学。

基因是不是玄学我不知道，但我敢确信的是，它是大自然抽彩的结果。

⋄⋄⋄⋄⋄⋄⋄⋄

我曾经相信，运气是我身体之外的东西，运气仅仅负责决定哪些事情会降临到我身上，哪些又不会……现在我认为我错了。现在我相信，我的运气在我的身体之内，运气是凝聚我骨骼的基石，是缝合我的DNA隐秘挂毯的金线。

《基因彩票》的作者哈登，引用爱尔兰小说家塔纳·法兰奇《女巫榆树》中的这段话，作为卷首语。哈登把人与人之间的遗传差异比喻为基因彩票。

听到"基因彩票"这四个字，你可能会想到"股神"巴菲特提出的一个概念"卵巢彩票"，他指的是出身的家庭及时代差异。巴菲特说："当我还是个孩子的时候，我各方面的条件就很优越：家庭环境很好，父母很有才智，自己读的也是好学校。""我在恰当的时间出生在了一个好地方，就像是抽中了'卵巢彩票'的大奖。"一般来讲，一个人要是生在社会比较安定、经济相对发达的国家，父母又有良好的教育背景和收入，那他本人过上好日子的概率也会大一些。

这已经很不公平了，对不对？哈登还要补上一刀。

哈登指出：每个人出生时，不是抽一次奖，而是两次。除了"卵巢彩票"以外，还有一张"基因彩票"。一个人的长相、身高、学习能力，他有没有先天残疾，是不是容易得癌症，这些特征在很大程度上是由基因决定的。可以说，基因对个体的影响，要比家庭和社会环境来得更稳定、更长久，也更值得关注。不过，这两张"彩票"有一点倒是相同的，就是"开奖"结果高度随机。一个刚出生的婴儿，既不能选择父母给他的家庭环境，也不能选择父母带给他的基因。每个人只能拿着"卵巢彩票"和"基因彩票"的随机"开奖"结果，开始自己的一生。

在书中，哈登记录了邻居一家的故事。这位邻居女主人原本怀了三胞胎，然而，其中的一个胎死腹中，生下来的两个，女儿聪明漂亮，儿子却患有先天自闭症和癫痫。尽管人们无法确切知道造成个别流产和自闭症的原因，但基本可以推测，是遗传差异造成了这三胞胎截然不同的命运。就连哈登自己的一儿一女也差异甚大：大儿子说话很费劲，2岁时只会说几个字，6岁时每周都要接受好几个小时语言治疗；而小女儿则很早就学会了说话，聪明伶俐。哈登感叹："一个孩子必须坚持不懈练习的东西，在另一个孩子身上却似乎毫不费力地就实现了。"

对于多子女家庭的父母来说，自第二个孩子来到人世间的那一刻开始，他们就体验到，第二个孩子每一个发展的里程碑都与第一个孩子大不相同，每个孩子都有着令人惊讶的独特性。

孩子有多大概率像父母，取决于遗传因素在总变异中所占的比例，前面所提到的50%是总体概率。一般来说，人类的一些生理特征，如身高、体重、血型、眼色、发色等，遗传的作用更明显，即孩子很可能与父母相似。一些心理特征，如智力、性格、兴趣、价值观等，遗传也有一定作用，但容易受到环境因素的影响，孩子与父母的相似程度就会有所不同。以下是一些常见特征和行为的遗传估计（0代表毫无关系，1代表百分百遗传）。

身高：0.8；体重：0.4；血型：1.0；眼色：0.7；发色：0.7；智力：0.5；性格：0.4；兴趣：0.3；价值观：0.2。

这是总体概率估值，并不能精确对应到每个个体。

注意，这里的遗传估计值，是狭义的遗传概念，即从父母那里继承的基因同型度，代际遗传中相似的那部分，与后面章节中即将出现的另一个重要概念"遗传率"是不同的，"遗传率"中的"遗传"指的是个体之间DNA序列的差异，即基因差异。

认识到父母与孩子之间总体的遗传概率，对我们理解家庭教育有着重要的参考价值，因为这让我们能够相对客观、平和地看待异同。比如前文提到的，无论是斯哥两兄弟，还是杨苡兄妹三人，在与学业有关的智力因素方面，应该都属于幸运的一类，遗传了来自母亲的好基因。但我想，如果他们兄妹更多，可供观察的样本够大，可能也会有个别兄妹"泯然众人矣"，当然也可能会出"大爆款"。

说到这里，我们引入两个概念：正态分布和回归均值。

正态分布与回归均值

1877年，在英国皇家科学院，高尔顿正在做一个演示报告。高尔顿面向观众，像变魔术一样一边演示实验一边侃侃而谈。高尔顿是达尔文的表弟，是统计学的祖师爷。

高尔顿这次演示的东西，被后世称为高尔顿板。它可以说明正态分布是如何通过随机积累产生的。

高尔顿板是一个平板，下部有很多垂直的槽，槽上面是一些排列成三角形的小格挡。让一个小球从最上方掉下去，它会经过各个隔挡的阻碍，最终落到一个竖槽里。每个小球在进入竖槽之前可能会向左跳，也可能向右跳，都是随机的，当你放了很多很多小球之后，它们就会在竖槽上呈现一个明显有规律的分布：一条钟形曲线。

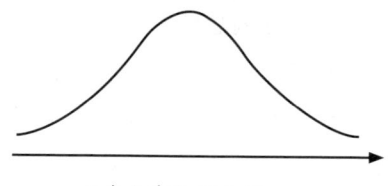

正态分布钟形曲线

这就是正态分布——一个在统计学、经济学等方面都非常重要的概念。高尔顿板演示的是人的遗传。比如身高和智商，可能受多个遗传因素的影响——就像高尔顿板上的那些隔挡——这些因素综合起来一起作用，结果一定是正态分布。体现在身高统计即是表明，身高特别高和特别矮的人都很少。

具体到一个人的身高，大多数潜在后代会落到高尔顿板底部中间的槽里，因为向左跳的次数和向右跳的次数差不多，也就是说孩子大概率会遗传到与你差不多的身高，但是小球也有可能会落在左右两边的边缘地带，所以亲兄弟的身高往往不同，而且偶尔还会有人最终比他们的父母矮很多或高很多。智商也如此。所以，如果你的孩子在身高、颜值、智商方面不如你时，想想正态分布中的那些偶然因素，可能就会释然一些，这完全出于大自然的随机之手。

在优生学泛滥的时期，有人主张让社会精英多生孩子，理由就是他们的孩子会更聪明、更健康。诺贝尔生物奖获得者罗伯特·克拉克·格雷汉姆就很痴迷于优生学，他创立了"天才精子库"，只收集获得诺贝尔自然科学奖的白人的精子。"天才精子库"共出产了230名婴儿，但只有一个名叫多隆·布莱克的孩子算得上天才。他的智商高达180，两岁就知道如何使用计算机，5岁开始阅读《哈姆雷特》，但所有这些才能并没有给他的生活带来帮助。

当"天才精子库"找到诺贝尔生理学或医学奖得主乔治·沃尔德要精子的时候,沃尔德说:"你要是想找到能培养出诺贝尔奖得主的精子,那你应该去找我爸爸啊。他是一个移民美国的穷裁缝。我的精子给世界带来了什么?两个弹吉他的!"

这就是亲子之间遗传时,结果落到了正态分布稍稍边缘的位置,但也未必太边缘。沃尔德说自己两个儿子是弹吉他的,会让你误以为他们是落魄艺人,其实他两个儿子也都颇有成就:一个是作家、音乐人和历史学家,出过多本专著和专辑;另外一个是资深电视新闻制作人。但两个儿子的建树都在人文领域,迥异于他爸爸的生理和医学领域。当然,前面咱们也提到了,在所有亲子间的遗传中,兴趣爱好的遗传度并不太高,只有0.3。还有,相对于自己的"穷裁缝"父母,从智力分布来说,沃尔德也落在了正态分布的右边尾部,毕竟是诺贝尔奖获得者,属于少数高智力者。

不管怎么说,相对于沃尔德取得诺奖成就来说,两个儿子尽管优秀,依然与老爸还是有挺大差距——这也是一个大概率事件。父母越优秀,孩子可能越不如自己,因为还有一个规律在起作用——回归均值。为了直观地理解这个概念,咱们从一位心理学者观看足球比赛说起。

赵昱鲲是清华大学积极心理学研究中心副主任,他是荷兰队的球迷。1996年,在英国欧洲杯上第一次看见约尔迪·克鲁伊夫上场时,赵昱鲲非常激动:"这是约翰·克鲁伊夫的儿子啊!一定又是一个天才!"但几场比赛踢下来,他很快就失望了。约尔迪资质平平,在队中作用一般。不过,这种现象他也见怪不怪了。其他球王级人物的子女在球场上的表现更差劲。

贝利的儿子埃迪尼奥是一个守门员,职业最高成就是随桑托斯队获得1995年巴西联赛亚军。马拉多纳的儿子西纳格拉只踢到意大利丁级联赛,后来改踢沙滩足球了。贝肯鲍尔的儿子斯特凡只踢过几场德国甲级联赛,绝大部分职业生涯都在低级别联赛里度过。

作为一个受过统计学训练的心理学家,赵昱鲲心里很清楚,这是回归均值。这些球王孩子的足球天赋远高于常人,因为即便是踢丁级联赛,也是千挑万选出来的,但他们的成就远低于他们的父亲。

踢球如此,读书也如此。从智商到身体素质、运动能力、考试能力、领导力等,父辈的成就越高,他们孩子的成就也会比常人更高,但离他们父辈的成就也更远。高尔顿依然是第一位研究这一现象的科学家。他考察了605位英国名人,发现这些名人的儿子,普遍不如名人本人有名。这个现象也契合我们的日常观察,很多名人的孩子可能寂寂无闻。

这又是为什么呢?

身高和智商都受多个基因影响,从概率上讲,大部分组合都会导致一个中等的结果,只有少数罕见的组合才能出现极端的结果,并且大多涉及隐性基因。父母分别是一种罕见的组合结果,他们的基因重新组合后,还如此罕见的概率就没有那么大了。一对聪明夫妻,他们的基因重新组合之后,孩子能仍然得到"聪明组合"的概率会降低,导致孩子虽然比其他孩子更聪明,但是比父母要笨一点——或者说,更正常一点。越聪明,就说明夫妻俩的情况越罕见,各自都有一套罕见的基因组合。当两人的基因重新组合之后,这样的"聪明组合"就很难复制。因此,尽管他们的孩子比一般孩子更聪明，但是跟父母的差距也比一般家庭里孩子跟父母的差距要更大。

赵昱鲲用了一个形象的比喻，就好像智商也要交遗产税。假如夫妻俩的智商都是130，跟100的平均值相比，有30的盈余。但两人的孩子没法完全继承这30的盈余，他们得交1/3的遗产税，最终可期望达到的智商只有120。这个遗产税交到哪里去了呢？给"笨人"了啊！假如一对夫妻的智商都是70，他们的孩子也不会只有70，而有80的平均值。否则清华北大人的后代都上清华北大，这怎么行？大自然的随机演化总是会给"穷人"一些机会。

回归均值这个道理，作家郝景芳在一篇名为《内卷、凡尔赛、"普通孩子"——你没看清的是什么》的文章中，也从数学概率的角度作过深入分析。郝景芳和丈夫作为清北高才生，她对很多名校毕业的家长说："承认吧，孩子不如你是大概率事件，这不是你的错，是你不懂统计。"郝景芳顺便提到自己写《北京折叠》的事，正是这篇获得了雨果奖的小说让她走进了大众视野。郝景芳说，写《北京折叠》短篇时，她曾经构思过后面很多情节，但一不小心获奖，过于受到关注，后面就没法写了。

为什么没法写了？其实就是怕回归均值，巨大的成功往往是多个幸运因素汇聚的结果，很难重复。

回到"智商税"话题，《基因蓝图》的作者普罗明将这种现象称为防止"遗传种姓"化，因为亲子之间的代际遗传相似性只有50%。这就意味着，平均而言，聪明的父母会有聪明的孩子，但他们之间也有50%的遗传差异，意味着一对高智商父母如果生很多孩子的话，这些孩子之间就会表现出较大差异，包括一些低于平均水平的孩子。这么来说吧，人群中如果随机选择一对个体，他们的平均智商差异是17分；直系亲属（父母与子女及兄弟姐妹之间）的智商平均差异为13分，这就为产生差异提供了足够的数值空间。

这一论点的另一面是，具有平均智商的父母也会有智商差异较大的孩子，包括高智商的孩子。从整个社会来看，具有平均智商的父母比高智商父母的基数大得多，从而保证了下一代中能力最高的大多数人，将会来自具有平均智商的父母，而不是最高智商的父母。

那么，基因的随机组合或突变，是如何发生的呢？其间有哪些复杂的相互作用？在《基因彩票》一书中，作者哈登打了一个精彩的比方。

有一位德国学者，是哈登一家的朋友，他从欧洲来到美国做客，给哈登制作他的拿手好菜柠檬鸡。等到菜出了锅，这位德国学者却发现：口感和他在自己家里做的完全不同。几个人研究了一番，发现美国产的土豆要比欧洲的软，柠檬也比欧洲的酸，正是这些配菜品质的不同改变了鸡的风味。另外，哈登家里的烤箱也不如欧洲的好使，温度控制得不够精确，这也影响到了最后的成菜。总之，那位德国学者，看上去是按照同一份菜谱，用最熟悉的方式进行烹饪，最后做出的却是一份口味截然不同的柠檬鸡。

所谓基因，本质上就是一份由蛋白质构成的"菜谱"。有一些DNA片段属于编码基因，相当于具体的制作步骤，比如放油和烘烤。还有一些DNA片段属于注释，相当于做菜时的准备须知，比如要把黄油化冻，把柠檬切成片。基因在蛋白质中的表达，则相当于厨师买原料准备烹饪。即使菜谱是同一份，也会由于主动或者被动的微小差异，导致大相径庭的口感。比如，厨师完全可能因为走神，在菜里多放一把盐。这种现象反映到基因上，相当于某个点位的DNA信息发生了重复，有可能导致先天性疾病。而这种微小的突变，往往是无法预判的。

这个比喻，在一定程度上可以解释为什么同一个父母生出的孩子既有相同之处，也有明显差异。理论上来说，兄弟姐妹之间的基因同型度为50%。2006年，统计遗传学家彼得·维舍尔和他的同事进行了这方面的研究，得出的结论是，兄弟姐妹共享49.8%的DNA片段，这与理论上的50%非常接近。一般来说，基因同型的范围是37%到62%。

《基因彩票》作者哈登与小她三岁的弟弟接受了基因检测，结果是姐弟俩的基因同型度是44.6%，比平均水平略低。从外表来看，别人一眼就能看出他们是姐弟，姐弟俩的生活却有不同：哈登比弟弟多了6年正规教育，收入更多，40出头就写出有学术影响力的书……用比较功利的话来说，姐姐哈登比弟弟发展得更好一些。也可以说，哈登比弟弟更幸运，中了基因彩票。

切换到父母的视角，生孩子就如开盲盒，有很大随机性。

开盲盒、抽彩、偶然、随机、概率，其实说的都是一回事。孩子DNA层面的遗传差异，父母无法掌控，只能交由运气。但是，很多父母不了解这些作用机制，在面对一个"不如意"的孩子时，就容易陷入焦虑。我们发现，这种育儿焦虑往往发生在城市中产家庭中。"70后""80后"父母作为"考一代"，既中了"时代彩票"，又中了"基因彩票"，通过高考享受到了经济发展红利。他们的孩子却可能会被收"智商税"，无法继承父母优秀的"学习基因"，面临不如父母一代的窘境。

这种育儿焦虑也更容易发生在独生子女家庭中，因为父母把所有希望都寄托在一个孩子身上——输不起；也没机会体验大自然的任性之手——当第二个孩子出生后，你会惊讶地发现，你与配偶的结合竟能孕育出如此不同的后代。总之，如果你了解一些基因遗传知识，并且有多个子女，就不得不心悦诚服于大自然抽彩的威力，不再愤愤于为什么孩子没自己聪明、没自己学习好，从而顺应孩子的自然天性来养育他们。

那么，这种自然天性到底有哪些表现？尤其是孩子们的学业成就，又受哪些因素的影响？真的有"学习基因"吗？这将是下一章要探讨的话题。

第二章

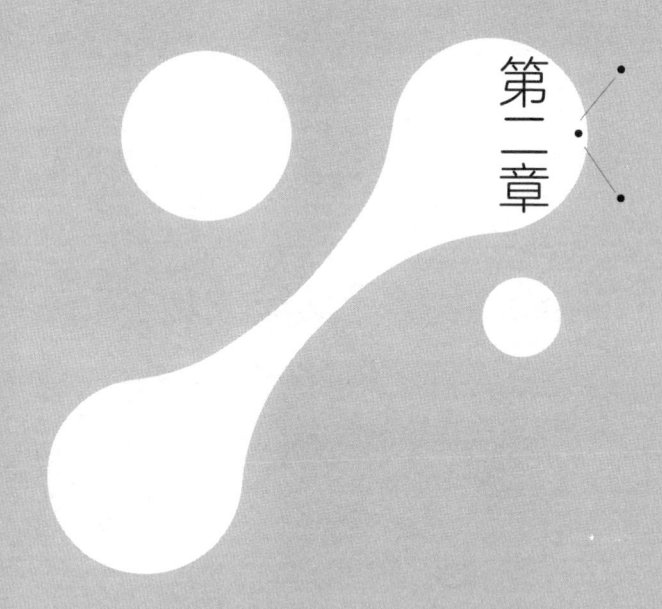

天赋 gift：来自上天的馈赠

> 遗传得到的 DNA 差异，是塑造我们的最重要的系统性力量。
>
> ——伦敦国王学院行为遗传学家
>
> 罗伯特·普罗明

一双很不协调的大手 ● ●

2001年夏,在重庆解放碑的一家宾馆里,我第一次见到赵美萍。对于当时尚在读书、从未出入过高档场所的我来说,眼前这座星级宾馆的一切都让我诚惶诚恐。而与这个"上流社会"环境相谐和的,则是赵美萍身上不俗的气质。

当时她30岁左右,个头高挑,下身穿休闲牛仔裤,上身穿紧身黑色T恤,微卷的长发用发卡随意卡起,露出光洁的额头,眼神明亮清澈。不过,她的优雅并不拒人于千里之外,而是有一种与生俱来的亲切感,这稍稍冲淡了我的拘谨。

在给我冲泡了一杯茶之后,赵美萍拿出随身带来的几本杂志——《知音》。这是一本在20世纪90年代曾经火遍中国的大众刊物。这次约我,她正是以知音编辑的身份与我聊稿子的事。就在前几天,我投了一份稿子给《知音》并被采用,杂志社指定她来负责编辑事宜。

在我俩一起翻阅杂志的过程中,我注意到,赵美萍的双手有点特别:手掌比一般人大,皮肤粗糙,指节粗壮、厚实。这种类型的手,有过农村生活经验的我一点都不陌生,我的妈妈、伯母等女性长辈都是这样。毕竟,她们常年都有大量粗重的农活要做。

但显然,这双手与赵美萍通身的气质很不和谐。一个全国知名大刊的编辑,白领中的文化工作者,不应该有一双修长秀气的手吗?

不知道赵美萍注意到我的诧异没,她主动给我说起了自己的经历:农村女孩,没读过大学,打过十几年工,因为稿子写得好,先是成为《知音》的作者,后来又入职做编辑。

我的稿子顺利上刊,获得了4000元稿费,这在当时可以顶我一年的大学生活费,这件事也让我在同学中名噪一时。

因为这篇稿子,我记下了赵美萍。当时没有微信,我还没用QQ,仅留了电话,我们联系并不多。以后再买《知音》,我也首先会找到她编辑的文章读,她的名字在刊物中出现的频率很高。

好听的名字,优雅的气质,姣好的面容,但让我印象最深刻的,依然是她那双指节粗大的手。多年后,赵美萍出了一本名为《我的苦难,我的大学》的自传,让我得以了解她非同寻常的人生经历。

这双手的背后果然有故事。

这是一次电影级别的逃跑,发生在1981年,江苏如皋。深夜的田埂上,一个中年农妇一手拉着小女儿,后面跟着大女儿,母女三人在月夜仓皇奔逃,惊慌、恐惧、凄凉。那年赵美萍11岁,就是中年农妇身后的大女儿。

奔逃的原因,是躲避一场可能到来的血光之灾。就在几个小时前,赵美萍和妹妹还在被窝中沉睡,突然被打斗声惊醒,一个名叫杨东启的男人又来了。赵美萍扑上去咬住杨的手,母女三人与杨扭打在一起。片刻,杨不再恋战,恶狠狠地说:"把老子惹急了,人都敢杀,你们等着。"说完扬长而去。

惊惧之下,母女三人匆匆收拾行李,连夜出逃。而这次逃难,只是赵美萍艰难人生的一个序幕。

那么,杨东启是谁?为什么要欺负她们孤儿寡母?

这个悲剧要从赵美萍母亲的婚姻说起。20世纪50年代,赵母因从小指腹为婚,嫁给了邻村这个叫杨东启的男人。杨从小偷鸡摸狗、打架斗殴,恶习甚多。赵美萍的妈妈嫁过去后,经常被打。在这段持续了9年的苦难婚姻中,杨曾因盗窃罪和流氓罪蹲过两次监狱,赵母在杨第二次进监狱后终于得以离婚。此时,还没有赵美萍。

与杨离婚两年后,赵美萍的母亲又嫁了人,即赵美萍的亲生父亲。在赵美萍的记忆中,父亲温文尔雅,颇有文采,是那个年代农村不多见的识字人,还担任了村干部职务。在生活中,父亲善良、体贴,那些有父亲陪伴的日子,是赵美萍心底最温暖的记忆。

然而,幸福的日子在赵美萍8岁那年戛然而止,父亲死于一次医疗事故。这成了家里苦难的源头,经济上陷入困顿不说,母亲的前夫杨东启又过来欺辱霸凌。母亲在经历了痛哭、求救、自杀等诸多无果的挣扎后,遂有了那个夜晚母女三人的惊慌奔逃。

她们逃到了20多公里外的表姐家暂时落脚。后经人介绍,赵母远嫁安徽芜湖,对方嫌弃她有两个拖油瓶,只勉强同意接收8岁的小女儿,11岁的赵美萍则留下来被邻村一户人家收养,准备以后作为这家人的媳妇。在这户人家,她吃不饱、穿不暖。一年后,母亲和继父回来看她,赵美萍在继父床前长跪了两个小时,继父才勉强带她一起回安徽芜湖,与母亲生活在一起。

继父家也穷得叮当响,学习之余,赵美萍就上山帮母亲砸石头挣钱。从江苏如皋转到安徽芜湖,口音都不太通,但一学期后,她依然考上了芜湖市25中,成为村里多年来唯一考上市重点中学的女孩。

喜悦很快就变为痛苦和遗憾,因为得住校交伙食费,继父不同意。在经历了暑假父母不断的争吵、哭泣之后,赵美萍最终向命运低头,断了读书的念头。

随后,她扛着铁锤和铁叉上山,成为矿上最小的采石女。那是1984年,赵美萍14岁。当时还没流行外出打工,能在家门口挣些钱就不错。

采石是重体力活,非常辛苦,赵美萍后来在自传中描写道:"最大的困难是我几乎抡不起那些铁家伙,尤其那把18磅的铁锤,颤巍巍地抡起来,砸到石头上却绵软无力。有时砸偏了,不是腿脚倒霉,就是石屑飞进眼睛里。……十个手指因搬运石头被磨掉了螺纹,鲜红的嫩肉触之即痛;而手掌上却又老茧厚厚,针扎进五毫米也丝毫不觉。几个月下来,我的脸庞黑了,胳膊腿粗了,力气大了……"

采矿,赵美萍共干了5年。这正是她手指粗大的原因。不光手指粗大,还皮肤黝黑,沧桑的脸庞,写满了生活的苦厄。

赵美萍痴迷阅读。中午休息是赵美萍最快乐的时刻,因为可以读书。她记得自己读的第一本历史小说是《隋唐演义》,那是一种身心沉醉的感觉。晚上回家后,她还会把读书心得写在日记本上,抄下书中的名言警句。"那些书,还有那些闪光的字句,像星星一样点亮了我灰暗的15岁天空。"

她也只能趁中午看书,晚上不行。继父心疼电费,该睡觉的时间,只要隔十多分钟不熄灯,就会直接拉电闸。因为经济拮据,父母经常三天一小吵、五天一大吵,家里永无宁日,原本温婉的母亲也变得尖刻起来。

尽管生活让母亲的性格变得粗粝,但她还是很心疼孩子,月底石矿结账时,母亲会偷偷地塞给赵美萍两元钱作为奖励。这钱她舍不得花,就趁下雨天石矿不能作业时,徒步到芜湖市里的图书馆买书或者在一家小书屋租书看半天。那天的心情就会愉悦无比,像饥渴已久的人终于找到了食物和水一样。

有一次,赵美萍用省吃俭用攒下的三块五毛钱买回了两本书——《宋词三百首》和《工笔画技法》。继父看到后勃然大怒,说这种浪费罪不可恕。母亲则因为给女儿私房钱被丈夫发现而恼羞成怒,不由分说,将两本新书塞进了灶膛。母女争执中,母亲甩了她一耳光。

从此,为了不惹恼父母,她不再花钱买书,而是把能借的都借来看。随后的几年中,她读了《三国演义》《西游记》《红楼梦》《钢铁是怎样炼成的》《巴黎圣母院》,金庸、古龙、梁羽生的武侠小说,琼瑶的言情小说,席慕蓉的诗歌,还有文学杂志《十月》《啄木鸟》《清明》《收获》……

这是赵美萍19岁之前的故事。接下来咱们就重点关注一下她为什么能有如此逆袭？为什么如此热爱阅读？如果要我给一个简单而诚实的答案，那就是——天赋足够好。

其实，在赵美萍很小的时候，她在阅读、学习方面的天赋就已经体现出来。早在10岁之前，那时农村没有电视也没收音机，课外书也难得看到一本，读教材就是她最大的乐趣。漫漫长夜里，她在煤油灯下把语文课本读了一遍又一遍，连老师还没教的都提前读完，当老师在讲新课时，她已经能很流畅地背诵。

莫非有些人的基因中自带智识倾向？让他们天生与书本亲，天生就是学习那块料？也许还真是。姑且认为这类人具备"智识基因"，他们一般智商较高，也不甘平庸，天生就有强烈的好奇心、求知欲和审美情趣。赵美萍显然属于这一类人，否则你根本无法解释她在小时候为什么会如此痴迷读书。

其实，就连在阅读资源非常丰富、家长和学校都很重视阅读的当下，如果去观察周围，喜欢阅读的孩子也不多。这符合人类的进化规律，毕竟文字出现才不过几千年，人脑并没进化出专门的阅读区。正如很多倡导阅读的专家所说的，"阅读脑"的形成有赖于后天刺激，有阅读的榜样、丰富的书籍、共同阅读的伙伴等，才能逐渐形成阅读习惯，在大脑相应区域建立起有关阅读的神经连接，引发持续阅读的强烈动机。

但是，具备"智识基因"的孩子，他们的大脑似乎天生就预留了"阅读区"，不但不需要外界的督促或刺激，反而还会克服一切环境障碍去主动阅读。为什么呢？因为智识基因让他们无法容忍单调乏味的生活，一般的娱乐项目也满足不了他们，他们更愿意去寻求智识的乐趣，渴望思想和智慧的碰撞。那思想和智慧在哪里呢？在书本中，这是最方便的渠道，阅读就是自然而然的选择。正如英国作家毛姆所说,"阅读是随身携带的精神避难所"。

且看《书城》杂志的广告语:有思想的人都寂寞,幸好有书可以读。

为了探索智识基因更多的细节,接下来我们来到20世纪50—60年代的山东高密县,看一个名叫小业的男孩的成长经历。

有思想的人都寂寞

小业出生于1955年,他最初的记忆,都与饥饿有关。

小业一大家子十几口人,叔叔家的女儿比他大四个月,都是四五岁的光景。每顿饭奶奶就分给小业和这位姐姐每人一片发霉的红薯干,小业总认为奶奶偏心,将那片大些的给姐姐。他就把姐姐手中的那片抢过来,把自己那片扔过去。抢过来后又发现自己那片大,于是再抢回来。这样三抢两抢姐姐就哭了,婶婶的脸也就拉长了。小业后来回忆道:"我从一上饭桌时就眼泪哗哗地流。母亲无可奈何地叹息着。吃完了那片红薯干,就只有野菜团子了。那些黑色的、扎嘴的东西,吃不下去,但又必须吃。于是就边吃边哭,和着泪水往下咽。"

肚子饥,脑袋也饥。没有电影没有电视,连收音机也没有,小业胆子又小,不愿意跟村里的孩子玩上树下井的游戏,偷空就看闲书,谁家有本什么样的书他基本上都知道。为了得到阅读这些书的权利,小业经常去给有书的人家干活。邻村一个石匠家里有一套带插图的《封神演义》,故事曲折离奇,譬如说一个人的眼睛被人挖去了,就从眼窝里长出了两只手,手里又长出两只眼,能看到地下三尺的东西……这样的书对小业来说，具有难以抵御的诱惑力。

为了阅读这套书，小业给石匠家里拉磨磨面，磨一上午面，可以阅读两个小时，而且必须在石匠家的磨道里读。读书时，石匠的女儿就站在小业背后监督，时间一到，马上收走。那时没有钟表，所谓两个小时，全看石匠女儿的情绪。她情绪好时，时间就走得缓慢，她情绪不好时，时间就走得飞快。为了让这个小姑娘保持愉快的心情，小业只好到邻居家的杏树上偷杏子给她吃。其实小业也很饿，能把偷来的杏子送给别人吃，简直就像让馋猫把嘴里的鱼吐出来一样。

就这样，用劳动换书读的方式，小业把周围几个村里流传的书，诸如《三国演义》《水浒传》《儒林外史》，全部弄到手看了。他记忆力非常好，用飞一样的速度阅读一遍，书中的人名就能记住，主要情节就能复述，描写爱情的句子甚至能成段成段地背诵。有一次，小业借到一本《青春之歌》时已是下午，明知道不割草羊就要饿肚子，但还是挡不住书的诱惑，躲到草垛后，一下午就把这一大厚本给读完了，身上被蚊虫叮出大片疙瘩。

还有一次，小业去找一本被哥哥藏起来的书，不小心头碰到了马蜂窝，嗡的一声，几十只马蜂蜇到脸上，他强忍疼痛，读着读着，眼睛就肿成了一条缝，但依然坚持读完。还有一次，晚上读《钢铁是怎样炼成的》，母亲在灶前忙饭，一盏小油灯挂在门框上。小业个头矮，只能站在门槛上就着如豆的灯光看书，头发被灯火烧焦了也不知道。

在那片饥饿的土地上，如果你天赋异禀，精神饥饿会让你比周围人更痛苦。若干年后，小业回忆道：

蓝天如海，草地一望无际，周围看不到一个人影，没有人的声音，只有鸟儿在天上鸣叫，我感到很孤独，很寂寞，心里空空荡荡。有时候我会蹲在牛的身旁，看着湛蓝的牛眼和牛眼中我的倒影。有时候我会模仿着鸟儿的叫声试图与天上的鸟儿对话，有时候我会对一棵树诉说心声。但鸟儿不理我，树也不理我。

于是，小业的脑子中开始编织奇幻的故事。他躺在草地上，望着天上懒洋洋飘动的白云，脑海里便浮现出许多莫名其妙的幻象。在小业的老家，流传过狐狸变美女的故事，他就幻想着有一个狐狸变成的美女，来与他做伴放牛。他相信万物都有灵性。

40多年后，2012年12月7日，在瑞典的斯德哥尔摩，小业以《讲故事的人》为题，讲述了自己这段童年经历，也正是因为独具一格的魔幻现实主义写作风格，他获得了当年的诺贝尔文学奖。

小业的全名叫管谟业，他有一个世人皆知的笔名——莫言。

关于写作，莫言曾说过一段话：作家不是学出来的，写作的才能如同一颗冬眠在心灵里的种子，只要有了合适的外部条件就能开花结果；学习的过程，实际上就是寻找这颗种子的过程，没有的东西是永远也找不到的。

这样真诚的话，也许只有莫言才能如此直白地讲出来。

这里的所谓"种子"，就是天赋基因，否则你无法理解，一个只读到小学毕业，每天都挣扎在饥饿生死线上的孩子，还能够对阅读如此狂热。

是因为有思想的人都寂寞，智识基因得不到满足的寂寞，这会驱使他们寻求合适的外部环境，来打发这种智识寂寞，表达出来就是一种求知欲望，无论如何都要满足的求知欲望。这一现象在很多"智识人"身上都有体现。作家王小波回忆当年自己在农村的插队生活时，最大的痛苦也是精神苦闷，只有靠读书排遣。在《思维的乐趣》中，他说，我们之前，生活过无数的大智者，比方说，罗素、牛顿、莎士比亚，他们的思想和著述可以使我们免于这种痛苦……一个人倘若需要从思想中得到快乐，那么他的第一个欲望就是学习。

> 罗素先生在五岁时，感到寂寞而凄凉，就想道：假如我能活到七十岁，那么我这不幸的一生才度过了十四分之一！但是等他稍大一点，接触到智者的思想的火花，就改变了想法。

由此，引发出一个重要且有趣的问题：到底是读书让人聪明，还是聪明人天生渴望读书？好，你可以先想一想答案，我们不妨再多看两个例子。

孙云晓是中国青少年研究中心家庭教育首席专家、研究员，曾任中国家庭教育学会副会长，出过多本家庭教育专著。在孙老师的《亲子关系：12招让你成为孩子眼中的好父母》一书中，关于自己的阅读经历，有这么一段话：

> 我一直确信，自己资质平凡，而且生活在一个普通

的工人家庭，11岁前很少看课外书，可谓先天不足。在我11岁那年……15岁的哥哥从工厂将要毁掉的一地图书里挑出来了几本文学名著带回家。谁也没想到，这几本文学名著改变了我的命运。我痴迷地阅读，享受着美的震撼，心中萌发了强烈的感受：文学太迷人了！作家太伟大了！我要看更多的书，我也要成为一个作家！……

孙老师开篇这句"我一直确信，自己资质平凡"，有点过于自谦了。一个11岁之前没怎么读过课外书的人，一接触书整个人就被点燃，这还叫资质平凡？孙老师的这段文字，本来是想论述家庭施加影响的重要性，但他似乎提供了一个反例：他虽然在11岁之前并没有家庭阅读引导，但依然对书籍一见如故。

原因很简单，体内的那颗"种子"一直都在，只是暂时处于冬眠状态；基因中的阅读程序早已写好，只等这适配的环境来启动。

我们再来看一个案例。董宇辉最引人瞩目的，就是出口成章、文采斐然。作家梁晓声在直播间曾激动地握住他的手赞叹："亲爱的同志，你到底读了多少书啊？我没见到你的时候，就听别人说，这小伙子特有文化。"

董宇辉的阅读习惯哪里来的？他小时候接触的书籍极其有限，但父母对书非常珍视，董宇辉说：

小时候每次过年，家里打扫卫生，把那些书拿出来擦洗，一遍又一遍。本来就没有几本书，记得就是什么《蚯蚓养殖》《拖拉机维修》《母猪产后护理》。真的就是那几本书,我爸爸还在那里装模作样地翻一翻。在我从小的认知里,书是要比其他东西值钱的。

这可以说是家长爱书的行为对孩子产生的影响,但我更倾向于认为一个孩子对某种事物天生有契合之处时,他就会更关注环境中与此有关的细节。父母同样的爱书行为,对不同孩子的触动也会不同。董宇辉兄妹三个,各自的发展轨迹、成就和兴趣爱好有显著差异。董宇辉曾透露说,弟弟热爱美食,天天研究厨艺,这让他无法理解,他觉得弟弟应该多看书长知识。

梁晓声说:

> 高尔基也是苦孩子,狄更斯也是,马克·吐温也是,杰克·伦敦他们都是,像是一个有光的隧道,你要找到入口,找到之后,你自身也要具备那种发光的元素,然后当你穿过这个隧道,从另一端出来之后,你本身就有光了。

"你自身也要具备发光的元素",指的就是基因层面带来的倾向和偏好,你也可以理解为对书本的"慧根",你得在骨子里就有。

在一次采访中,罗翔老师提到他对阅读的喜爱。主持人对此表示羡慕和赞赏,但罗翔老师很淡然,他认为这不过是个人爱好,是用来消磨时间的一种方式,就像有些人喜欢逛街,有些人喜欢打牌一样,无须过度夸奖。

我认为罗翔老师并不是在"凡尔赛",而是在阐述一个事实:他的智慧虽然源于广泛阅读,但这可能是一个误解。真正的情况是，一个本就聪明的人会自然而然地被阅读所吸引；不是因为阅读而聪明，而是因为聪明才去阅读。

读书只是满足智识好奇的一种方式、一个渠道而已，如果还有其他方式，他们同样也会靠近。比如莫言就提到，他的作家梦最初是被一个邻居给唤醒的。这个邻居是山东大学中文系的一个学生，莫言与他很聊得来。从他那里，莫言了解到了很多作家的趣事，写作还可以谋生，饥肠辘辘的两个人经常在一起幻想"挣了稿费，一天三顿吃饺子，肥肉馅的"。

物以类聚，人以群分。在那个精神生活匮乏的年代，这位山东大学的学生对于莫言来说，其实也是一本书，激发了他在文学领域炽热的好奇心。

当然，人的好奇心并不限于智识领域，不限于读书或写作，有些人喜欢逛街，有些人喜欢打牌，都是适合各自心智模式的一种表达和释放。的确如此，体内的基因编码不同，会让人有着不同的倾向和潜能。有些人沉迷于数理逻辑，有些人喜欢动手修理，有些人喜欢厨艺美食，有些人喜欢户外运动……这些顺应遗传自我的生活方式，让各自感到舒适和自在。

可以这么理解，没有哪个人生来就具备某种能力，但基因赋予他们某种倾向，使他们对特定环境或机会更敏感，对所做的事更能获得愉悦感和满足感，也更有悟性，更容易掌握其中的奥秘，从而在某个领域构建出相应的能力。这种能力，我们通常称之为天赋，比如写作天赋、音乐天赋、数学天赋、体育天赋、商业天赋、社交天赋、领导天赋……

天赋，在英文中对应的单词是"gift"，是上天的馈赠，是别人努力了也未必能达到的能力，也可能是别人压根就没兴趣去努力的方向,就像莫言说的"没有的东西是永远找不到的"。

后天的努力和机遇当然也重要,但是,最初的那个种子、那个gift,来自上天的赐予。

人生来并非白板,而是蓝图

每个人都有不同的基因,基因在很大程度上决定了我们的不同,在非极端环境下,基因的影响大于后天环境影响。这是世界级认知心理学家史蒂芬·平克在其《白板》一书中所表达的核心思想。

17世纪英国哲学家约翰·洛克在《人类理解论》一书中写道:

> 让我们假设人类的心灵如同通常所说的那样,是一张没有任何印记的白纸,不存在任何思想,那么,人的心灵是如何形成的呢?人类大脑中所具有的复杂却无穷无尽的想象力是从哪里来的呢?人类拥有的推理知识和能力又从何而来呢?对于该问题,我的回答是来源于经验。

这就是著名的"白板论",强调经验和后天环境的绝对重要性。"白板论"受到很多社会进步人士的欢迎,因为如果我们生来都是一张"白板",那么,人和人之间就是完全平等的。不管是男人还是女人,白人还是黑人,东方人还是西方人,大家都是一样的,谁也不能歧视谁,这多好啊。

还有人更高兴。谁呢？那些想要改造社会的人。一张白纸，最方便画最美的图画，只要方法得当，就能让成绩差的孩子学得更好，让贫困的人都富裕起来，让有进攻性行为的人得到矫正，让自私自利的人变得大公无私。

与此一脉相承，行为主义代表人物华生也有一段豪言壮语：

> 给我一打健康的婴儿，让我在特定世界中将他们抚养成人。我保证随机挑选一个，就能把他训练成我想让他变成的行家——医生、律师、艺术家、大商人，哦，是的，甚至乞丐和小偷，无论他的才智、爱好、性情、能力、素质以及他们的种族如何。

这些言论，正是《白板》一书想要驳斥的。

平克认为，遗传学家已经找到了一些可能导致个体差异的基因。比如，人体第7对染色体上有一种FOXP2基因，它会影响到孩子的语言能力。在人体第11对染色体上有一种D4DR基因，这个基因长的人，就很有可能成为探险者，这种人敢从飞机上往下跳，敢在结冰的瀑布上攀岩，婚后出轨的概率也会更高。如果你的14号染色体上的抑制5-羟色胺（也就是血清素）的基因链较短，那你更有可能成为一个神经质和焦虑的人，很难适应社交场合。当然，还有更多的遗传特性是多基因共同决定的，比如精神分裂症就是多基因遗传病，其遗传度为80%；患有多基因遗传病的一级亲属的发病率接近于群体发病率的平方根。

20世纪30年代初，一位名叫玛丽·舍利的科学家密切观察了25名婴儿在出生后头两年的状况。一开始，她的研究兴趣在于婴儿的运动和认知发展,但在随访这些婴儿的过程中,她的关注重点投向了婴儿的人格特点,注意到婴儿在出生后很早就表现出了性格差异,这些婴儿在诸如易怒、哭闹、活动水平、对陌生人和环境的反应等方面有着系统性差异。

此外,这些差异似乎在不同环境、不同时间都保持稳定。那些特别爱哭的孩子,不管是在家还是在实验室都会经常哭泣。那些活跃的孩子,无论是在家还是在陌生的实验室,都很活跃,似乎没有受到家长的显著影响。

再把眼光投向成人世界。基因的先天规定性,也给法律、道德、社会伦理等带来了挑战。2006年10月16日,美国田纳西州一名男子以极其残忍的方式砍伤了妻子并枪杀了妻子的朋友。检方指控他犯一级谋杀罪,他的律师却辩称其携带有MAO-A基因,一个人无法选择自己的基因构成,也无法控制自己的基因表达,因此对于犯下的罪行不该负全责,至少罪不至死。如果你是这个案件的法官或者陪审团成员,面对这样的"基因辩护"将做出怎样的裁决?

经过11小时的审议,陪审团判定嫌疑人犯有故意杀人罪(而不是检方指控的一级谋杀罪),处以32年监禁——"基因辩护"起效了。这个结果出乎你的意料吗?基因应该让杀人犯脱罪吗?

当然,这已经脱离了我们本书讨论的范围,举这个案例,我是想让你再次看到基因的强大力量,尤其是作为家长来说,需要了解潜藏于人性深处的这些力量,不仅有你想要的好的gift,比如智识倾向、善良大度、自律尽责等特质,也可能会有你无法拒收的"烂牌",比如你的孩子可能没那么灵光,没那么爱学习,也有点执拗、自私等,在那些"大力无法出奇迹"的时刻,你会多一些包容。

平克还批评了一些没有排除相关因素的研究，比如一篇声称要对美国青少年进行限制的文章中这样说道："研究发现，长时间玩暴力游戏或者观看含有暴力内容的电视节目的青少年会表现出更多的暴力倾向。"平克觉得，它完全忽视了一种可能性，即因为这些青少年本身就充满暴力性，因此，他们才会去寻求暴力性的娱乐方式，是基因让他们"寻味而去"。

对于这一点，我在采访中深有体会。比如现在很多家长痛斥手机，认为手机游戏或短视频是导致自家孩子不爱学习的罪魁祸首。但实际上，手机只是一个工具而已，不同基因倾向的孩子会在上面寻找不同的内容。在我采访的很多考上名校的孩子中，很少有被父母限制使用手机的。比如一个考入北大法语系的女孩告诉我，她就很喜欢刷B站，有一次她无意中在B站刷到一首歌 *Do You Hear the People Sing*，这是音乐剧《悲惨世界》的主题曲之一。激昂的旋律瞬间震撼了她，于是，接下来似乎打开了一个超链接，从歌曲到音乐剧，再到电影、小说，再到法国大革命，然后到整个欧洲历史，课本知识与课外知识，历史与文学，音乐与电影在她的脑海中融合、碰撞，顺着这条路，她最终把大学的专业方向定在了法语。

还有一次她刷到一个演员，曾扮演过文艺复兴时期的一个著名剧作家马洛，于是她顺藤摸瓜看了马洛的戏剧作品。马洛与莎士比亚差不多同时代，尽管初中英语老师曾讲过莎士比亚，但当时她兴趣不大，看了马洛的作品之后又对莎翁的作品产生了新的兴趣，由此对文艺复兴又多了一些了解。

女孩告诉我，最初刷手机也会看一些不太有营养的东西，但看着看着就觉得没意思了，然后主动去寻找更符合自己兴趣的内容，这是一个"顺杆爬"的过程。

在我的采访中，还有一个孩子，利用手机学习脱口秀表达技巧，从而在升学面试中赢得主考官的好感；还有孩子在一些平台注册账号，展示唱歌才艺……就连我儿子，一个并不怎么爱学习的孩子，他也很少打游戏，而是特别喜欢在手机上看田径技能，以及世界各地的地理人文等。

归根结底，人总是顺着遗传自我，寻找让自己最舒适、最契合自己天性的内容。

人出生时并非一张白板，而是蓝图，已经预先存储了许多设计信息的施工蓝图。不同的基因体现为不同的兴趣倾向，使孩子选择了不同的内容和微环境，同时也被这些环境所塑造。

也就是说，所谓环境并不是纯粹的环境，是你主动选择的结果；即便面对同一环境，不同的人也会有不同的感知和应对方式，即"get到的点不一样"。你所处的环境，很大一部分是基于你的DNA倾向所积极感知、解释、选择、修改甚至创造的结果，都在基因蓝图的规划之中。我们在性格、精神病理和认知能力方面的丰富遗传差异，使我们以不同的方式体验生活。例如，儿童的天资和求知欲的遗传差异，会影响他们利用教育资源的程度；我们对抑郁易感性的遗传差异，会影响我们是正面还是负面地解读自身经历。大脑在很大程度上会按照先天预设的结构，来选择环境，进而影响我们的行为，塑造我们的智商、幸福感、兴趣偏好和能力等心智指标。

对环境的反应源于个人特质

接下来,我们再次走进俞敏洪的直播间,看看他与"讲故事的凯叔"之间的一段对话。你可以看到两个人在面对基本相同的环境刺激时,他们如何"get到各自不同的点"。

获邀进入老俞聊天室的嘉宾,无一例外,都是在其专业领域取得一定成就的人士。俞敏洪可能是自身从事教育工作的原因,对影响一个人发展的诸多因素,如基因、家庭、社会、机遇等充满兴趣,总要刨根问底,探询那个最初点燃嘉宾职业热情的契机,以及这个契机与他们的天赋之间是如何相互作用的。

> 俞敏洪:听说你喜欢讲故事的能力在幼儿园就被激发出来了,你在幼儿园就给别的孩子讲故事?这么早熟吗?
>
> 凯叔:我特别早熟。小时候父母都很忙,他们是双职工,经常把我扔在床上,就去忙自己的事情了。那时候他们发现一个秘密,如果他们给我讲故事没讲完,我就会站在那儿不走,扶着床颤巍巍地站起来,开始自己给自己讲,这边是小白兔,转过来就是大灰狼。他们就觉得这孩子有意思,但没把这个当回事。

凯叔讲述了自己幼儿园的经历。因为自己过于淘气,是典型的熊孩子,就经常被一个老师训斥。突然有一天这个老师不再打他了,原因是凯叔会给别的小朋友讲故事。只要他一讲,小朋友就安静下来,这个老师就可以在旁边打毛衣,不用上课了。

这件事对凯叔的影响很大，讲故事给他带来了正反馈和荣耀感，他说："我从小其实是学渣，学习成绩并不好，但我会讲故事；我长得不帅，但我会讲故事；我体育成绩不好，但我会讲故事，这一点一直支撑着我。"

津津有味地听完凯叔小时候的这段经历后，俞敏洪问："这种能力是父母在你长大的过程中给你鼓励引导出来的，还是你自己就喜欢这么做？"

凯叔说，自己的父母都不是干这行的。他们在厂里做工人、设计师，他们也不知道孩子为什么会这样。但有一点，从小家里买书较多。那时候还没绘本，都是小人书，也叫连环画，比如《三国演义》《西游记》《西汉演义》等。小时候凯叔看了大量连环画后，就开始自己编故事，在心里创作。总之，凯叔觉得自己有讲故事的能力，主要是由于从小父母给他营造了很好的阅读环境。

听完凯叔的解释，俞敏洪发表了自己的观点：我觉得还是要有一定天赋。我小时候也读连环画，那时候我母亲唯一允许我拿钱买的东西就是书店里的书，都是买各种连环画。但我买回来读了以后，从没产生过要给小朋友讲故事的兴趣或者愿望，所以到今天为止，我读完一本书，再把书中的故事复述出来的能力依然比较差。

注意，这段话很重要，隐含了环境与天赋交互作用的秘密。同样的环境刺激，因为人的天赋不同，就会发生不同的化学反应。对于看连环画、阅读小说这件事，在凯叔身上激发出的是讲故事的能力；在莫言身上，激发出了写故事的冲动和能力；而更多的人，满足好奇心就行了，并没有绘声绘色地复述出来，或者有进行故事创作的冲动和能力。

接下来，俞敏洪和凯叔就天赋问题展开了辩论。俞敏洪的观点很明确，他强调人与生俱来的天赋力量。凯叔则认为天赋等于热爱，只有在顶级较量中才拼天赋，大多数从业者与天赋无关。他还引用了《异类》一书中的观点，认为正向激励和刻意练习可以超越天赋的力量。

我觉得他们其实是在说同一件事，只是对于"天赋"这一概念的界定不够清晰。其实，没有哪个人生来就具备某种能力，上天赐予的gift是以潜能和倾向的方式存在。我们一般所说的天赋，其实既包括做某件事的潜能，又包括对此事的兴趣偏好，两者往往是一致的。基因不会让你马上具备某种能力，但会让你喜欢某些事物而不喜欢另一些事物，会让你在某些方面更有悟性而在其他方面相对迟钝，会让你做某些事更愉快而排斥做其他事。一个人即使有某种天赋，但如果没有匹配的环境，天赋也会被浪费；反过来，一个人如果没有某种天赋，却被迫在这个领域努力精进，也会是一件痛苦且低效的事情。俞敏洪说：

> 我个人认为，孩子们在长大的过程中，会或多或少根据他们自己的个性特征显示出一定的倾向性爱好，比如有的人外向一些，有的人运动能力好一些，有的人语言能力好一些，有的人数理逻辑思维好一些，有的人形象思维好一些等。比如，你口才语言能力好一些，这还是和天赋有一定关系。

俞敏洪以自己为例，谈了自己与生俱来的短板，认为有些能力并非通过刻意练习就能解决：

天赋gift：来自上天的馈赠

我的数理逻辑思维能力就很差。我笨吗？我觉得我不笨，我学文科的东西一学就能学进去，而且我记忆能力也不差。但我一学数学就糊涂，看到物理就像进入地狱……只要是文科考试，我就能考90分、100分，但数学考试，就考50分、60分，确实有天赋这一说。

俞敏洪当年之所以报英语专业，就是因为数学分不计入总分，数学是他无法弥补的短板。俞敏洪的这个说法我很赞同，在我采访的很多艺体类、语言类、旅游管理等专业的学生中，的确有不少就是视数理化为地狱，这与他们在专业方面的优势正好形成反差。

既然本书真诚地致力于探讨基因天赋的议题，那么，一个人在某方面天生的局限性就是一个不应回避的话题。在此我顺便谈一下对"刻意练习"的看法。

《刻意练习》一书作为学习领域的佳作，阐述了有效学习的四个关键要素：设定明确目标、保持专注、获取及时反馈、保证处于学习区。在此基础上，《刻意练习》主张一个观点：天才非天生，通过刻意练习，人人皆可达到天才的境界。尽管振奋人心，但我对此持有保留意见。我认为，对于那些在某个领域缺乏悟性的人来说，无论重复多少次练习，效果都不会太好。比如工程机械之于我，简直也是如同"进入地狱"。当然，准确地说，缺乏领悟力本身就不符合刻意练习精神，因为无法获取精准反馈，也就无法确保自己处于学习区。

你也可以理解为有些人对特定领域有着根深蒂固的抵触情绪，

难以静心深入探究，即便动用自律和意志资源，也很难取得实质性进展。但在另外一些方面，他们却能轻松驾驭，也愿意刻意练习，取得很好的效果。这就是天赋倾向的不同。

影响学习成绩的因素

在当前的教育环境中，家长最为关注的无疑是影响孩子学业成绩的各种因素。从对同一家庭中兄弟姐妹间的差异的讨论中，我们基本可以明确，孩子成绩优秀并非由家长的管教所决定，关键在于孩子自身的天赋。那接下来就应追问，究竟是哪些遗传因素导致孩子之间在学习能力上的不同？若一个孩子的智力处于普通水平，是否可以通过培养自律性、意志力等非智力因素来"逆天改命"？

这是一个敏感且严肃的话题。

我们首先引入遗传率（heritability）概念。遗传率的分值范围从0到1，代表着观察到的变异中可由遗传因素所解释的比例，即你身上的某个特征，到底有多大程度上来自遗传。以身高为例，身高的遗传率是80%，简单理解，就是人与人之间的身高差别主要是由遗传决定的，后天环境影响很小。那80%这个数字怎么理解呢？

生物学家王立铭对此有个通俗的阐述：如果你在美国遇到一个身高1.9米的成年男人，你就可以马上心算一下，考虑到美国成年男性的平均身高是1.78米，这个人的身高超过平均值12厘米。

这12厘米中，差不多有10厘米，是父母遗传物质的贡献，剩下20%才是环境（后天）的影响。这个说法不太准确，但从影响权重的角度来说，基本可以这么理解。

环境因素中包括喝了多少牛奶，晒太阳够不够多，有没有好好锻炼身体，睡眠和心情怎样等，各种因素，加起来才占20%。所以，遗传因素对身高的影响是巨大的。这基本上也符合人们在生活中的观察。以我自己的弟弟为例，身高都达到了1.8米，但小时候，我家根本没有牛奶喝，一年到头也难得吃上几次肉。说明身高主要是遗传，后天影响不大。

现在回到我们最关心的问题：人类更高级、更复杂的心智，比如智商，记忆力，幸福感和自信心，外向还是内向，友善还是强势等特性，遗传率有多大呢？毕竟，从DNA中的原子运动到人的行为之间隔着很多层，至少包括化学、生物学、心理学和社会学，有很多干涉的空间。

测量遗传率最简单的一种方法，就是测量一对从出生就被分开抚养的同卵双生子之间的相关性。他们的基因完全相同，而生长环境完全不同，他们之间的相关性则主要是由基因导致的。

另一种方法，是把一起抚养的同卵双生子和一起抚养的异卵双生子进行比较，前者无论是在基因还是在环境方面都完全一样，而后者只有一半基因相同，环境方面则完全相同。如果同卵双生子之间的相关程度比较高，就可能反映出他们共同具有的基因起了作用。两个相关系数之间的差异越大，估算出来的遗传率就越高。

第三种方法就是把生物学意义上的兄弟姐妹与被收养的兄弟姐妹进行比较，前者有一半的基因是相同的，生长的环境也基本相同，而后者在人类具有的存在差异的基因方面完全不同，生长环境则基本相同。

无论采用什么样的测量指标或测量方法,最终结果都基本趋于一致。分开抚养的同卵双生子之间是高度相似的;在一起抚养的同卵双生子比在一起抚养的异卵双生子更为相似;有血缘关系的兄弟姐妹之间的相似性要远远超出没有血缘关系的兄弟姐妹。上述这些都可以转换成为实际的遗传率得分,分值通常在0.25—0.75之间。

家长首先关心的是智力的遗传率。毕竟,影响学业成绩的诸多因素中,智力最为关键。在探究智力的遗传率之前,首先弄清楚什么是智力。万维钢说:智力,是一个人的认知能力,比如说逻辑推理、模式识别、短期记忆力这些与积累的知识多寡关系不大的,但是能反映大脑的运算水平的能力。

心理学家已经做了无数研究,早就达成共识,即存在一个"一般因素",直接决定每个人在所有领域的表现。这个"一般因素",被称为"g-因子"(g-factor)。用智力测验的方法可以测量每个人的g-因子,这就是智商。在智商研究领域,存在一个"达·芬奇效应",即如果一个人智商高,那么他的其他各项素质,包括情商在内,甚至包括体育成绩在内,都跟智商是"正相关"的。达·芬奇就是个多才多艺的多面手。

关于这个问题,普罗明提出了"全能基因"的概念,即当我们发现一种与认知能力相关的DNA差异时,它与其他认知能力相关的可能性超过50%。这解释了为什么智力是一个如此强大的概念。智力捕捉了不同认知能力的共同点,使其成为寻找全能基因的理想目标。研究表明,阅读、数学和科学等与教育相关的技能表现出较高的遗传相关性,相关系数约为0.7。

全能基因与大脑的结构和功能有关。神经科学家认为大脑的不同区域行使各自特定的功能，这种理论被称为模块论。相反，全能基因意味着大脑结构和功能的个体差异主要是由影响大脑区域和功能的弥散效应引起的。也就是说，大脑的区域分工并不如传统理论所认为的那样严格。

那么智力的遗传率是多少呢？学界的共识是在50%—80%之间。其实关于这一点，大多数家长也能认，毕竟，从一般的生活经验出发，你也能感觉到，有些孩子天生聪明，有些则迟滞一些，从小就看得出，与家庭环境什么的似乎关系不大。与此同时，绝大多数家长又"信命不认命"：就算孩子智商低一点，学习能力弱一点，接受知识的速度慢一点，但只要他肯花功夫，自律一点，也有可能考出好成绩。有句话是这么说的："论你的努力程度，还远没到拼天赋的时候。"

是的，我们一直是这么被灌输的。

致力于儿童性格教育研究的作家保罗·图赫在其畅销书《性格的力量：勇气、好奇心、乐观精神与孩子的未来》中提道：之所以有些孩子成功，有些孩子失败，是因为成功的孩子拥有某些特定的性格特征，如毅力、好奇心、自觉性、乐观和自制力等。诺贝尔奖得主詹姆斯·赫克曼给出了一个类似的清单：积极性、毅力和韧性，对人生的成功也很重要。这一系列特质被称为社会情感技能，或"非认知"技能，更侧重于动机、价值感和情感特征。

对于非认知技能的强调比比皆是，也出现在各种励志演讲中。大家之所以对此报以如此热情，是因为觉得非认知技能是最能够发挥自由意志的一方净土，与遗传关系不大，也正是家长能够施以影响、"大力出奇迹"的地方。

真的是这样吗？

"我们这个班，最初有近百人，现在已经有三四十个主动退出了，最终只留20个，我觉得自己能留下。"说这句话的男孩名叫朗朗，15岁，刚升入高一。朗朗眉目清秀，圆脸、深眼窝，这些都遗传了爸爸的特点，与脸形瘦长的妈妈有较大不同，但智商方面可能更多地遗传了妈妈。我和朗朗妈是同事，多年的共事中，我承认她比我聪明得多，无论是智商还是情商。

在2023年秋开学季，朗朗迎来了自己学业上的高光时刻，初中时因为成绩优秀，被保送至重庆市内最好的高中，而且进了清北班。这所名校的几个清北班名副其实——每年考上清华北大的学生近百人，在全国也名列前茅。

暑假期间，朗朗就参加了学校的数学夏令营学习班——学校从中选拔出新一届的数学竞赛生人选。学习强度非常大，每天从早晨7点到晚上11点；题的难度也很大，已经有大学微积分内容。

"大家都非常拼，当然也都很聪明，我同寝室的室友就是一个区县的中考状元。"朗朗说。尽管这样，他依然对自己最终能通过层层选拔留在竞赛队充满信心。做数学题对他来说是一件很愉快的事情，他尤其享受苦思冥想后豁然开朗那一瞬间的成就感。

因为与朗朗妈是同事，我对朗朗的成长过程比较了解。小学初中并没有择校，也没有学过奥数，没补过课，而且，由于朗朗妈的工作占用了很多周末假期，所以连陪伴孩子这一点上，她做得也一般，很少过问孩子的作业。但毕竟是从事教育媒体工作，朗朗妈对孩子鼓励居多，很少批评，亲子关系很好。朗朗小学三年级开始，陆续上过一些兴趣班，比如小牛顿科学馆、编程、象棋等，孩子都很喜欢，也喜欢田径。

不过，朗朗在进入八年级之前，成绩在班里也就中上等，成绩的突然跃升，是从八年级开始的。

"那个暑假，老师发了几套题，每天分配几道，我就在家做，做着做着就上瘾了，觉得数学很有意思，我们数学老师也很好。"朗朗回忆说。

"那个数学老师确实很不错，能激发孩子的学习兴趣。"朗朗妈补充道。就这样，八年级开始又有了物理，九年级又增加了化学，朗朗都游刃有余。"可能之前上的什么科学课、编程、象棋课之类，培养了他的逻辑思维能力、专注力。"朗朗妈总结道，"不过总体来说，我们对他的要求还是很宽松，他对学习有兴趣，愿意主动去做。"

在我的日常采访中，还接触过更多已经圆了大学梦的"朗朗们"的故事。这些孩子们如今遍布北大、清华、人大、复旦等名校。

"印象特别深刻，聊起化学时，这个孩子眼睛中闪着光，非常亮。"

"我承认尖子班的孩子们有天赋，但他们的勤奋和付出，也是大家难以想象的。"

"这孩子身上的抗挫能力非常强，属于反脆弱型的。"

"他们知道自己需要什么，坚定地朝着目标努力。"

……

这是我到各个知名高中采访，寻访"朗朗们"的学习轨迹时，任课老师们对这些孩子的评价。一个普遍的事实是,"朗朗们"不光认知能力强,而且无一例外,都具备主动、专注、自律、有目标感等优秀品质,这些品质成为他们成功的加持因素。

那么,这些优秀品质是哪里来的?

一个很残忍的事实是,所谓"毅力""恒心""求知欲",这些非认知技能,同样会被遗传因素左右。《基因彩票》的作者哈登曾参与指导过一个得克萨斯州双生子研究项目,研究者设计了一套测量方法,试图捕捉被认为对教育及其他方面成功的各种特质,包括坚毅、成长型思维模式、求知欲、掌握取向、自我概念、测试动机等。结果发现,非认知技能的遗传率为60%,这个比例与智力的遗传率非常接近。换句话说,一个人能拥有持之以恒的毅力和良好的学习习惯,未必是因为他在后天付出了过人的努力,完全可能是因为他抽到的"基因彩票"上就有这些遗传特质。

近年来,多项元分析的结果得到了一个较为统一的结论:40%—50%的人格特质上的个体差异可以归因于遗传差异。这样的结果即对应了行为遗传学的第一定律:几乎所有的人类行为特征都是可遗传的。

想一想生活中,有些人性格天生爱说爱笑、乐观开朗,有些人沉默寡言、幸福度低;有些人温和善良、能够为别人着想,有些人攻击性强、没有同理心;有些人勤快细致,有些人懒惰马虎……你能够接受这些差异与遗传有关,那为什么不能接受那些与学习有关的非认知技能,如好奇心、专注、毅力、恒心等也与遗传相关呢? 也就是说,在理解遗传如何影响孩子的学业成绩时,非认知技能并非一张"免罪金牌"。孩子身上那些你认为懒散、不专注、不愿意思考、马虎等非常恼火的问题,很大一部分也来自基因。

前面提到的美国得克萨斯州的一项双生子研究，测量了一组被称为执行功能的认知能力。结果发现，在某项执行功能测试中表现良好的儿童，往往在其他所有测试中也表现良好。具有较高综合执行能力的儿童更善于调节自己的注意力，可以停止自己的动作，从一种规则切换到另一种规则；他们实时更新信息，并在工作记忆中保存少量的信息。

让哈登惊叹的是，综合执行能力的遗传率几乎是100%。也就是说，在一群上学的孩子中，测算出的综合执行能力的差异几乎都是由他们之间的遗传差异本身造成的。在对数百对8—15岁的双胞胎进行的测试中发现，同卵双胞胎的综合执行功能基本上完全一样。异卵双胞胎综合执行能力的相关度为50%，与他们共享一半的基因差异概率正好一致。这种几乎可以完全遗传的特质，对学生在学业测试中的成绩也有着惊人的预测作用，综合执行能力与学业成绩之间有0.4—0.5的相关性。

是时候该具体了解一下"教育多基因指数"了。

教育多基因指数

"教育多基因指数"，是一种利用遗传信息来预测个体在教育成就上的潜力的统计工具。它通过分析个体基因组中与教育程度相关的多个单核苷酸多态性（SNP）构建而成。可以将教育多基因指数视为一种"学习基因"，它尝试量化遗传因素对教育成就的可能影响。这个指数基于多次大规模的全基因关联研究（GWA）

而建立，涵盖了成千上万的参与者，目的是探索哪些特定的基因与教育成绩相关联。

你可以这么想象，有一堆积木，每块积木代表一个小的遗传效应，这些效应加起来，决定了一个人在教育上的潜在表现。而教育多基因指数就是将这些积木的效应加起来得到的总分，简单理解，它是学习能力的综合指征。

人的许多特性，并不是由单一的基因决定，而是多个基因共同作用的结果，比如有身高多基因指数、精神分裂症多基因指数、双相障碍多基因指数、阿尔兹海默症多基因指数等。正因为一个表型特征通常涉及多个基因，希望通过编辑某个基因来改变人的某个特征的想法，不仅面临伦理挑战，在技术上也难以实现。

多基因指数的研究，比较前沿，甚至连名字都是最近几年才逐渐统一，比如普罗明在2018年出版的《基因蓝图》一书中，使用了"多基因分数"（Polygenic Score）的概念。普罗明作为英国伦敦国王学院的行为遗传学教授，是最早研究多基因指数的学者之一，最初他还将其命名为"SNP套餐"，后来学界还出现过十来个不同的名字。不过，你只需要明确一点就好，它是一个综合分数，是建立在个人基因组科学发展的基础之上，总结了已知与目标特征相关的遗传变异信息而构建的一个单一数字。在下文中，我们将统一称其为"多基因指数"。

在详细介绍教育多基因指数之前，为了让你对这个概念有个感性的了解，我们以普罗明为例，先看看他的身高多基因指数。团队根据当时最新的GWA研究结果，调用SNP基因型数据，为多项个人性状构建了多基因指数，然后与另外6000名无关个体的数据进行比较。人群中的平均多基因指数位于第50个百分位，普罗明的身高多基因指数位于第90个百分位。也就是说，你即便没有见过普罗明本人，也会知道他很高。他的确很高，身高为1.9米。

不过普罗明指出，身高1.9米的实际百分位数应该是接近99%，但他的身高多基因指数是90%，也许这种误差是由某些环境因素造成的，比如营养和运动，考虑到多基因指数尚不完美的预测效果，这很可能是随机波动的结果。

好，那我们再来看普罗明的教育多基因指数。普罗明说，在多基因指数的研究领域，科学家们用力最多、规模最大的就是教育多基因指数，预测效果也相对较好。普罗明在2016年涉及33万个样本的一项教育多基因研究中，顺便也测了自己的情况：94%。这同样意味着，你根本不用与普罗明见面，不用了解他智力如何、爱不爱学习，只在他出生那一刻，调取他的DNA数据，就能预测他将来很大概率在学业上能取得较高成就。

普罗明说，当时他看到这个数据后，开心之余也陷入了深思。他是在芝加哥贫困家庭中长大，家里没有书，包括父母、姐姐及10多个住在附近的堂兄弟在内，都没有人读过大学。然而，他自己从很小时候起，就是一个狂热的阅读者，经常从当地公共图书馆带回一大摞书。以前他也经常想知道自己对于书籍和上学的兴趣到底来自哪里，因为家人对这些事几乎没有兴趣。青少年时期，他甚至一度猜测自己是不是被领养的。他说自己当时没有意识到，虽然有"龙生龙，凤生凤"之说，但父母毕竟与孩子之间只有50%的基因同型，还有50%的不同，一对没有智识兴趣的父母完全可能生出一个有智识兴趣的孩子。

普罗明还补充说，他的功课成绩一直很好，但他并不认为自己有多聪明，只是有一些突出优点，比如勤奋努力、一丝不苟、坚持不懈。在得知自己的教育多基因指数很高后，普罗明推测，这个评估中应该包含了除智力之外的其他因素，比如对阅读的兴趣、勤奋努力等。事实上正是这样，即哈登所说的"非认知技能"。

一句话，普罗明是中了基因彩票的幸运者。

针对大规模人群来说，教育多基因指数对人们受教育程度的预测又如何呢？

还记得我在导语中提到的中国基因科学家仇子龙吗？他在专栏中提到英美科学家2018年发表的一篇论文，在对美国和英国中产家庭出身的孩子的一项研究中，发现携带厉害版本教育基因的人，比携带较弱版本教育基因的人，上大学的概率足足大了4倍。

其实仇子龙提到的那篇论文，就是基于一项关于教育多基因指数的大规模研究。仇子龙的专栏是面向大众，有意避免使用专业术语。这项研究由美国和英国科学家组成的社会科学遗传学联合学会（SSGAC）发起，普罗明就是该项研究的重要发起人之一。事实上，这已经是SSGAC进行的有关教育多基因指数的第三次大规模研究了，前两次的研究结果分别在2013年和2016年发表。在普罗明写《基因蓝图》一书时，2018年的研究正在进行中，样本量是100万人，发现了1200多个与受教育程度相关的SNP位点。

在哈登所著的《基因彩票》一书中，也提到了2018年的这次研究，指出在那些教育多基因指数最低的人群中，大学毕业生的比例是11%；相比之下，在教育多基因指数最高的人群中，大学毕业率为55%。对于这个数据，哈登强调说，4倍的差距绝非微不足道。

《基因彩票》一书是2021年出版的，事实上，关于教育多基因指数的研究目前仍在推进，样本量更大，涵盖的人群更多元化。这些研究为构建更准确的教育多基因指数提供了基础，预测的准确度越来越高。也就是说，你现在去测你的教育多基因指数，预测效果会比普罗明当年使用2016年的那次研究得出的数据更准确一些。

普罗明还指出，教育多基因指数不仅能预测受教育年限，而且还显示出了它在不同心理特征上的普遍影响，比如对智力、阅读理解能力都有预测作用；它还可以预测其他诸多心理特征，包括性格和心理健康。这个原因也很好理解，因为许多心理特征都关乎教育成就。例如，责任心使学生更容易坚持下去，情绪稳定也更有利于学习。所有这些，都关乎一个人未来的职业、地位、收入，关乎社会公平问题。

从教育多基因指数的视角来看择校现象和阶层流动，我们还可以获得一些启示。首先，关于择校问题，普罗明在《基因蓝图》一书中提供了英国一些学校的数据。英国私立学校和文法学校学生的教育多基因指数，显著高于综合学校的学生。在英国，私立学校和文法学校都可以选拔学生，相当于"名校"，而综合学校不允许选拔学生。这一结论非常明确：并不是这些"名校"提供了更好的教育，而是更好的学生选择了"名校"。换句话说，学生在这些"名校"中表现更好，是一种可预期的自我实现。

前面提到的"朗朗们"未来能考上理想的大学，最关键的原因并非他们如今进入了重庆这所最知名的高中，而是这所高中筛选出了原本具有较高教育多基因指数的"朗朗们"。起到最关键作用的，依然是"朗朗们"本人。

普罗明也研究了阶层流动的现象，发现一些向上流动的孩子的教育多基因指数，普遍高于那些像父母一样没有上过大学的孩子。换句话说，遗传会使得出生在弱势家庭的一些孩子有机会克服其背景的限制，无论父母的教育多基因指数落在正态分布的何处，他们孩子的教育多基因指数都有一个很大的范围空间。同样的道理，向下流动也受遗传因素控制。如果孩子的教育多基因指数低，即使父母上过大学，孩子上大学的可能性也小。普罗明之前进行了多年的双胞胎研究也支持了教育多基因指数的结果，同卵双胞胎比异卵双胞胎更容易具有向上或向下流动的一致性。这些都表明，遗传影响占向上和向下流动个体差异的一半左右。

那么，同一个家庭中，兄弟姐妹之间教育多基因指数不同，他们最终表现在所受教育程度以及财富上是否有差别呢？

哥伦比亚大学教授丹尼尔·贝尔斯基曾领导一项研究，考察兄弟姐妹之间的这些差异。贝尔斯基和他的同事们对社会流动性非常感兴趣。所谓社会流动性，是指人们在教育、职业声望和金钱方面超过或逊于父母的程度。他们观察了来自世界各地的五个数据集，其中一个数据集包括近2000对兄弟姐妹。结果发现，拥有较高教育多基因指数的人，受教育程度更高，从事更有声望的职业，经济上也更富有。

总的来说，孩子的教育多基因指数，是影响其最终教育程度乃至经济收入的最关键因素。

这对于父母来说意味着什么呢？如果你发现自己孩子的教育多基因指数得分很低（无论你自己的教育多基因指数得分多高，都会出现这样的情况），你会怎么办？即使知道这只是一个概率，也会很难接受，特别是对于受过高等教育的父母来说。

普罗明提醒说，一方面，不必抱着宿命论的观点，因为基因不是命运，遗传率只是一个概率，并不意味着确定的结果，父母还是可以有所作为。但另一方面，父母也要意识到，孩子并不像一团橡皮泥那样可以随意塑造：基因是儿童发育中的主要系统性力量，孩子最终的样子，很可能与父母的期望有所不同。

多基因指数有助于父母理解：孩子对高等教育缺乏兴趣，并不一定是不听话或者懒惰的表现。对于一些孩子来说，学习确实更困难、更不愉快。因此，遗传应该促进对个体差异的认可和尊重。如果可能的话，遵从遗传而不是与之对抗更为合理。尽管父母可以拼尽全力对抗孩子的遗传倾向催逼孩子学习，要求好成绩，但可能会付出更多的代价，孩子和父母都会感到痛苦。

社会科学规律的体现，往往不像物理学那么绝对，因为影响一个事情发展的因素很多，是各种力量综合博弈的结果。所以需注意的是，教育多基因指数高的人，并不意味着受教育程度一定高，比如家庭经济条件、居住地、获得的教育资源等，都可能会影响一个人考上什么大学。

我家姐弟四人，就收入来说，我和小弟较好，小弟比我收入还高。不过我读了大学，小弟仅初中毕业。在我的观察中，小弟智商情商都相当在线，本来他从小数学成绩还行，但初中时遇到一个不喜欢的老师，从此数学成绩一落千丈。初中毕业后小弟就直接进城打工了，当时是1999年，农村孩子考大学的意识并不强。

但有意思的是，小弟虽然暂时性落后，但拉大人生尺度看，他的聪明才智最终还是让他获得了并不逊于同龄大学生的收入。如果测教育多基因指数，也许他比我高，只是长醒得晚，没走考大学之路。《基因彩票》一书中也指出,即便比较受教育程度相同的人,教育多基因指数增加一个标准差,财富也能增加8%。这个很好理解,你大学的同班同学,都本科毕业,收入肯定也有高有低,聪明一些的,大概率收入更高。

但总体上来说,教育多基因指数高的人,学历更高,收入也更高,这个正相关还是非常明显的。

打工潮带来的机会

在本章近尾声时,我们把赵美萍的故事讲完。这同样是拉大尺度,看遗传层面的DNA差异,如何作为系统性力量来塑造一个人的命运。

赵美萍在家乡采石场一直干到19岁。当我在重庆宾馆遇到她时,是2001年,31岁的她已经是《知音》编辑,浑身上下散发出都市白领女性的优雅气质——当然,那双粗大的手还是很不协调。那么,从19岁到31岁,从农村采石女到知名刊物编辑,12年间,如此大逆转,如何发生的?

赵美萍的机会来自外出打工。

20世纪80年代末,打工潮方兴未艾。砸了5年石头后,1989年,赵美萍获得了一次外出打工的机会,而这个机会,源自一场纯真的乡村爱情,与她对文学的热爱也有密切关系。

事情是这样的,村上一个叫川的男孩,是赵美萍的暗恋对象,但农村女孩的羞涩加上自卑,让她只能把这份情愫诉诸日记。几年下来,赵美萍写了5本秘密情书。后来川有幸接父亲的班成为上海宝钢工人。在一次川放假回家时，赵美萍感觉到川对自己也有好感，就鼓起勇气将那些满载深情的日记本展示给川看。就这样，在收获了爱情的同时，赵美萍也获得了一个机会，跟着川到上海，成为村里第一个到大城市打工的女孩。

到上海后，她先是在饭店打杂，然后进入一家合资服装厂，在流水线上做了两年普通缝纫工后被提拔为小组长，随后又升迁至技术科担任技术员，以前这个职位一般由上海本地人担任，打工妹很少能做到这层。

繁忙的工作之外，阅读依然是赵美萍打发时间的主要方式，她开始接触《知音》《女友》《现代家庭》等杂志。当然，她不单单是阅读，还仔细研究各个杂志的题材风格，她想尝试写作投稿。

在宝山区、宝钢厂的小报上发表了一些小文章后，赵美萍写作上的自信逐渐被召唤出来。1994年，上海一家媒体和《劳动报》联合举办"打工在上海"主题征文，要求写出打工一族在上海真实的生活状态。这正是赵美萍最有话说的，她一气呵成，以一篇《花娇》获得征文一等奖。随后，她又有文章陆续被《现代家庭》《知音》等采用，坎坷的成长历程也为更多读者所了解。

1994年国庆，赵美萍的故事登上了《上海青年报》头版，标题为《外来妹当上上海白领》，作为国庆焦点人物推出。随后，她又受上海人民广播电台邀约，每周日去参加一档直播节目，与上海几百万打工族倾心交谈。这段经历，拓宽了她的视野，让她结识了众多从底层奋斗出来的同行者。

1997年，是赵美萍打工生涯的转折点，她决定从干了7年的服装厂辞职。这次辞职依然与写作有关，一位资深报社编辑非常欣赏她的文采，认为她一直待在服装厂可惜，建议她从事更有创造性的工作，比如进入广告公司、杂志社等。

辞职计划遭到了丈夫的反对。此时赵美萍已结婚，丈夫就是她暗恋了5年并将她带到上海打工的川。1997年，下岗潮已席卷全国，川在宝钢的工作朝不保夕，而赵美萍在合资厂的工作稳定且薪资待遇不错。

但人的天性的不同，就体现在关键时刻的抉择上。赵美萍说，她在17岁时，就曾在日记本的扉页上写过一句话："人生能有几回搏。"所以，当新机会来临时，她愿意去尝试，尽管前方有很大不确定性。

恰好机会来了。

1997年底，因为已经在《知音》上发表多篇文章，赵美萍接到杂志社的邀请，赴海外参加笔友会。在这次笔友会上，她得知《知音》要招聘编辑，非常兴奋，因为这才是她最向往的工作。尽管只是小学毕业，但她有过硬的作品，并在面试中表现出色，顺利入职。

去《知音》应聘那天，恰逢央视《半边天》栏目的拍摄，赵美萍作为打工妹的代表，出镜接受采访。

2001年秋，当我在重庆宾馆与赵美萍见面时，距离她入职《知音》已经3年多了。在经历了最初的艰难之后，她已经成为《知音》编辑中的佼佼者。

职场上顺水顺风的同时，她与丈夫在个人成长、生活理念的差别越来越大，最终黯然分手。2005年，她写下14万字的自传《我的苦难，我的大学》，时任全国人大常委会副委员长、全国妇联主席的彭珮云还为她题词："奋发有为，自强不息。"也因为这本书及后续的媒体采访，她又邂逅了现任丈夫，一位美籍华人。

如今的赵美萍，定居美国休斯敦，是一位专职作家，出版有《隐居者》《转角遇到爱情》等书。

我想，假如赵美萍有机会做教育多基因指数的测试，应该是属于得分较高的一类人。她当年考取市重点中学后，如果不是因为"继女+贫穷"双重障碍放弃读书，很大概率能够考上一所不错的大学。在她的成长中，没有家庭教育的加持，甚至家庭还起到了反作用，但因为自身禀赋在那里，最终引领她依然达到相应的高度。

1989年，赵美萍因为男友的关系早早到上海打工，迎来命运的转折点。但我们完全有理由推测，即便此时不走，随后打工潮席卷农村，她应该也会走出去，只不过要晚几年，她本身的优势也依然会发挥。

前文我们提到，智商往往体现出"达·芬奇效应"，即如果一个人智商高，那么他的各项能力，一般都不会差。

其实，1997年初从服装厂辞职后，她并不是直接就进入《知音》的，中间还干过两份工作，都是在短短几个月内，就取得明显成绩。最初是进入一家广告公司做业务员，不到一个月就拉来了一笔1.5万元标的的业务，打破了该公司业务员入职以来最短时间内拉到业务的纪录。然而由于受到上级骚扰，她很快就辞了职，也幸运地接住了下一个机会。

在广告公司谈第一笔业务的过程中，她能吃苦、沟通能力强等特点深得甲方的认可，正好甲方的IC卡电话及相关业务想要尽快抢占上海市场，对方真诚地邀约她承包闵行区的销售权，双方既是合作又是雇佣关系。于是，赵美萍开始了半创业之路。尽管辛苦，仅仅一两个月后，一次眼光独到的软文广告，就让销售有了起色。

事实上，如果继续朝这个方向发展，在时代浪潮中，几年或者十几年后，上海滩很可能会多出一个从打工妹到女企业家的传奇故事。然而，命运永远会有拐角。冥冥之中，总有一种力量，最终将一个人引向她应该前往的方向。此时的赵美萍，恰好碰到了《知音》招聘。

这里有一个细节值得注意。当时在得到《知音》面试通知但并不确定能否入职时，她就毅然放弃了刚刚上路的IC电话创业机会。当时合伙人连连叹息："一年挣20万的希望很大，你就这么轻易放弃？"赵美萍说，她知道自己想要什么，也许走创业之路经济收益更大，但做编辑、记者才是她真正心向往之的事情。

"你迟早会闯出名堂的，因为你的心太不安分了。"这是临分别时，那位合伙人的感慨。

在《我的苦难，我的大学》一书中，赵美萍不光记录了自己的成长故事，还有其他一些生活决策，也体现了她独特的眼光和魄力。

1999年的一天，赵美萍途经宝山区杨行镇时，一处欧式风格的小区正在修建，看着小区内的绿化和喷泉，她顿时有点上头。她太想拥有一套属于自己的房子了，但每平方米1980元，对她来说简直是天价。

回到出租屋后，她兴冲冲地与丈夫聊起此事，丈夫十分不屑地说道："你就做梦吧，再过十年我们也住不上。"

但赵美萍不甘心，来来回回又路过几次后，终于有一天，她走进了售楼处，交了定金。房子总价共近20万，首付三成，而当时她银行卡上的现金只有一两万。

这就是魄力。多年后回忆这件事，她十分庆幸自己的当机立断。1999年之后的近20年，中国房价一直上涨，尤其是上海这样的一线城市。如今那套房子的价格，翻了近20倍。

眼光、魄力、上进心、识别机会的能力以及不服输的精神等，是赵美萍身上明显的特质，然而，这些优势和人格方面的特点，究竟源自何处？

你可能会说，源于她的生活经历，穷人家的孩子早当家，正是早年颠沛流离的生活遭遇，比如贫穷、闭塞、压抑、辍学等，反而培养了她坚韧、不服输的性格。这种说法也有道理，但在同样的环境下，不同的个体依然会呈现出不同的发展结果。其实赵美萍还有一个小她3岁的妹妹，早年生活遭遇大同小异。当年赵美萍还在上海那家服装厂做技术员时，曾把妹妹带到厂里打工，但妹妹吃不了流水线上的苦，干了一年多后就回农村老家了。再然后，妹妹又辗转芜湖打工；在赵美萍落脚武汉后，妹妹还曾在武汉做过小生意，都没太长久。在经济收入、智识成就等方面，妹妹与这位姐姐有很大差别。

环境提供了各种各样的发展机会，而这些机会如何发挥作用，则取决于个人遗传层面对环境的敏感性，即"后天的先天性"。对于妹妹，赵美萍有一段评论："妹妹是个心地善良、思想简单的人，和所有农村女孩一样，只想嫁一个所爱的人，种种地、喂喂猪、养养孩子，一辈子就这么平平淡淡地过去了。不像我，有那么多野心和抱负，人和人的追求不一样，命运也不一样。"

这也让我想起了我自己的妹妹。是的，每个人都拥有独特的天赋和性情，对周遭环境的反应也千差万别，从而决定了各自不同的命运轨迹。

这正是普罗明在《基因蓝图》一书中最核心的观点：遗传得到的DNA差异，是塑造我们的最重要的系统性力量。

这么说来，一个人的命运是注定的吗？家庭教育、学校教育、社会环境、生活机遇等方面的影响不起作用了吗？当然不是。普罗明指出，在他的职业生涯中，一直强调"先天与后天"，而不是"先天或后天"，没有人质疑我们所经历的环境也在塑造着我们。基因是规划设计蓝图，但并不是细节完整的具体施工图纸，还有很多填充、修改、涂抹空间，这就是后天环境的作用。

好，明确了这一点，接下来我们就要追问：后天环境，包括家庭、社会以及偶然机遇等诸多因素，对个体发展到底起着怎样的作用？又是如何发挥作用的？我们同样需要做颗粒度更细的辨析，这是下面两章将要涉及的内容。

第三章

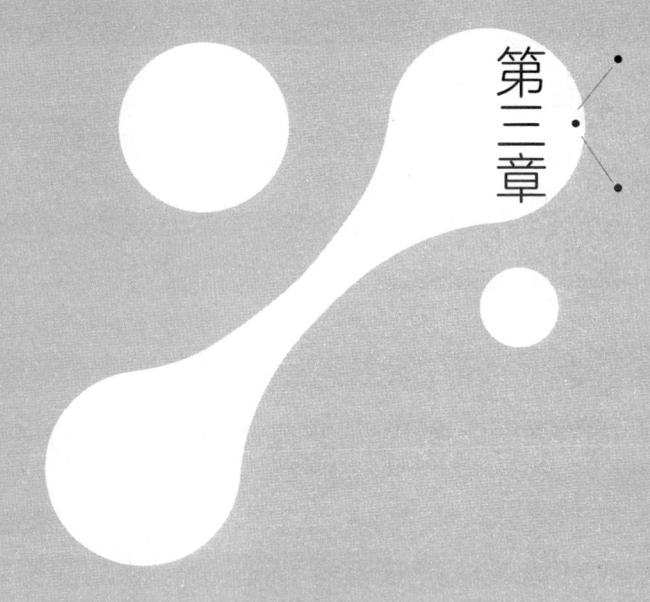

教养的迷思

> 同一家庭中的养育效应远小于基因效应。
>
> ——行为遗传学家埃里克·特克海默

如果你在另一个家庭长大

2022年3月6日,山东枣庄的孙叶像往常一样,开始抖音直播。突然,有个粉丝发来信息问:"你是刘艳吗?"

孙叶说:"我不是。"

"那你认识刘艳吗?"

"不认识。"

"我们村有个女孩与你长得特别像,我发视频给你看看。"

直播结束后,孙叶打开了粉丝发来的视频。"当时我整个人都震裂了。"后来孙叶形容那一刻的感觉,"她所有的动作,还有发型,跟我一模一样,这个人不就是我吗?"

孙叶抑制住内心的剧烈震颤,进入了对方的主页,"我觉得主页里面全都是我。当时有点蒙,但很快就清醒过来了"。

此刻,她已经明白眼前发生了什么。多年来,自己一直在寻找的那个人终于出现了。原来,从七八岁开始,孙叶就听村里小伙伴说她是捡来的孩子,随着年龄的增长,她也越来越觉得自己长得不像家里人,但她没勇气直接问父母及哥哥。21岁那年,她打电话给堂哥,让堂哥告诉自己实情——自己到底是不是捡来的。

堂哥禁不住她的软磨硬泡，就确认了这个事实，并告诉她，她还有一个双胞胎妹妹。随后，孙叶多方收集信息，想弄清楚自己亲生父母在哪里，另外一个双胞胎姐妹在哪里，但都没有结果。

寻亲之事渐渐淡忘，然而网络直播把线索直接送到了孙叶面前。为了验证自己与这个名叫刘艳的女孩长得到底有多像。她把对方的视频发给了自己的闺密和哥哥，结果闺密和哥哥都问她：你把你的视频发给我们干吗？

这下她更有把握了，于是进入刘艳的主页，留言说自己跟对方长得很像，有可能是失散多年的姐妹，希望两人能尽快取得直接联系。刘艳却迟迟没有回音。

联系不到就直接上门去找。随后，孙叶根据刘艳视频中的信息，在哥哥的陪同下，驱车一个多小时，赶到了刘艳的单位。尽管此时的刘艳已经辞职，但孙叶还是辗转联系上了她。

"当我看到她发来的照片时，一下子就坐起来了，手都是哆嗦的。照片上的人，与我一模一样。"刘艳这样描述当时的情形，"这个人肯定和我有关系。当时事情来得太突然了，我接受不了，也不愿意去相信。我在这个家生活了30年，突然说我不是这家的孩子，我真的接受不了。"

原来，与孙叶不同的是，30年来，刘艳一家人都严守这个秘密，她根本不知道自己竟然是抱养的孩子。在大量的照片和视频面前，家人终于告诉了刘艳真相，她的确是30年前姑姑帮忙捡来的。

3月13日，也就是孙叶第一次在直播间得知此事的一周后，姐妹俩约定在一家咖啡馆见面。

"看到她的第一眼，太震惊了，一模一样，坐在那里。当天我俩穿的衣服,没有商量过,也是很相似的衣服。"孙叶说。

"就像照镜子一样,我们都穿的西装,都披着长头发,特别不可思议。"刘艳也回忆说。

接下来,一番抱头痛哭后,姐妹俩开始比对,五官、手脚、穿衣风格、发型,都非常像。而接下来,不可思议的一幕出现了。正在交谈间,妹妹刘艳接到家人打来的电话,她回话说:"凯文不回家吃饭,不用留饭了。"

姐姐孙叶很吃惊:"谁叫凯文?"

"我儿子呀。"

"天啊,我儿子也叫凯文,太巧合了吧?"

姐妹俩分别有一个儿子,在她们并不认识的情况下,竟然给儿子起了同样的名字。

当姐妹俩在央视的《挑战不可能》以及上海东方卫视的《妈妈咪呀》等综艺节目中说到这个情节时,现场的主持人和嘉宾都惊讶得张大了嘴巴。这段视频发在抖音上后,有观众弹幕留言:"看得我毛骨悚然"。

"我们俩好像在不同的空间,做着相同的事情。"对于诸多巧合,孙叶和刘艳自己也无法解释。

- - - ◆ - - -

设想一下,同样的一个你,如果在另外一个家庭长大,有着截然不同的生活经历,结果会怎么样?如果想探讨家庭教养对孩子成长的影响,这是最好的对比实验。然而,人的成长不可逆,无法穿越到平行宇宙中看到另外一个你。所幸,分开抚养的同卵双胞胎为我们提供了这种可能,因为他们的基因几乎完全相同,相当于在控制基因变量的情况下，看环境变量是如何影响一个人的能力、个性及其他行为特质。所以，同卵双胞胎研究一直是行为遗传学家研究的宠儿。

同卵双胞胎由同一个受精卵在孕期的某一时间分裂而成。没有人知道受精卵为什么会偶然分裂，但它的的确确分裂了。因为来自同一个受精卵，同卵双胞胎最显著的特点在于，几乎共享了100%的基因。

另一种双胞胎由分开受精的两个卵细胞发育而成，被称为异卵双胞胎。从概率来说，在3对双胞胎中，大概有1对是同卵，2对为异卵。异卵双胞胎可以是同性别，也可以是不同性别。而同卵双胞胎的性别总是相同的。从共享基因的角度来看，异卵双胞胎之间的相似性并不比其他兄弟姐妹之间更高，他们只是碰巧在同一时间生长在同一子宫内，并同时出生而已。一般来说，从外表上也能分辨同卵或异卵，同卵双胞胎外表几乎一模一样；异卵双胞胎与一般兄弟姐妹间一样，外表上也可能会有明显不同，各方面的平均相似度为50%。

明确了同卵双胞胎的基因几乎完全相同这一前提，我们来看一下著名的明尼苏达双胞胎研究。这一研究在前面的章节中曾提及过，接下来有必要更详细地了解一下。这是一项开始于1979年的研究，由明尼苏达大学的教授托马斯·鲍查德、戴维·莱肯及其助手们完成。他们从1983年便开始鉴定、寻找这些早年分离、成长环境不同、成年后才相聚的同卵双胞胎，最终找到了56对来自美国等8个国家的同卵双胞胎，同意参加为期一周的集中心理测验和生理测量。经过深入研究和对比分析，鲍查德团队于1990年发布了研究报告，揭示了一些令人震惊的发现。

在一周内，每一名被试者完成了将近50个小时的测试，测试内容涵盖你可以想象到的每个维度——四种人格特质量表、三种能力倾向和职业兴趣问卷以及两项智力测验。另外，被试者还要填写一张家用物品清单，以评估家庭背景的相似性；填写一张家庭环境量表以测量他们对养父母教养方式的感受，还要进行个人生活史、精神病学以及性生活史访谈。所有项目都分开独立完成，以避免双胞胎之间不经意地相互影响。

研究发现，分开抚养的同卵双胞胎在许多方面仍然表现出惊人的相似性。比如他们的智力、兴趣爱好、政治倾向，甚至一些生活习惯和偏好，相似度都非常高：在这些同卵双胞胎中，有倒着读杂志、上厕所之前先冲洗马桶、在电梯里喜欢打喷嚏的双胞胎；有都是时装设计师的双胞胎；有都结过五次婚的双胞胎；有都成为消防志愿者的双胞胎……

第一例被研究得非常透彻的是"吉姆双胞胎"。他们在20世纪30年代末出生于俄亥俄州，4周岁时被两对夫妇分别领养。1979年他们39岁第一次重聚时，发现了一些惊人的相似之处。例如，两个吉姆在拼写方面都表现不佳，但都很擅长数学；他们在木工和机械制图方面有着相似的爱好；他们都在18岁时开始患上紧张性头痛，在同样的年龄长胖了5千克；身高都是183厘米，体重都为82千克。

"我们俩好像在不同的空间，做着相同的事情。"孙叶和刘艳姐妹俩在节目中多次感慨的这句话，也正是吉姆兄弟想说的。

在明尼苏达双胞胎研究中，更值得注意的，是那些被生活条件及教养方式相差比较大的家庭收养的双胞胎。这相当于依然控制基因变量，看家庭变量发生较大变化后对孩子的影响。

其中有一对名叫艾米和贝丝的双胞胎姐妹的表现尤其值得关注。艾米的养父母对她很失望，对哥哥更偏爱一些，因为艾米的父母很看重学业，而艾米有学习障碍。父母认为含蓄、不随意流露感情很重要，但是艾米沉浸在光鲜亮丽的生活中，而且喜欢装病。她10岁时已经有严重的心理障碍，在社交上不适应，个性肤浅，表情夸张。很自然，艾米是一个不被喜欢的孩子。

作为对比，艾米的同卵双胞胎妹妹贝丝，被另一个家庭收养。这个家庭不太关注教育，因此贝丝的学习障碍在养父母看来不是什么不得了的事。贝丝的养母与艾米的养母不同，她是一个富有同理心、外向、快乐的人。然而令人遗憾的是，贝丝跟艾米一样，也有人格问题。

你如果只看到她们其中一个，就会轻易地将问题归结于家庭环境的影响。这两个有同样症状的孩子，却生长在完全不同的家庭里。史蒂芬·平克在《白板》一书中也说到这么一件事。他读大学时，在变态心理学课程考试中遇到了这样一个题目："如何预测一个人是否将成为一个精神分裂症患者？"答案是："这个人有一个同卵双胞胎的兄弟（或姐妹）患上了精神分裂症。"这在当时是一个很刁钻的问题，因为当时关于精神分裂症的主流理论都强调社会压力因素，而很少有人把基因作为一个主要致病因素。

我们一般会认为单亲家庭的孩子会更内向、自卑一些，然而，双胞胎姐妹孙叶和刘艳却让我们再次看到了先天的力量。姐妹俩都是被当地相距一百多公里的两个农村家庭收养：姐姐孙叶养父母双全，还有一个哥哥，生活相对幸福；妹妹刘艳只有一个单亲养父，她是被爷爷奶奶养大的，生活相对艰苦。然而，姐妹俩长大后的性格依然非常相似，都活泼开朗、积极阳光，愿意展示自我，这也促使她们有机会通过短视频平台认识。

同卵双胞胎之间在想法和感受上都十分相似，以至于人们认为他们之间存在着心灵感应。这是很多被分开抚养的同卵双胞胎成人后初次重逢时的共同感受——就好像彼此之间已经认识了一辈子。测验结果也证实，无论同卵双生子在出生时是否被分开，他们不仅在语言、数学、一般智力、生活满意度以及在内向性、宜人性、神经质、责任感和对经验的开放性等人格特质方面都非常相似，而且在诸如赌博、离婚、犯罪、遭遇意外事故和看电视等行为方面也非常相似（以前人们认为这些方面主要受环境影响）。

鲍查德和莱肯将他们的发现表述如下：

> 到目前为止，在调查过程中的每一种行为特征——从反应时间到宗教信仰，个体差异中的重要部分都与遗传有关。这一事实今后不应该再成为争论的焦点。现在应该是考虑它的意义的时候了。

"个体差异中的重要部分都与遗传有关。"哪些重要部分呢？人们首先关注的依然是智力。在同卵双胞胎研究中，鲍查德和莱肯给出了明确的结论：智力主要由遗传因素决定，人与人之间的智力差异的70%都可归因于遗传的影响。这与前面篇章中所提到的，在智力方面，目前学界公认的遗传率达到50%—80%基本一致。也与我们的生活经验相符。

但人格方面的影响，则相对复杂一些。可分为两个层次：当环境因素影响较小时，其差异更多来自遗传，反之亦然，即对某些特征而言，如果环境因素影响较大，则遗传的影响就较小。

能听懂这句话的意思吗？打个比喻，在一片正常的庄稼地中，一棵玉米长得高低，关键取决于种子本身；而在一片特别贫瘠的土地中，不管种子本身如何，都会生长不良。具体到人身上，鲍查德举了两个例子：在美国，绝大多数儿童都有机会骑自行车。这就意味着对所有儿童而言，环境的作用机会是相近的，所以骑自行车能力的差异主要受遗传影响。人们的食物偏好却受环境因素的影响较多，因为在童年以及整个一生中，个体所接触的食物受地域影响很大，几乎没留给遗传因素发挥其作用的余地。

据此，鲍查德提出了一个很有意思的观点，即人格更像骑自行车，而不是对食物的偏好。

实际上，鲍查德的意思是，在孩子长大成人的过程中，家庭环境的影响与他所继承的基因相比，其作用是很小的，毕竟极端环境还是很少见的。也就是说，只要不是极端糟糕的家庭环境，即便把孩子换一个家庭抚养，他成人后的能力、个性以及其他个体特征也都差不多。

鲍查德当然清楚，大多数家长不愿意听到或相信这些，这是可以理解的。家长们都在努力扮演好父母的角色，让孩子们快乐成长、考上理想的大学、成为好公民，难道这些辛苦付出都没用吗？唯一能从这些研究结果中得到安慰的是那些在抚养子女方面已经黔驴技穷的家长——孩子天生这样，我也没办法。所以鲍查德和莱肯很快又善解人意地指出：基因并不是决定命运的必然因素，那些优秀的父母仍能从正面影响子女，即使它们在整体变异中所占的百分比很小。

那些未被重视的真相

同卵双胞胎一直到现在,都是行为遗传学家们的热门研究对象,后续很多研究的结论也基本一致。但其中最知名的,依然是20世纪80年代的明尼苏达大学的研究。尽管善解人意的鲍查德为顾及家长的感受说了一些委婉之语,但其核心观点还是很清楚的:基因影响远大于家庭影响。

其实,对家庭教养作用的质疑,早在1983年斯坦福大学教授麦科比和同事约翰·马丁发表的一篇深度社会化论文中已经指出,这是一篇篇幅很长的研究综述论文。麦科比和马丁指出,父母行为与孩子人格之间的相关性既不强也不具有一致性,他们甚至怀疑大量测量之后得出的相关关系是否纯属偶然。麦科比和马丁得出以下结论:

> 这些发现强有力地说明,父母给孩子提供的物质环境对孩子的影响很小。父母的基本特质,如父母的受教育程度、夫妻关系的好坏等,对孩子的影响也很小。研究结果表明,要么父母的行为对孩子没有影响,要么父母的行为对不同的孩子有不同的影响。

随着行为遗传学的发展,类似观点越来越被支撑。2000年,弗吉尼亚大学心理学教授埃里克·特克海默在《心理科学的当前方向》上发表了一篇题为《行为遗传学的三条法则及其含义》的文章。三条法则分别是:

1. 所有人类行为特征都是可遗传的。
2. 同一家庭中的养育效应远小于基因效应。
3. 复杂的人类行为特征中有相当一部分变异不能通过基因或家庭环境来解释。

第一条法则，是想提醒家长，不要认为只有智力因素受遗传影响大，关乎学习的一些非认知技能，如恒心、毅力、韧性、自律、好奇心、尽责性等很大程度上也来自遗传，留给家长操作的空间没有你之前想象的那么大。

其实，在特克海默提出这条法则的几十年前，很多人就猜测到了这一点。著名的演化生物学家杜布赞斯基说："人们在能力、精力、健康、性格和其他重要的社会特征方面存在差异。而且我们有很好的证据，尽管不是绝对结论性的证据，表明所有这些特征的差异部分是受遗传规定的。请注意，是受遗传规定，而不是由遗传固定或注定。"

第二条法则，这个也正是明尼苏达大学双胞胎研究数据中隐藏的真相，后又被无数双胞胎研究所验证。不同环境长大的同卵双胞胎的人生成就、工作领域、兴趣爱好、生活习惯都高度相似。此外，还有一些研究，通过对比同卵双胞胎和异卵双胞胎之间的差异以及同一家庭中兄弟姐妹和养子女之间的差异，进一步证明了这一结论：同一家庭中的养育效应远小于基因效应。

特克海默的《行为遗传学的三条法则及其含义》是一篇里程碑式的论文。在论文的开篇，特克海默用"天性与教养之争已经终结"这类语言，以期起到当头棒喝的效果，然而，人们对于基因的漠视，对家庭教育作用的过分夸大依然没有什么改变。而这些论文也大多停留于学术的象牙塔中，其研究并非专门针对家庭教育，所以在教育界并未引起重视。

不过，早在特克海默这篇论文发表前几年，就已有心理学家将这一议题推向了家庭教育，并引起巨大争议。她的名字叫朱迪斯·哈里斯，一位心理学领域的独立研究学者。哈里斯曾为大学的心理学编写教科书，本来也是"家庭教养论"的拥趸，但在查阅了丰富的文献后，她有了很多"令人不安的发现"，倒戈成为家庭教养论的反对者。

触发哈里斯做这个研究的，一方面是那些"令人不安的发现"，另外就是她作为母亲的切肤之痛。哈里斯有两个性格迥异的女儿，一个是亲生的，一个是收养的（当然这种事情也会发生在两个亲生孩子之间）。她用了两种不同的教养方式：很少给老大定规矩，因为基本不需要。给老二定很多规矩，但定了也是白定，跟她讲任何道理，完全讲不通，孩子软硬不吃。哈里斯感叹道："不知怎的，我和丈夫一起熬过了她的青春期。"

二女儿的养育挑战，让哈里斯对这一议题产生了浓厚兴趣，进行了多年的深入研究，然后有了重大发现。1995年，她在权威期刊《心理学评论》上发表了一篇论文。论文开头语出惊人："父母对孩子的人格发展有长久影响吗？"在考察了相关证据后，得出的结论是：没有。

哈里斯这篇论文由于打破了传统主流认知，一石激起千层浪，引发巨大争议。写作这篇论文时，哈里斯已经是一位六旬老人，所以被人称为"勇敢的新泽西奶奶"。令人意想不到的是，两年后，这篇论文却被美国心理学会评为"心理学优秀论文"。哈里斯还受到了史蒂芬·平克的高度赞誉,就是写《白板》的那位平克,别忘了,他可是世界级的认知心理学家。平克还发邮件鼓励哈里斯将此论文扩展为一本书。1998年,哈里斯写出《教养的迷思》一书,详细分析了家庭对孩子的影响,再次指出父母的教养方式对孩子其实并无决定性影响。

哈里斯把主流育儿观念中父母对孩子人格有很大影响的观点称为"教养假设",指出"教养假设"的鼻祖是弗洛伊德。弗洛伊德认为成年人的心理疾患都可以追溯到年幼时发生在他们身上的事情,父母对此负有不可推卸的责任。什么恋母情结、弑父情结,弄出一大堆概念,后面还有行为主义的华生、斯金纳等,都把孩子视为橡皮泥,可以随意塑型,孩子如果有问题,那就是父母的问题。哈里斯还调皮地说了句:"自从弗洛伊德点上第一支雪茄后,父母就成为被攻击的对象了。"

对此,哈里斯予以尖锐批评:

> 他们(父母)已被专家的花言巧语骗取了信任,他们有权利感觉到上当受骗了。为人父母并不像大家所想的那样,不是你付出真诚和努力就一定能成功的。有时候,优秀的父母不一定有好孩子,但这不是他们的错。

平克为这本书写了序言。2002年的平克在自己写的那本《白板》中,有关儿童的章节,很多地方都是援引了哈里斯的观点。像这位"勇敢的新泽西奶奶"一样,平克在书中也是一位"勇敢的中年大叔",书中不乏这样的激愤之词:"坦白地讲,育儿专家们提出的许多建议都属于胡说八道。"

近年来，对"教养假设"进行反思的书籍，越来越多地进入家庭教育领域。2024年刚刚推出的一本中文版新书《为什么你的孩子和你想的不一样》，作者丹妮尔·迪克是一名研究遗传和儿童行为的科学家。她在该书的导言开篇，就引用一句名言对"教养神话"进行了温和的讽刺："结婚前，我有六种关于养育孩子的理论；现在我有了六个孩子，但是没有了任何理论。"

丹妮尔还坦诚地说，即使自己作为一名专业人士，也曾陷入这样一个误区：子女被养育得如何——不管是好是坏——都是父母的原因。尤其是当你的孩子表现良好的时候。这很容易让你"居功自傲"，你会觉得孩子的优秀是因为你的卓越付出。其实根本不是这样。丹妮尔对"教养"这个概念也颇有疑问，她觉得，将我们身为父母所做的那些事称为"教养"是不妥的，因为这暗示着这一切都是父母的事，而忽视了关系中的另外一个关键因素——孩子。

需要注意的是，尽管有批评或激愤之语，但不管是哈里斯、平克或者丹妮尔，都从来没有说过基因决定一切，也没有完全否定父母的作用。他们反对的只是过分夸大家庭教养的言论，以及一些花里胡哨的育儿方法，认为这些只徒增了家长的烦扰和压力。所以对于自己所遭遇的被人指责为基因决定论的误解，平克曾这么说："当谈及基因时，人们似乎突然之间失去了分辨能力，不能够对'50%''100%''一些''一切''影响'和'决定'加以区分。"

的确，非黑即白的极端化观点显然不适用于孩子成长这么复杂的事情。复杂事情需要复杂思维，这是我们这本书一再强调的思维模式。

那么，在孩子的成长中，基因和家庭教养，或者说基因与环境（家庭教养只是环境的一部分）的影响，各自的权重大概是怎样的一种情况呢？

目前行为遗传学研究区分了两类环境：

一类为"共享环境"，比如同一个家庭中有好几个孩子，他们就会处于相似的环境里，共享相同的父母、住房、社区、家庭社会经济地位等。

另一类是非共享环境，指的是孩子们即便在同一个家庭里被抚养但并不共同享有的环境特征。比如父母可能会采用不同的方式对待不同的孩子，这同样属于家庭教养的范畴，但要归结到非共享环境之中。另外，随着孩子的成长，他们将获得各自的生活体验，如结交不同的朋友、自己选择特定的生活环境等。

目前主流共识为：就人格的个体差异来说，40%—50%由遗传解释，0—10%由共享环境解释，约45%由非共享环境解释。其实，这里的共享环境，你依然可以大致理解为家庭教养。也就是说，在孩子的人格塑造方面，家庭教养的影响很微弱，不足10%。

这是不是太违反直觉了？但事实上，前面的同卵双胞胎实验，表达的也正是这层意思。在各种人格特质上，分开抚养的同卵双生子之间的相关系数稳定在0.45—0.5，这与一同长大的同卵双生子之间的相关系数非常接近。也就是说，在不同的家庭中生活和被养育并不会削弱同卵双生子在人格上的相似性，而反过来，在同一家庭中生活和被养育也不会让他们变得更像。

以上是从人格维度进行考察，接下来我们切换另一个维度——孩子未来的收入。这也同样会颠覆你的直觉。

2023年中信出版社引进了一本新书，名字就叫作《别相信直觉：用数据思维获取你想要的生活》，其中也涉及了家庭教育话题。作者赛思·斯蒂芬斯–达维多维茨（Seth Stephens-Davidowitz）曾经是谷歌的数据科学家，本书最大的特色正如书的副标题——以数据说话。

赛思综合了各种研究数据，通过对比，得出了两个非常违反直觉的结论：

第一个是，把养育孩子的各方面环境标准整整提高一个标准差，只能让孩子长大后的收入提高26%。

一个标准差是很大的。68%的人都在一个标准差之内，提高一个标准差就是把覆盖人群从68%扩大到95%。赛思解释说，你做得比大多数人明显都好，也只能把孩子从一个年薪不到6万美元的空姐提升到一个年薪7万多的牙医助理。简单理解，做及格的父母就行了，你要做到很顶尖的父母，也就只能把孩子长大后的收入提高26%，边际收益很低。翻译成中国话就是，"鸡娃"的性价比很低。

第二个结论是：基因因素对孩子未来收入的影响，比养育方法的影响要高出2.5倍。这个结论不需要解释，非常直观。也就是说，孩子未来收入如何，关键在于孩子自己。这本书虽然没有提到教育多基因指数，但结论基本一致。孩子先天基因对生活结果的影响，可见一斑。

当你有六个兄妹时

分开抚养的同卵双胞胎，相当于是控制基因变量，看家庭变量对孩子的影响。还有一种是控制家庭变量，看不同孩子在同一家庭中的最终发展。前面我们已经多次提到，不管是从研究数据，还是从日常生活经验来说，都会发现同一家庭的兄弟姐妹也会有很大不同。接下来我们走进一个家庭，看看这些异同是如何发生的。

当然，任何个案都可能失之偏颇，但它们胜在细节和真实情景，一些普遍的规律往往也蕴含其中。

前几年，有一本现象级畅销书《你当像鸟飞往你的山》，英文版在《纽约时报》畅销书霸榜80周。作者塔拉·韦斯特弗是一个1985年出生的美国女孩，她也因为这本书被《时代周刊》评为2019年"年度影响力人物"。这本书是塔拉的自传体回忆录，讲述了她不可思议的成长经历。

先说一下故事简介：塔拉出生于美国爱达荷州的农村，兄妹七个，她是最小的孩子。塔拉的父亲是极端的摩门教徒，他对外界充满恐惧和不信任，仇视政府，不让孩子去学校上学，生病也不能去医院。最不可思议的是，父亲每天都生活在备战备灾中，还要挖地窖囤积粮食和枪支弹药。在这样的家庭中，塔拉一天正规学校都没进过，却在17岁那年自学考上了大学，然后一路开挂获得剑桥大学博士学位。

你去打开所有的读书平台，几乎都这样解读：塔拉用自己的故事证明了一个道理——不管原生家庭给你带来多么可怕的负面影响，你都能够彻底改变自己，塑造全新的自我，这就是教育赋予我们的能力。

这当然没错，塔拉写的这本书也明确表达了这个意思，我也很认同。但厚厚的一本书，我们还可以从其他视角，获得对家庭教育有启发的，甚至颠覆我们以往认知的东西。

作者塔拉七兄妹，除了她自己，还有两个哥哥也读到了博士。兄妹几个不同的人生（尤其是学业上）是我关注的重点，先整体介绍一下。

> 大哥：高中毕业，普通货车司机。
>
> 二哥：读过几年小学，货车司机、包工头，具有严重暴力倾向。
>
> 三哥：物理学博士。
>
> 四哥：没上过学，普通打工人。
>
> 五姐：没上过学，普通家庭妇女。
>
> 六哥：化学博士。
>
> 小妹：作者，剑桥历史学博士。

几个孩子的差别就有这么大。三个博士，四个普通打工者。而且，二哥肖恩，有严重的暴力倾向，多次殴打作者塔拉，这也是本书描写的一个重点。不过，其他六兄妹都无暴力倾向。

同一个家庭，为什么几个孩子的学业发展和性格如此迥异？显然，用当今主流的家庭教育观念解释不通。让我们来深入一些细节看看在塔拉几兄妹的成长中，都发生过什么。

塔拉的父亲有偏执型人格障碍，认为政府办的学校只会荼毒孩子们，在他发病前家里最初的三个孩子都进过学校，但下面的四个都没有。好在塔拉的母亲还是要教孩子们在家认字，让他们读一些喜欢的书。大哥高中毕业，做货车司机；二哥学历不详，17岁就出去打零工；三哥泰勒在学校断断续续读了三四年，很早就在家里的废料厂帮工，但干活之余，依然对学习非常感兴趣，尤其是数学。书中是这么描述的：

> 泰勒喜静，爱看书，喜欢分类、标记、整理……托尼（大哥）和肖恩（二哥）走了，他们属于这座山，而泰勒从不属于这里。泰勒一直喜欢父亲所说的"书本知识"……他学了代数，代数之于他的大脑就如空气之于他的肺一样自然。

看到了吗？泰勒喜欢书本知识，"代数之于他的大脑就如空气之于他的肺一样自然"。这是否让你想到了我们前面提到的智识基因？这类人的脑子中似乎天然已经构建好了"阅读区""数学区"或"审美区"，他们好奇心强，不甘单调平庸的生活，主动去探索思维层面的乐趣。别人捧起来就昏昏欲睡的书籍、望而生畏的数学知识，对他们来说却甘之如饴。

泰勒最终靠着自学上了大学，然后又一路考取物理学博士。

再来看另外一个考上博士的六哥理查德，他完全没有进过学校。即便在家，父亲也刻意阻止他对书本过于感兴趣，但理查德依然偷偷地学习。

> 每天下午，在黑暗的地下室里几乎总能找到理查德，他蜷缩在沙发和墙壁之间的狭小空间内，面前摆着一本

百科全书。如果爸爸碰巧从此经过,他会把灯关掉,咕哝着说净浪费电。过一会儿我就会找个借口下楼,再去把灯打开。如果爸爸又经过一次的话,家里便会响起一阵咆哮……如果我无法回到下面去开灯,理查德就会把书凑到鼻子边,在黑暗中看书。他就是如此痴迷,如此想看那本百科全书。

这是一段令人震撼的描写。到底是怎样的一种力量,让一个孩子对知识如此渴望、如此痴迷,以至于不顾父亲的阻止和咆哮,执着地去追求?如果不从天赋基因上找原因,完全无从解释,因为同样的环境中,大哥、二哥、四哥、五姐,甚至连作者自己都没表现出这个倾向。

理查德最终考取了化学博士。

好,再来走近四哥卢克,即几兄妹中最没存在感、后来成为一个普通农民的那个孩子。看母亲教他认字时的情景:

卢克(四哥)对山上的事很有一套——他对动物很在行,似乎能与它们交流——但他有严重的学习障碍,学习认字非常吃力。母亲花了五年时间,每天早上陪他坐在餐桌边,一遍又一遍地解释同一个音,但到卢克12岁时,他也只能在全家人习读经文时勉强读出《圣经》中的一句话。

很明显,就如作者塔拉所观察的,四哥卢克有一定的学习障碍,怎么都教不会,就连塔拉这个原本在厨房洗碗的旁听者都学会了,他依然学不会。

　　试想一下,如果你有这样一个孩子,明明学习非常吃力,你却不甘心,"这么简单为啥你学不会?""人家都学得会,为啥你学不会?""你就是不专心!"然后硬去催逼,那得准备好为自己的心脏装支架了。还不如试着去发现孩子有什么其他优点,比如卢克就"对动物很在行,似乎能与它们交流",也许他能在与动物相关的领域掌握一技之长呢。

　　再来看看二哥肖恩,这是书中着墨最多的一个哥哥。

　　作者没有记录他的学习情况,却展现了一个暴力的形象。肖恩以所谓的"教育"或"惩罚"为名,对塔拉实施了一系列攻击行为,包括猛烈地扭打、将她推撞至墙上或摔倒在地,还有一次将塔拉的头按进马桶。这些身体上的伤害伴随着言语上的侮辱和威胁,将塔拉推入了一个充满恐惧和自我质疑的深渊。塔拉后来才知道,对于七个孩子中排行老五的另外一个女孩,肖恩对她也有过类似的暴行;在肖恩结婚后,对妻子同样有家暴行为。

　　而肖恩性格中的桀骜戾气,小时候便有端倪:

　　　　起初他只是警惕地盯着那些比他小的男孩,不久就开始找他们的碴儿。不是故意欺负,只是小小的挑衅。他会把一个男孩的帽子弹掉,或者将对方手中的汽水罐打翻,对着漫延在男孩牛仔裤上的污渍哈哈大笑。如果有人对他提出挑战——通常不会有人这么做——他会表现出一副流氓相,一副"看你有种"的冷酷模样。

　　如果你家有这么一个孩子,肯定会令你十分头痛,而且在当今家庭教育语境下，你还要承受没把孩子教好之类的指责。的确，这个家庭是不正常，父亲是偏执型人格，脾气暴躁。但可以肯定的是，肖恩这种暴力倾向，并不是从父母这里学来的，书中从未描写过父母打过几个孩子，一次都没提过。何况七兄妹中，也仅有这个哥哥有暴力行为，其他都没有。

也许，就像《基因彩票》的作者哈登所说，大自然这个厨师调配肖恩的基因食谱时，"一不小心多放了一勺盐"——某个基因产生了突变。

在《基因彩票》一书中，哈登提到一个概念"外化多基因指数"，"外化"指的是这样一种倾向：持续地违反规则和社会规范，无法控制自己的冲动。研究表明：与外化多基因指数低的人相比，外化多基因指数高的人被判定犯有重罪的可能性要高4倍以上，被判监禁的可能性几乎高3倍，更可能出现反社会人格障碍症状。事实上，肖恩曾因打架进过监狱，也曾拿刀威胁过作者塔拉。

那么塔拉自己呢？又是如何从一个没进过学校的孩子，最终逆袭为剑桥博士的呢？

与两个博士哥哥不同的是，塔拉似乎从小并没表现出对知识的兴趣。比如她提到，家里有一本关于美国的历史书，但除了六哥理查德会去读之外，其他人都没读过。而且，妈妈在给大家布置要读的书之后，塔拉打开数学，也只是糊弄着大略看一下。她是几个孩子中最散漫的一个，她会大喊大叫，也会和六哥理查德扭打在一起，还会在厨房里全速冲刺，甚至上完厕所后都没有洗手的习惯——完全就像一个野丫头。

受爸爸的影响，塔拉曾认为政府开的学校不怀好意，所以听说三哥泰勒要外出上大学时，她非常难以理解，觉得泰勒将要奔

教养的迷思

投敌方，是一件可怕的事情。但是渐渐地这一观念开始转变，因为毕竟塔拉平时的生活圈子除了家庭还有镇里，也有正常的外婆和奶奶家。终于在她16岁那年，一次泰勒放假回家，建议她一定要考大学，塔拉听进去了。很快，她的学习能力和学习品质就体现出来，比如对于几乎没任何基础的代数和几何，她不急躁不气馁，在付出巨大努力后终于扎实掌握，并能享受其中的逻辑之美。同时她也开始研究一些关于宗教的文章，都是一些晦涩难懂的主题，但她发现自己对不懂的东西有耐心阅读的品质。

进入大学后，一个全新的世界在塔拉面前打开，她在宗教历史课题研究上的天赋被老师欣赏，得到了很多帮助，一步步叩开了剑桥大学的大门，最终获得了历史学博士学位。

应该说，家庭对塔拉的影响，在17岁之前很明显，但拉大人生尺度看，其实又非常小。尽管她的智识基因被唤醒的时间比两个哥哥晚，但总体来说，她该怎么样终归还是怎么样，基因似乎早已为她的人生规划好蓝图，她也最终像鸟一样，飞向那座属于自己的山。

《你当像鸟飞往你的山》是一本值得从人性、家庭教育、社会背景和个人奋斗等多个角度细致分析的作品。在我们这本书的后续章节，会继续对这些主题展开探讨。这里重点展示了即便在同一个家庭环境中成长，兄弟姐妹也可能展现出截然不同的特质，包括智力水平、兴趣爱好以及人格特征等各方面。

塔拉一家的经历，是否让你想起来哥伦比亚大学教授丹尼尔·贝尔斯基领导的一项研究？他对比了兄弟姐妹间教育多基因指数的差别，得到了清晰的结论：那些拥有较高教育多基因指数的人，受教育程度更高，从事更有声望的职业，经济上也更富有。

不过，也应该注意到，人与人之间的差异大多数是连续、渐进的程度差异，并不是非黑即白、非智即庸。塔拉博士三兄妹与另外四个"泯然众人矣"的兄妹之间的差别，也许原本并没那么大，只是另外四兄妹的天赋没有好到足够挣脱家庭束缚的程度，才有了今天生活结果的巨大差别。

我们设想一下，如果换一个城市正常家庭，另外四兄妹的发展很可能会好一些；就连有暴力倾向的二哥肖恩，换一个对孩子情绪管理水平更高的家长，情况也会好一些。是的，这些情况都有可能，只不过是另外一个话题，我们将在后文中逐渐涉及，这里暂不详述。

总之，不管是行为遗传学近年来的发现，还是塔拉一家兄妹间明显的对比，又或者是我们日常生活中的实际观察，都在提醒我们，行为遗传学的第二条法则值得予以足够的重视——同一家庭中的养育效应远小于基因效应。

那么接下来一个问题就来了：为什么目前大多数人仍旧无视遗传因素，而对父母角色寄予过高期望呢？不信，你看看自己的书架上，有多少育儿图书都是教父母该如何做的，还衍生出无数细分场景：有专门针对养育男孩的，还有专门针对养育女孩的；有聚焦作业场景的，有聚焦社交场景的；有6岁前的，有青春期的；等等。总之，大多数图书基本在传递这样一个信念：做好父母这个角色，你就会塑造出一个好孩子。而遗传因素，总是被有意无意地忽略了。

为什么会这样？我认为有以下三大原因：

首先，可以追溯到儿童心理学起源。一些早期的"儿童传记"记述了对单个儿童成长的观察。由此开始，儿童心理学逐渐扩展到对小规模儿童群体的研究，观察这些儿童在各个阶段的发展过程。随着时间的推移，发展心理学家开始注意到父母的角色在儿童成长中的作用，因此，研究对象也开始涵盖父母。在这一演变过程中，儿童发展研究的核心特征始终如一，即一直以观察性研究为基础（其实这一研究设计有着巨大缺陷）。导致父母过多地看重自身在教养子女过程中所起作用的另一个原因，是行为主义和原生家庭理论的深远影响。20世纪下半叶，心理学界主要由行为主义理论主导，该理论认为环境因素主宰人的行为，经验是塑造人性的核心或唯一要素。而以弗洛伊德为先驱的原生家庭理论，也为人格发展提供了一个解释框架，认为养育是儿童发展的基本要素。总之，这些理论认为父母很重要，原生家庭很重要，这成为当前流行育儿书籍的普遍观点。

其次，遗传和生理因素对人类行为的作用是隐匿且不易察觉的，而环境的影响则直观明显。人们常说："孩子学习好，是因为我很关注孩子的学习，培养了好习惯。""我之所以成为作家，是因为7年级时，写作老师曾给了我深深的启发和鼓励。"你记得这些影响，是因为它们是你亲眼所见的，是你过去生活的一部分，还是你目前能够意识到的经验。其实这是一种名为"易得性偏差"的思维偏误，指人们在决策过程中，往往根据信息的易获取性来判断事件的可能性。相反，基因对人的影响很隐秘，就很难意识到。很少有人会说："孩子学习好，是因为孩子天生的专注力更好，也更能适应学校的教学方式。""我写作好是因为我的基因使我先天就具备妙笔生花的倾向。"

最后，许多人不愿承认基因对人的深刻影响，因为这似乎预示着宿命论，与人们所推崇的"自由意志"相悖。人们更喜欢那句话，"我命由我不由天"，这似乎是一种更积极乐观的人生态度。而那些可能会限制个体决策自由的理论，往往会遭到人们的抵触。因此，他们更倾向于回避或否定行为和性格的遗传学解释，一些专业研究也就被局限在象牙塔中，无从被更多人知晓。比如普罗明在《基因蓝图》一书中就坦言，他是等了30年才写下这本书，没有更早做这件事的一个重要原因是——怯懦，"因为以前研究人们行为差异的遗传起源并在科学期刊上发表论文是一件具有职业风险的事情，将头探出学术界的围墙并在公开场合谈论这些问题，对个人也是危险的"。不过令人欣慰的是，如今随着个人基因组学的发展，情况已经大有改变。

　　除了以上三点，还有其他一些原因导致人们对遗传因素的忽视。比如家庭教育的产业化、过度内卷的学业竞争等，都让人们有意无意地回避遗传话题，而去过分夸大家长的作用。其实，正如契诃夫所说："当你向人类展示他是什么样的时候，他会变得更好。"同样的道理，对于家长来说，如果他们真正了解自家孩子的基因蓝图，能够接收遗传的暗号，就会顺着基因的蓝图密码去描画，顺应孩子的遗传自我去助推，进而帮助孩子找到更愉悦、更自在的生活方式。

无论父母如何对待孩子都没问题吗？

　　好，既然家庭教育的作用，在基因面前显得如此弱小，那接下来问题马上来了:"你是说无论父母如何对待孩子都没问题?"

我可以给一个简短的回答——不是。

如果孩子身处一个遭受严重虐待或资源极度匮乏的环境,那么他们的个性发展以及其他多方面的成长无疑会受到负面影响。还记得明尼苏达双胞胎研究中鲍查德提出的"儿童学自行车"和"儿童饮食偏好"的比喻吗?后者说的正是极端环境因素对遗传力量的抑制。拿我们中国人举例子,几十年前,如果你是上海人,大概率不会喜欢麻辣口味;如果你是川渝人,也大概率不会喜欢甜腻的食物,因为你根本没机会接触家乡以外的饮食习惯。

我们应该意识到,一个道理只是一个趋势,描写的都是事物的一个侧面。人和社会都是无比复杂的东西,你必须先把事物拆解成若干个因素,每一个道理只描写其中一个因素,而真实局面是各种因素竞争的结果。

我们可以把社会科学的每个道理想象成一个趋势,或者一种作用力。比如,吸烟是一个让健康恶化的作用力,但是健康同时还受到其他作用力的影响,如精神状态、锻炼、饮食、基因等。如果老王身上好的作用力远远强于吸烟这个坏的作用力,吸烟对老王的影响你就看不到。再如,市场会产生一个让经济繁荣的趋势,但是一国的经济同时还会受到其他趋势的影响,比如政治极度不稳定时,再好的市场趋势也无法让经济繁荣。

一个人的成长是由基因和环境共同决定的,任何一个因素达到极端,另外一个因素就不起作用。所以,在一些情况下,极端环境论是对的;在另外一些情况下,基因决定论又是正确的。

统计学家乔治·博克斯也说过一句话:"所有的模型都是错的,但所有的模型都是有用的。"说的也是这个意思。所有的道理,你似乎都能找到它发挥不了作用的地方,但这些道理本身又是有用的。它在某些地方失效,是因为它被另外一个更强大的、具有压倒性优势的力量给覆盖了。

所以在很多关于遗传的研究中,都排除了极端个案。比如,在成长过程中被非法遗弃,遭遇身体虐待、性虐待或者在缺少爱的孤儿院长大的孩子。前面提到的有关教育多基因指数的研究中,研究样本都是针对英美的白人家庭,也是源于这个道理。如果家庭条件太差,孩子根本就没机会读书,那教育多基因指数再高也考不上大学。

还以塔拉家七兄妹为例,塔拉的父亲偏执到不让孩子进入公立学校上学,但依然默认妻子可以在家教孩子自学。而塔拉的母亲还算一个称职的家教,每天都确保孩子一定的学习时间,家里有不少图书,她有时还把孩子带到镇里的图书馆去看书。另外,塔拉的外婆和奶奶也都支持孩子们上学。三哥泰勒和塔拉为了躲避父亲对自己学习的干涉,就经常到外婆家去复习。这些都表明,塔拉家几个孩子的学习,并没有因为父亲的偏执而被完全阻断。试想,如果几个孩子从小乃至成年后连认字的机会都没有,根本无法阅读书籍,那无论如何都不会走出来三个博士。

把上述道理辨析清楚后,接下来,咱们走进一个著名的研究案例,来看看极端恶劣、资源极端匮乏的环境,会对孩子造成怎样的伤害。

1966年,罗马尼亚立法禁止45岁以下或子女少于5个的女性堕胎和避孕。很多女性被迫生下孩子后,因无力抚养,就把孩子交给了国营孤儿院。超过50万名儿童在孤儿院长大,这里环境恶劣,孩子们被关在光秃秃的金属围栏婴儿床里,经常遭受暴力和羞辱，情感和智力需求得不到支持，只能退缩到沉默之中。

当罗马尼亚向西方开放后，参观者对所目睹的情况感到震惊，称这里为"灵魂屠宰场"。孩子们在孤儿院遭受极端疏忽照料的情况，让一群美国科学家觉得这是研究儿童成长问题的绝佳机会：是否存在一个窗口期，在这个阶段正常的环境对正常的心理发展绝对必要？

科学家在罗马尼亚建立了一个寄养制度，抽签决定哪些孩子继续留在孤儿院，哪些孩子将被送往寄养家庭。与基因抽彩一样，这是为了解决科学问题而设立的生活机遇的抽彩。

研究者跟踪了这两组儿童，并以多种方式测试他们，看他们的身体、大脑、情感、思想和生活方面有什么不同。2007年，这篇研究论文发表在《科学》杂志上。在54个月大时，被随机分配到寄养家庭的儿童的平均智商为81分，而被随机留在孤儿院的儿童平均智商为73分。（智商分数的设计是，人群平均分为100分，标准差为15。根据这个标准，81分的智商低于大约90%的人，而73分的智商低于96%的人。）这种重大差异，显然有统计学意义，说明差距不是随机发生的。

研究结论非常直接：如果孩子出生后就像动物一样圈养，只提供基本生存食物，没有人抱你，没人跟你说话，不让你读书或者出去玩，那孩子的智商就会降低。而且解救出来的时机很重要，最早被从孤儿院解救出来的孩子，平均智商最高。

当然，罗马尼亚孤儿院的这些孩子也普遍出现了情感冷漠、社交障碍和行为问题，这些都是极端环境的影响。

再把眼光投向我们身边，严重的匮乏或故意虐待已经很少见，家长的一些不当管教方式却造成了另一种恶劣环境。我有很多教育咨询师朋友，他们接手的所谓"问题孩子"，比如有抑郁厌学的，有自残自虐的，也有殴打父母的暴力型孩子，但咨询师深入家庭后，一般都会发现，父母对孩子都有严重的操控行为，或逼迫学习，或事无巨细地干涉孩子的生活，或习惯使用贬损嘲讽的语言等，让孩子长期处于压力和痛苦中。这其实就是一种极端环境，一种对孩子过度侵入的恶劣环境。而咨询师的介入帮扶，也往往是从改变父母与孩子的相处方式做起，如果父母学习反思能力强，孩子的情况一般都会有所改善。

"孩子就好像是一棵小树：你要虐待孩子，毁掉这棵树，那比较容易；但你要想让这棵树长得出类拔萃，那不取决于你。"这是万维钢老师在论及基因与环境的交互作用时所打的一个精彩比喻。它包含了两层意思：第一，如果环境太恶劣，再好的基因也将被压抑、遏制，体现不出来。第二，孩子的基因决定了家庭教养影响的上限，好的条件能让其基因优势充分发挥，但继续无限优化外部条件，作用并不大。

类似的意思，《先天后天》的作者马特·里德利也表达过：在最贫穷的孩子们之间，个人的智商分数体现的可变度几乎可完全归因于他们共享的环境，而不是基因类型。在富裕的家庭里，事实恰恰相反。

所以，我们前面提到"把养育孩子的各方面环境都提高一个标准差"问题时，也是在"及格父母"与"顶尖父母"之间作对比，而不能对比"糟糕的父母"。《教养的迷思》作者哈里斯之所以认为家庭教养对孩子作用不大，她的前提条件也是建立在"一般家庭教养"的基础上，而排除了"恐怖的家庭"。

所以下文展开讲述家庭环境到底对孩子有怎样的影响时，我们一定要澄清这个误解——"不管家长怎么对待孩子都可以"。还是要认识到，极度的贫穷、匮乏，或者虐待、压制、操控等环境，当然会影响孩子的发展。也就是说，你看完本书后，并不意味着你可以完全放心地把孩子交给电子产品，或者经常打骂孩子，或者对孩子整日置身于夫妻争吵的环境中都毫不在意。

基因的"双向街效应"

我们经常会拿"这孩子有家教"这句话来表扬好孩子，在生活中，好父母能培养出好孩子，糟糕的父母可能会教育出糟糕的孩子。还有很多类似的话，比如"孩子是父母的一面镜子，在孩子身上就能看到父母的样子""孩子所有的问题，都是父母的问题"等。

前面已经多次提到，这些说法可能忽视了基因效应。优秀的父母也会把优秀基因遗传给孩子，脾气暴躁的父母也会把暴躁脾气遗传给孩子。这是一方面。另一方面呢，还可能是颠倒了因果关系，是好孩子导致好的教养方式，坏孩子导致坏的教养方式。试想：谁会轻易对一个有着良好行为习惯的孩子发火呢？而那些顽劣的孩子可能经常会引发父母情绪的失控。

面对不同性格的孩子，父母的反应肯定也不同。哈里斯在书中描述了自己亲眼所见的一个场景。

有一次哈里斯和她的狗在自家院子里，一个母亲带着一个5岁的女孩和一个7岁的男孩从街边走过。虽然哈里斯的狗受过训练不会随便咬人，但还是冲到人行道上对着他们吠叫。两个孩子的反应完全不一样,女孩向狗跑过来,问:"我可以摸摸它吗?"妈妈说:"不,奥德丽,我想这只狗不愿意让你摸它。"与此同时,男孩慌忙跑到街对面,惊慌失措地朝这边张望,不敢向前迈一步。这位妈妈说:"来吧,马克,这只狗不会咬你的。"(哈里斯当时正在抓着狗项圈。)过了一分钟,马克才鼓起勇气来到妈妈身边,虽然妈妈很同情马克,但还是极力掩饰住不耐烦。

哈里斯做了以下假设:如果马克与母亲去参加一项社会化研究,研究者可能会觉得马克的妈妈属于过度保护型家长。如果奥德丽跟母亲参加这项研究,那么她妈妈就是一个明智的约束者。每个研究团队只能看到她与其中的一个孩子在一起,因此,对她下的结论也不一样。哈里斯本人也是这样。前面说到,哈里斯有两个女儿,大女儿听话,二女儿难管。如果哈里斯跟大女儿在一起,就是一个放任的家长;跟小女儿在一起,就是一个专制的家长了。

家长与孩子的关系,就像任意两个个体之间的关系,是一条双向街——就像做一笔业务,双方都要扮演角色。当两个人互动时,一方说的话、做的事,是对另一方说的话、做的事的回应。

你也可以简单地理解这个逻辑关系:经常被拥抱的孩子会成为一个令人愉快的人,经常挨打的孩子长大后不讨人喜欢。如果你把这句话颠倒过来也说得通:令人愉快的孩子会得到更多的拥抱,不讨人喜欢的孩子会经常挨打。是拥抱使孩子变得更加可爱,还是可爱使孩子获得更多拥抱,抑或二者兼而有之?是挨打使孩子变得不讨人喜欢,还是面对这样的孩子家长会发脾气,抑或二者兼而有之?

所以,并非仅仅环境影响人的特性,人的特性也在影响环境,即人的遗传倾向塑造着周围环境。《基因蓝图》的作者普罗明将其列为行为遗传学的五大发现之一，并将其命名为"后天的先天性"。他指出，即使是心理学中使用的大多数环境变量因素，也都包含了显著的遗传影响。环境中尽管没有DNA存在，但遗传影响依然混入其中，因为"纯粹的"环境因素是不可能脱离我们和我们的行为而单独存在的。我们会部分基于我们的遗传倾向，来选择、修改甚至创造我们的经验。这就意味着这种所谓环境因素与心理特征之间的相关性，不能被简单地认为只是由环境本身引起的。父母的教养方式中，包含着对孩子遗传倾向的回应。

遗传倾向"染指"环境，不仅体现在亲子互动模式上，还广泛体现在比如社会支持、生活事件的质量等方面。《为什么你的孩子和你想的不一样》的作者丹妮尔·迪克就举了很多日常例子。比如你想让孩子上个戏剧班，但他要是讨厌在舞台上表演，并且每次去上课前都会哭闹，那么你可能就会放弃带他去戏剧班。如果你带孩子去博物馆，而他喜欢看艺术作品，你们这一下午很愉快，那么你就可能带他去更多的博物馆。不过，如果你的孩子在博物馆里乱跑，你一下午都在管教他，那你以后就不太可能想再去博物馆进行亲子活动了。孩子通过对特定环境的反应，间接地塑造了成年人在生活中为他们做出的选择（也就影响了他们的生活体验）。但一般来说，作为一个孩子，很多事不是自己说了算的。

随着年龄的增长，青少年比小孩子更有能力塑造他们的环境。他们可以更自发地选择自己的朋友，想做什么事也更有自主权。前文提到的赵美萍在砸石头之余的时间，不是打牌而是喜欢去芜湖的书店看书；莫言少年时不喜与同龄伙伴玩耍，却乐于与下放的邻居大学生聊文学；塔拉原本在一所普通大学就读，却有机会被导师推荐到剑桥大学研学。书店、文学朋友、剑桥大学，这些都不是纯粹的环境，而是个体基因倾向的结果。有思想的人都寂寞，他们需要阅读；有思想的人会被别人欣赏和认可，由此获得更好的社会支持。

也正是这个原因，基因科学家仇子龙在"得到"APP开设的"基因科学20讲"课程中，发刊词的第一句话就是："祝贺你打开这篇文章，是你优秀的学习基因让我们相遇。"

2021年，我采访了一位高一就被清华录取本硕博连读的孩子小汪。小汪是四川绵阳人，初二那年父亲带着他入读外省最好的中学。汪父是一位比较重视教育的家长，但一般情况下，也不会千里迢迢带儿子跨省求学，毕竟绵阳也是地级市，教育资源也不差。之所以去异地求学，是孩子在初二时数学表现优异，一般课程内容他吃不饱，在当地还真没找到更有利于他发挥数学优势的学校，老师就建议他到其他城市去看看。

也就是说，小汪的数学天赋，帮他自己获得了更有利于数学发展的环境。这就是遗传对环境的反向塑造，从而形成强者愈强的正向循环。所以当你在说好学校培养出好学生的时候，也要想到，是孩子本身优秀，才能与好学校互相成就。

"孩子很小时，我教他写数字，他就乐此不疲，从1开始连续写到20000多，写满了几个作业本。"汪父承认，孩子从小就显现出对数学特别的兴趣，不需要督促，就提早把作业完成，属于典型的"别人家的孩子"。

试想，一个不等父母催促就愿意坐在书桌前认认真真写作业的孩子，父母还会因为学习吵他吗？亲子间还会有大的矛盾冲突吗?那么,是好的亲子关系营造了积极的学习氛围呢,还是孩子积极的学习态度营造了好的亲子关系呢?是好的学习环境让一个孩子成绩优秀呢,还是孩子本身优秀从而为自己赢得了更好的学习环境呢?这些都是相互塑造的关系。

这种相互塑造,就是"双向奔赴"。基因与环境之间,就是这么一个双向奔赴的关系。正如《先天后天》一书的作者马特·里德利所说:

> "环境"并不是什么僵化的实物,而是由本人主动挑选的一系列独特的影响因素。一个人所拥有的一套固定基因,将预先设定他倾向于经历某种环境。拥有"运动"基因将令你想在体育场上锻炼;拥有"知识性"基因将让你想要参加智力活动。基因是后天的代理人。

············

如果你是传统的家庭教养理论的拥护者,读至此处,可能会感觉受到冒犯。父母对孩子的影响,无论是人格塑造,还是孩子的学业成就、未来财富收入等方面,并没有你想象的那么大,而有些看似家庭教养作用的地方,也可能只不过是基因的一种间接表达。

其实,我们每个人都可以扪心自问,你如今性格上的一些缺点或优点,有多少真的与父母有关?你在爱好、习惯、价值观方面与父母有多少相似之处,有多少是按照他们的要求行事的?你有时会不屑于父母,但有时是不是也会认为自己在某些方面不如父母?真正让你成为你自己的,到底有多少是来自家庭?……

不知道你发现没有，像董宇辉这种逆袭的典型，本该成为许多家庭教育写手炮制"鸡汤"的素材，生产出各种励志文章。然而，却很少有人拿他说家庭教育的事。原因是董宇辉自己公开的成长经历中，留给这些写手发挥的空间不大。

比如，董宇辉有时也要谈一下自己的原生家庭。大概是这样的：家里穷，父亲常年在外打工，母亲因为生活压力，脾气并不是那么好，他们娘儿俩一说话也经常吵架。董宇辉觉得姐姐对自己的爱比母亲对自己的爱还多一些，有一次他在视频中这么说：

> 一个农村家庭，同时供三个孩子上学是多么地费心费力。那些年父亲在外打工，可能就每年过年回来待10天左右，然后又像候鸟一样，飞向各个城市。小时候总觉得母亲是严厉的、不苟言笑的，往往脾气暴躁，甚至很难相处。

当然，董宇辉始终强调母亲本质上是爱自己的，只是因为生活压力太大，在情感表达上没那么细腻。但不管怎么说，这个家庭的种种情况——贫穷，父亲常年不在家，母亲回应孩子的情感方式粗糙，阅读资源匮乏等，都不是滋养优秀孩子的土壤，董宇辉却依然成为如今的董宇辉。

那么，科学养育就能教出一个顺心顺意的孩子吗？前面咱们曾经提到过的丹妮尔·迪克，也就是《为什么你的孩子和你想的不一样》一书的作者，她可是儿童发展、心理健康、遗传学等领域的著名学者。那么，她的孩子又怎样呢？丹妮尔在书中有一段幽默的自嘲：

教养的迷思

自从有了孩子,我在校长办公室里待的时间,比我自己当学生的28年内的加起来还要多,这在我家中一直是个笑话。我的理想人生计划可不是这个样子,因为我从小成绩优异,还拥有多个心理学学位。因此,如果你的孩子不是你想象中的样子,你并不孤单。我已经是儿童行为学领域的所谓"专家"了,而我在育儿之路上仍是跌跌撞撞(我丈夫一直觉得这很好笑)。

生孩子如同开盲盒,运气很重要。当然,必须指出的是,孩子未来还有很多不确定,过程并不意味着结果。

但不管怎么说,以后再面对诸如"你的教养方式会影响孩子一辈子",或"永远不要对孩子说这三句话,90%的家长每天都在说",又或者"你们家孩子这么管可不行,以后就完啦,你得……"这些形形色色的"育儿忠告",无论说得多么铿锵有力,我们也不会再那么轻易地接受。现代社会在育儿方式和技巧上的过度强调,以及对家庭教育细节的过分解读和批判,都显得过于修饰,忘记了关注本质——孩子固有的个性和潜力。即使在不太理想的家庭环境下,个人依然可以凭借内在的力量和潜能实现自我超越。这并不是为严厉教育方式的辩护,而是强调在育儿过程中应更加注重孩子的自然发展,而不是过分迷信所谓"正确"的教育方法。

教育孩子不应被视为用特定配方制作完美个体的过程,其中包括爱、界限、规则、教育玩具等元素。父母不必因担心每一个小细节而焦虑不安,生怕一句话或一个眼神就可能影响孩子的一生。事实上，一些孩子天生具有较强的适应力，能够承受相对严格的教育；而对于那些天生敏感脆弱的孩子，即使是较为温和的家庭教育方式也可能造成影响。遗传在以不为我们所见的方式，对孩子的成长起着关键作用。

另一股巨大的力量

以上主要是从家庭角度谈了环境对一个人成长的影响。其实，背后还有一股力量，在塑造我们的性格、爱好、习惯、价值观方面起到了重要作用。那么，这股力量又是什么呢？

让我们回头再看"行为遗传学三定律"，本章前面几乎所有的内容都是围绕着前两条来说的，即重点关注了基因和家庭教养。现在到了该关注第三条的时候了。

第三条定律是：复杂的人类行为特征中有相当一部分变异，不能通过基因或家庭环境来解释。

什么意思呢？举例来说，比如你很健谈、喜欢冒险、花钱慷慨、乐于助人等，这些人格特点一方面受基因影响，另一方面家庭也有一点影响，但这些都不能完全解释你这个特点形成的原因。因为就人格特质的形成来说，基因能解释约50%，共享环境（家庭教养）只能解释0—10%。那么，剩余的近45%又是什么呢？

"你这些表演的灵感是从哪儿来的呢？"

"我的故事大多都是以爸爸妈妈为原型，观察他们的生活。"

"那你爸爸妈妈在家也是这种说话风格吗?"

"不是,其实这些短视频大部分都是我想出来的语气和语调,我不知道我爸爸妈妈正常说话是什么样子,因为他们都是聋哑人。"

这是央视3套《挑战主持人》现场,主持人杨帆与嘉宾李洋的一段对话。李洋也是一位省级媒体的主持人,特别有语言天赋,不光本职工作干得风生水起,还做了一个名叫"小李飞叨"的视频账号,通过一些语言搞笑类作品走红。然而让粉丝们意外的是,这个舌灿莲花、妙语如珠的小伙子,竟然来自一个聋哑家庭。

"妈妈生下来就不会说话,爸爸是四五岁时得脑膜炎导致不会说话。奶奶特别怕我也聋哑,就发出声音测试我,结果一有声音我就一激灵,奶奶才放心。"李洋说。因为父母聋哑,他小时候冬天有一次掉下炕,冻得哇哇大哭,父母也听不到,差点冻出残疾。如今他脸上那个标志性的酒窝,也是因为小时候爸爸妈妈没注意,摔掉了一块肉。

你可以想象,与一般孩子相比,李洋生长在一个缺乏语言刺激的家庭环境。而且,据李洋说,小时候他也常被小伙伴欺负,经常被嘲笑:"你妈是哑巴,爸爸也是哑巴。"这也许会让你觉得,如此环境,对孩子的性格发展肯定非常不利,甚至会造成心理问题。

但事实上,李洋各方面都挺不错:顺利考上大学,找到了理想的工作,还是语言类工作;性格乐观自信,家庭生活也很幸福。

为什么会这样?值得我们深入探究。

其实，李洋并不是生活在一个完全缺乏语言刺激的环境中。在他的视频中，你会经常听到他满怀深情地讲到自己的奶奶，奶奶在很大程度上弥补了父母在交流方面的缺失；更重要的是，李洋的生活并不是只有家庭这个封闭单元，来自外面的语言刺激并没有打折扣。

对，我要说的就是这个，孩子并非生活在封闭环境中，外部环境对他的影响大于家庭环境。在《教养的迷思》一书中，哈里斯举了美国移民家庭的例子。很多父母作为第一代移民，讲的英语是带口音的。但是，子女作为第二代移民，很小的时候就到了美国，他们往往能讲一口流利的英文。在移民家庭的例子中，有家庭因素，也有家庭之外的社会因素。如果家庭因素是更重要的，那么孩子讲的英语应该更像父母，也应该带着浓厚的口音，事实却并非如此。

类似的例子我们身边也有很多，比如父母都是外地人，来到陌生的城市后，尽管他们在家可能还讲家乡话，但他们的孩子要么讲普通话，要么讲所在城市的话，而不是讲父母的家乡话，有些孩子甚至听不懂父母的家乡话。包括饮食习惯，孩子也会更倾向于所在城市的饮食偏好。

是的，除了基因外，对孩子起主要影响作用的是社会环境，这被哈里斯称作群体社会化。

哈里斯指出，人类是千万年演化过来的，群体生活是人类基因里更熟悉的生活方式，儿童认同与他相似的人组成的群体，并采用该群体的行为规范。社会化（即获得适应社会所必需的规范和技能）是在同侪群体中发生的。儿童也同样有其自身的文化，其中一部分是从成人文化中吸收而来的，一部分则是他们自己的价值和规范。在白天的活动时间里，儿童并不会试图让自己的行为逐步趋近于成人。他们只是努力使自己成为越来越出色的孩子，以便能够在他们自己所属的社会群体里做到游刃有余。正是在这种严酷的考验中，他们逐步地形成了自己的个性特征。

在我儿子的成长过程中，这点也很明显。

儿子14岁时，我曾问他一个问题："父母不喜欢你，与学校同伴不喜欢你相比，哪个更让你痛苦？"儿子毫不迟疑地回答："学校同学！"

儿子读初二时春季的一天，他看温度有点高，就要穿新买的一条短裤去上学，我觉得还不至于，毕竟才4月份，劝他不要穿，但他不听。然而当天晚上回来，他就很沮丧，第二天坚决不再穿了。原来，就在那天早晨，全校升旗时，操场上其他同学都穿着长衣长裤，只有他一人穿短裤，太尴尬了，每一分钟都很难熬，他可不想让自己显得与其他同学格格不入。你看，在同伴中的负面体验远比父母的劝阻更有用。

同样是在初二，有一段时间儿子经常说脏话，这让我很懊恼，我和他爸爸并不说脏话呀，哪里习得的坏毛病？显然，是在学校同辈群体中，说脏话成为他融入某一群体的投名状；有一段时间他还偷摸着抽烟，也是受周围同学的影响。

一些权威研究也从其他方面证实了同侪群体对孩子的影响。一项2022年发表在《自然》杂志上的大规模研究表明，跨阶层的友谊是让贫困儿童脱贫的好办法：如果一个贫困儿童能去一个有很多富人孩子的学校上学，哪怕他自身家庭还是那么贫困，他长大后脱贫的概率也会大大提高。为什么？因为他会跟富人小孩交朋友，跨阶层的友谊能提高他的见识，让他学会做出更好的决定。

我们经常说父母所处的阶层对孩子影响很大，但其实，这些影响也是通过社会介质来实现的，即父母能帮孩子接触到更好的圈子，通过周围人的影响让孩子打开眼界、提升思维。这样说来，即便不通过父母，孩子自己如果有机会接触相应的圈子，效果也是一样，即上面研究中所说的"跨阶层友谊效应"。

随着孩子的成长，他们与生俱来的基因特质将逐渐显现，影响着他们的性格和行为方式，而父母的影响力则逐渐减弱。这是什么意思呢？在孩子尚未成熟、自主性不强的时期，父母的权威性会对他们产生较大的影响。例如，父母如果严格教育，孩子可能会表现得听话、胆小、缺乏自信。但是，随着孩子的成长，他们的本性会逐渐展现出来，不会因为父母的严格教育而变得过分谨慎。此外，孩子在成长过程中，由于生活圈子的限制，父母的生活方式会对他们产生重大影响。而一旦孩子走出家门，他们很快就会融入新的社群，接受新的文化和生活方式。

在我读大学的20世纪90年代，农村学生与城市学生差别还是很大的，从穿着上一眼就看得出，有句流行语是这么说的："一年土，两年洋，三年不认爹和娘。"记得那年9月份，天气依然很热，但我穿着长衣长裤去大学报到（因为我高中时小县城的同学们还很少穿裙子、短裤），但到了大一放暑假，我已经是穿着时下同龄人中流行的T恤和休闲短裤回家了；我也学会了用毛巾洗脸的习惯，而不是用手捧水洗脸；尽管家里条件不便，我依然要每晚洗澡，并对父母夏天连续几天不洗澡的习惯感到难以接受，当然之前我也是这样……

文化总是向下兼容，城里同学那些更现代的生活方式，对我的影响很大。我融入了我的同侪群体，形成的生活方式一直保持到现在。

在《你当像鸟飞往你的山》一书中,塔拉的整个少女时代,生活和思想都被父亲的规则所禁锢。但是,仅仅是到镇里参加了一个舞蹈班,她就在同龄人群体中找到了强烈的归属感,她这么描写道:"其他女孩很少和我说话,但我喜欢和她们在一起。我喜欢保持一致的感觉。学跳舞就像在学习有所归属……重要的是我们是一个群体,共同行动。"当她17岁进入大学后,在这个全新的社交圈中,更大的变化发生了:她认识到,政府开办的学校不是荼毒孩子们的,医院是可以治病救人的,女孩也可以穿超短裙、露肩装……塔拉彻底清醒了,原来父亲告诉她的很多事情都是错的,世界在她面前被刷新,她的心智系统也得以重装和升级,不仅在学术上取得了成就,更在精神上实现了自我救赎。

家庭教育工作者经常强调:"家庭是人生的第一所学校。"这句话确有其道理,毕竟孩子需要父母的呵护与抚养,原生家庭是他们早年主要的生活场域,但是,"第一"并不等同于"决定性"或"终极"。作为社会化动物,当孩子们迈出家门,步入学校或社会时,他们所接触的新环境和多元群体,将在开阔视野、塑造性格、形成价值观等方面,施加更为深刻和全方位的影响。而这些社会影响,又与孩子的天赋基因复杂交互,共同编织出个体独特而多彩的生命图景。

不过,关于社会环境对一个人的影响,还可以进行更深入的探讨;而家庭对孩子的影响,也有很多需要重新审视的空间,这将是下一章涉及的内容。

第四章

从社会再到家庭

> 我但凡是个男人,可以出得去,
> 我必早走了,立一番事业。
>
> ——《红楼梦》贾探春

遗憾的祖母们

几年前,我回老家时,与奶奶照了一张合影发在朋友圈。一个朋友看了后惊呼:"太像了,我简直看到了你老了时的样子。"的确,从小我就被人说与奶奶长得像,除了脸和身形外,还有一些细节,比如手和脚都很干瘦,青筋突出,而且,我爸爸也是这样,遗传脉络有迹可循。

但我的生活境遇与奶奶有着天壤之别。就在我们拍照的那个农家老院子里,奶奶一直生活了七八十年;我出生在这个小院,如今却在1000公里外的城市里生活;奶奶44岁时就有了我这个大孙女,而我在这个年龄时,儿子还在读初中;从我记事起,奶奶的衣服从来都是灰蓝黑,而我40多岁了可能还会穿露肩装;奶奶一字不识、从未进过学校,而我读了大学、如今在电脑上熟练地敲下这些文字……

奶奶出生于1933年,很小其父亲就去世了,她被家人送往我爷爷家当童养媳,当时奶奶8岁。爷爷比奶奶大8岁,老实善良,还有点木讷,一辈子埋头种地。从我记事起,就没见他对奶奶发过火。在奶奶的口中,我也从未听到过她的婆婆对她有过什么不公的话。

可能是奶奶运气好，但我更愿意相信这与她的聪明伶俐有关——别忘了咱们前面提到的"基因的双向街效应"，一个聪明的小孩会讨得大人喜爱。但我脑子中勾勒不出来奶奶小时候以及年轻时的形象（她50岁前连一张照片都没留下）。在我与奶奶有着生命交集的40多年中，她都是以灰蓝黑的老人形象出现的，衣着虽朴素，但奶奶头发永远梳得整整齐齐，用黑发卡卡在耳后；衣服整洁干净，走路身子板挺直，气定神闲；说话也轻言细语，有条有理。大家都说她不像农村人，她经常被人问起以前在哪里上班。

由于爷爷木讷内向，家里大事小事都是奶奶做主。来了客人，奶奶陪说话。有什么"涉外"事务，对方似乎默认去找奶奶商量拍板即可。奶奶对子女的教育也十分重视。三个儿子中，我大伯读到初中，我爸爸及叔叔都读了高中，而村上他们同龄人小学毕业居多。我小时候，也就是我自己长醒之前，奶奶就经常叮嘱我要好好读书，以后就不用辛苦干农活了，我爸妈却很少对我说这些。

在生活小节方面，奶奶经常对我说："见人要礼貌，要称呼人家，主动打招呼。"尽管这些叮嘱对于很多城市家庭的孩子来说，是再正常不过的事情了，但在我们那里的农村家庭，并没有多少父母这样教孩子。

在情感表达上，奶奶也似乎更有现代感。农村人感情比较内敛，不善于肢体或语言表达，奶奶却很自然地流露自己或亲昵或激动的情绪。遇到一个久未见面的熟人，她会主动拉起对方的手，亲热地表达自己的喜悦，一切都自然得体。

我几乎敢肯定，如果奶奶与我生活在同一时代，一定会考上大学，比我发展得好。奶奶有着优良的基因——头脑反应敏捷，对自己有要求，对人和事有着一定的洞察力，友善待人，也有着活泼的性情。然而，时代没有给她这个机会，她连一天学也没上过，自己的婚姻也没选择权，一辈子锁死在一个小村落里。

这是时代对个人命运的影响。类似的"祖母遗憾"还有很多，在名人的笔下或者相关纪录片中，随处可见。

"年轻时，她在当长工的时候，风华正茂的时候，青春岁月的时候，是我们当地特别著名的一个明星，名气相当于斯特里普、安吉丽娜·朱莉和杜兰特。"这是作家刘震云在纪录片《文学的故乡》中谈到外婆时一段动情的话。他的外婆1900年出生，早已去世。照片中的外婆挽着发髻，一个地道的旧式农村老太形象，但目光炯炯有神，透露出一股聪明灵气。据刘震云说，外婆虽然小脚、矮个，干活却是一把好手。三里长的麦垄，不直腰一口气割到头；她也能识别好机会，在日子最艰难的时候，为了供外孙读书，曾把簪子拿去卖了换钱。

这种聪明灵气在刘震云母亲身上也有体现。纪录片中，刘震云的母亲说话利索、风趣幽默，一点也不像农村老太。在节目中，刘震云还提到两个舅舅，其中一个是赶马车的，也是村里面在外闯荡走得最远的人。刘震云14岁外出谋生，就是受到这位舅舅的指点。另外一个舅舅是方圆几十里最好的木匠。刘震云把两位舅舅都称为自己的人生导师。

但是，不管是刘震云的外婆，还是他的妈妈、两个舅舅，都留在了农村。

再来看莫言。2022年五四青年节时，莫言有一个《不被大风吹倒》的励志视频刷爆全网，讲述了爷爷的故事。当时莫言才10岁，一天，他跟着爷爷去割草，回家的路上突遭暴风雨，爷爷与狂风对峙的模样，那种坚韧不拔的意志，就像雕塑一样永远印刻在了莫言的脑海里。

莫言在讲述这个故事时，对爷爷充满深情。在莫言回忆小时候的散文中，很多地方都提到爷爷，这是一个充满智慧的老人形象。在特定的历史时期，很多事情发展得有些超乎寻常。然而，在众人都狂热投入其中时，莫言的爷爷却冷眼旁观，非常清醒。

> 爷爷没在人民公社干一天活。他是村子里有名的庄稼汉，心灵手巧，力大无比……爷爷会织渔网，会编鸟笼子，会捕鱼、捉螃蟹，还玩鸟枪打鸟。他是个有情趣的农民。

我们来做一个假设，如果莫言的爷爷生活在当今——高考通畅、城乡流动自由、职业选择多元化，又会有怎样的命运呢？应该会有一番作为。

其实莫言自己也很险。在他读书的时代，正值"文革"，正常的读大学通道被堵死，他甚至还大胆地给教育部部长写过一封信表达读大学的强烈诉求，但没有结果。如果不是当兵，人生很可能也是另外一条道路——像爷爷一样被锁死在农村，纵有聪明才智也无法发挥。

时代对人的影响，是一种更宏大更深远的力量。

还记得俞敏洪与李玫瑾的那段对谈吗？李玫瑾说他能考上大

学很幸运，遗传了父母的好基因。俞敏洪说我父母都不识字。李玫瑾说认不认字取决于社会环境有没有提供机会。

我曾看到有人说，如果王熙凤、贾探春生活在当今，那都是妥妥的大厂高管，可惜她们生于一个女性无法参与科举、无缘社会管理的年代，因此，纵有卓越才干，也只能在家族内部施展。所以也就有了探春的那句喟叹："我但凡是个男人，可以出得去，我必早走了，立一番事业。那时自有我的一番道理。"

这就涉及一个概念——遗传阻断。这种阻断可能是家庭原因，比如因家境穷困、重男轻女，被剥夺了读书机会；也可能是社会原因，比如专制、压迫、歧视等导致个人才能无法发挥。而家庭和社会原因往往又是交织在一起的，于是就造成了无数的"祖母遗憾"。莫言的爷爷，刘震云的外婆，俞敏洪的妈妈，我的奶奶，斯哥的妈妈，他们都没有办法发挥自己的天赋优势，只能被动等待命运的安排。

这些都体现了一个向下拉平的过程。当人们因为贫穷、性别歧视或遭到结构性压迫，无法得到应有的教育时，自身所拥有的基因在很大程度上变得无关紧要。于是我们经常看到，如果基因对于结果的影响很小，则说明这个社会背景很不理想，因为其中普遍存在着剥夺或歧视。前面我们曾经提到，一个人的发展是多种力量博弈的结果，任何一个力量达到极端，其余的力量就无法发挥作用。比如环境恶劣到一定程度，基因的作用力就无法体现。这里所说的环境，可以是家庭环境，也可以是大的社会环境、时代因素。

对此，生物学家理查德·鲁文曾用一个经典思想实验来做比喻：有两个花园，其中一个有营养丰富的土壤、明媚的阳光和充足的水,那么,同一批玉米种子,最终长得如何,取决于它们本身之间的遗传变异,每一株都能达到它们自己有机会达到的最大高度;另一个花园遍布岩石、黑暗笼罩、土地干枯,那再好的玉米种子,也都不能发挥原本的优势,一阵狂风暴雨袭来,或都将被摧毁。

是的,如果莫言不走出去,没有机会阅读更多的书,哪怕他再有诺贝尔文学奖基因,都是白搭;俞敏洪再聪明,如果早生10年,在恢复高考的时候他已近而立之年,在农村结婚生子,恐怕也没机会考北大;而《知音》编辑赵美萍的幸运,也是赶上了一个女孩能够出去打工的时代,如果再早10年,那就只有在农村结婚生子;包括我自己,20世纪90年代上的高中,如果再早10年,20世纪80年代初,虽然当时高考通道已经很畅通,但对于一个农村女孩来说,也很难想象能上高中考大学。

总之,就教育结果来说,在压抑和匮乏的环境中,遗传经常会被阻断;而在更开放和资源丰富的环境中,每个人独特的、受遗传影响的才能和倾向才能体现出来,并影响他们的生活结果。

相对于家庭,社会大环境对人的影响更为普遍和深刻。比如赵美萍,即便错过了升学通道,但20世纪90年代中国开放的社会环境,打工潮的兴起,也能让她走出去,让她"脑袋有了更多的用处"。而莫言、刘震云或俞敏洪,我们也有理由相信,当年即便不通过当兵或考大学走出去,随着改革开放的到来,他们都还有其他机会成就自我。前面说到《你当像鸟飞往你的山》一书中的塔拉,尽管出生在一个极端的宗教家庭,但塔拉毕竟生活在现代,她所生活的村镇也不是孤岛,在二哥走出去上大学之后,给塔拉带来了外面的新鲜信息;同时,整个考大学的体制,也都是友好支持型的,给她提供了便利通道。于是,从一所普通大学起步,塔拉最终达到了她理应到达的高峰。

关于这个问题,平克在《白板》一书中举了美国著名导演伍迪·艾伦的例子。尽管伍迪·艾伦的声望及财富可能都源于他所具有的幽默基因,但在由他自编自导自演的电影《星尘往事》(*Stardust Memories*)中,伍迪·艾伦向一个嫉妒他的儿时好友解释说,环境因素同样很关键:"我们生活在一个重视幽默的社会中"。

幸运的是,如今我们生活的时代支持每个人充分发挥自己的才华,因此,你的努力应当与你的天分相匹配——当然,努力本身也是一种天赋,因为并非每个人都天生具有奋斗的决心。所以更精确地说,我们所处的时代赋予那些既聪明又勤奋,且充满好奇心和自律的人以独特的机遇,让他们能够充分利用自己的天赋,过上既令人向往又有尊严的生活。

行文至此,我们已经深入探讨了基因、家庭以及社会环境等因素如何影响一个人的发展。这些因素之间存在复杂的交互作用,相互影响。例如,后天环境并不是纯粹的环境,也是基因选择的结果。同样,一个孩子所能接触的社会环境,其实也是家庭环境的间接效应。作为家长,虽然不能改变大的社会环境,却可以影响孩子接触的社会小环境。那么,具体来说,家庭或家长可以从哪些方面对孩子施加影响呢?

住在哪里很重要

前文我们曾提到《别相信直觉》这本书中的一个观点,即便父母把养育孩子的环境整整提高一个标准差,也只能让孩子长大后的收入提高26%。作者赛思指出,大规模数据分析和随机实验表明,家长的一些育儿决策,比如母乳喂养、控制孩子看电视时间、学习国际象棋、给孩子进行双语教育等,从长期来看,对孩子的影响都非常小。

但你可能觉得,不行,我一定要为孩子做点什么。有一件事,还真的最重要,那就是选择住在哪里。

赛思在书中给出了详细的研究数据,只不过是美国的案例,这里不再详述。不过我在这方面感触颇深,很早就有直观的感受。

20世纪90年代,我通过勤奋学习,终于考进了县一高。"进一高,半只脚已经跨进了大学校门",这是我们当时对县一高的认知。当年在我们那所乡镇初中,与我一起考取一高的,只有三个人。

一直到进一高前,我都以为每个初中都像我们那个乡镇初中一样,考一高就像"骆驼穿过针眼"一样难,然而报到时,却傻了眼,县城那所叫作"后河"的初中(县里最好的初中),竟然一个班就能考上十几个,整个初中考进百十号人;城郊的几个镇,考进去的也不少;而与我们差不多偏远的几个乡镇,则也只有寥寥几人。

那时,我头脑中还没有"教育均衡"这个概念,只是模模糊糊觉得,假如我家住县城,初中在"后河"读,那考进一高的可能性就大得多。城乡师资差别大,没办法。记得当时我在初中时,教过我的共有三个英语老师，其中两个都是县一高的落榜生来代课。如果在县城读初中，这种事情就不会发生。

董宇辉谈及自己早年的学习经历时，曾提到一件趣事。升入初中上第一节英语课时，老师让大家读黑板上写的26个英文字母，他却照着汉语拼音读，声音还特别大，被老师认为故意捣乱。但实际情况是，董宇辉小学时根本没学过英语。

这就是教育资源不均衡所导致的状况，现在我老家的那所初中，虽然还在，但生源严重流失，稍有升学意愿的孩子，都会被家长送到县城或城郊更好的学校去读。当年我也只看到了升学这个硬指标，而居住地对个人的影响远不止这些，还包括文化氛围、可获得的机遇等多维度差异。

著名营销专家小马宋在《朋友圈的尖子生》一书中，记录了他身边很多人的成长故事，城乡差别令人感慨。其中就有被誉为"搜狗输入法之父"的马占凯，他是中国互联网界的知名人物。马占凯出生在河北农村，童年生活非常苦。小学时，马占凯就表现出数学天赋，奥林匹克竞赛全县第一名。中考成绩满分，但他最终只考取了河北工业大学，尽管也是双一流高校，显然无法匹配马占凯的智商。这也让他很困惑：为什么自己足够聪明，但距离考清华还是差100多分？

小马宋小时候的生活境遇也差不多，也是农村娃，"足够聪明"，他考入了西安交大。马占凯的经历，让小马宋最感慨也最有共鸣的是，两人作为"70后""80后"农村孩子，在他们童年少年时期，社会接触面都非常狭窄，阅读资源更是匮乏。小马宋如今已经出过四本书，但他的阅读习惯，是上大学之后才零零碎碎开始的；而马占凯的系统性阅读，则是从33岁之后才开始的。用小马宋的话来说他俩"都属于晚熟的人",环境刺激不够,开窍晚。

对比《朋友圈的尖子生》里所提到的另外几个人的早年经历,差别就出来了。比如营销战略专家李靖出生在山东莱芜,从小父母就给他买了很多书;理财天才马文亚10岁之前,就翻遍了平顶山新华书店的所有商业类书籍;揽胜广告的著名文案策划人秋爽,小学时就阅读了大量哲学书。显然,这些事情,不会发生在偏远农村的孩子身上。李靖等几个孩子都是在城里长大的,无论出身如何,父母文化水平如何,至少周边有书店可以逛。而农村呢?以我老家为例,所在的那个小镇上,至今也没有一家书店。

前面提到的莫言、赵美萍在农村依然有机会接触一些图书,关键原因是,他们骨子里喜好文学,农村好在还有一些通俗故事类读本,可其他社科、理工类图书几乎都没有。小马宋就说,在他读大学前,以为所谓的课外书,就是指文学小说,完全不知道还有社科类图书。莫言当兵后离开农村,第一次到图书馆时,简直惊呆了,世界上竟然有那么多书!他原以为自己小时候在四邻八村借到的十几本书,就是世界上全部的书了。

前文提到的遗传被阻断的情况,往往发生在贫穷、匮乏、闭塞的环境中,大的时代因素是一方面,而孩子生活的具体环境是另一方面。例如,生活在一线城市的普通家庭孩子,相较于县城或乡镇富裕家庭的孩子,往往在见识广度和机遇获取上拥有更明显的优势。像"哈佛女孩刘亦婷"这样的事情,也只能出现在大城市。

近两年,在哀叹"阶层固化"的情绪暗流下,不少短视频博主拿刘亦婷来说事,说刘亦婷能上哈佛,并不是她自己有多优秀,主要得益于她妈妈的人脉关系。说是刘妈妈认识了一个关键人物——美国人拉瑞。通过拉瑞，刘亦婷先是去美国参加一次访学活动，然后拉瑞又给刘亦婷写了推荐信，助她顺利上了哈佛。

哪有那么容易的事？刘亦婷的父母都在报社工作，属知识分子家庭，对孩子考哈佛有托举之力不假，但其中最关键的一步，并非父母的私人关系，而是刘亦婷当时所在的高中参与的一个对外交流项目，是大城市的资源优势让她能接触到这个机会。

来看看事情是怎么发生的。1993 年，美国人拉瑞到中国旅游，在长城他结识了北京西城区外国语学校的几个中学生，被这几个中学生的热情和流利的英语所打动，拉瑞萌生了一个念头，他要牵线搭桥，让中美两国年轻人增进了解，促进两国未来的交流合作。

拉瑞是美国律师界著名人物，有一定的社会影响力。在他的奔走下，成立了一家非营利机构"华盛顿—北京学者交流社团"（WBSE），拉瑞亲自担任该机构的主席。不久后的 1994 年 4 月，北京西城区外国语学校的几个中学生就受邀前往美国访学；刚开始，参加交流团活动的也只有北京这所学校，随后上海复旦中学、成都外国语学校也加入了进来。

而成都外国语学校，正是刘亦婷就读的学校。1997 年，WBSE 决定在成外高二届学生中选拔一名优秀生，参加赴美交流活动。为什么只选择高二学生？因为高三正忙于备战高考，高一学生年龄又小了点，高二正合适。刘亦婷恰好在这一届，所以，机遇也很重要。

据《哈佛女孩刘亦婷》一书中描述，这次赴美研学的选拔流程是这样的：先由学校推荐四个优秀学生，然后让拉瑞通过面试决定最终选哪一个。刘亦婷凭借出色的面试成绩，成为了幸运儿。

在美国交流的一个月中,刘亦婷也不像网络传言中说的住在拉瑞家,与拉瑞的联系属正常的研学流程。尽管此次赴美访学打开了刘亦婷的眼界,不过她并未打算报考美国学校,毕竟留学费用太贵,一般工薪家庭负担不起。回到成都后她依然投入了紧张的学习,目标是北大。

很快,拉瑞给刘亦婷发来一封邮件,说哥伦比亚大学和威尔斯利学院都有为中国学生提供的全额奖学金,问刘亦婷是否愿意赴美留学。

刘亦婷这次动心了,全家商量后决定试一下,如果拿到全额奖学金就去,否则就算了。

其实,在后面备考托福及填报资料的过程中,刘亦婷付出了很多很多,因为她还不能放弃国内高考,处于两线作战状态。她也确实很优秀,妈妈十几年的素质教育还是起到了作用。再加上拉瑞帮忙写了推荐信,刘亦婷最终被哈佛大学录取。要知道,除了哈佛,她还同时接到了哥伦比亚大学等另外三所学校的offer,且都是全额奖学金。

好,整个过程梳理完了。翻开《哈佛女孩刘亦婷》,第一章名字为《幸运,在出生前降临》,她母亲是这么写的:"我比谁都清楚,刘亦婷能有今天,离不开一条环环相扣的因果链。但使得这一切因素能够起作用的,全靠她生在前所未有的好时代。"这正是中国繁荣发展、快速进步的好时代。

她妈妈不是谦虚,首先当然是时代机遇,但是对于生活在不同地区的人来说,机遇并不均衡分配。从WBSE计划惠及的学生就可看到区域差异,先是北京,然后是上海,再是成都。正因为居住在成都,刘亦婷才有幸在该项目实施三年后得到参与机会。

相比之下，如果她居住在四川的三四线城市，机遇就轮不到她。

信息差、择校等带来的竞争优势

我大学读的是教育学专业，大二时却转来一个体育系的男生。男生的父母是我就读大学的教职工。为什么原本是体育生的他，会转入我们专业呢？直到大学毕业后我才反应过来，那个男生高考时走的艺体生通道，以较低的文化课分数就可叩开重点大学的大门。

艺体生升学通道对现在很多家长来说并不陌生，但在20多年前，却是一个巨大的信息差，一般家长都不会想到让孩子走这条路。事实上，如果掌握了这个信息差，一方面可以照顾到孩子个性差异，找到更适配的专业方向；另一方面，可作为一个敲门砖降分进入大学。不管什么专业，先考进来再说。如果觉得艺术体育没前途，再转到其他院系。这不算违规，拼的是家长的信息差。

如果你是"70后""80后"，你会发现身边那些大学读体育、美术、音乐、舞蹈、编导等专业的同龄人，大多数都是城市中产家庭的子女。当一般家长只知道高考拼裸分时，这些家长却能通过信息差让孩子获得差异化竞争优势。可惜的是，哪怕是现在，农村的很多家庭，依然不知道有艺体生这个概念，信息差依然存在。

2022年，我采访了一个名叫罗小军的男孩。他家住重庆最偏远的城口农村，父母在外打工，罗小军整个小学初中都处于放养状态。镇中学教学质量差，罗小军进入初二后，英语几乎什么都不会，其他学科成绩也一般，于是就生出厌学情绪，每天沉迷于手机游戏。当时他只想混到初中毕业，然后就出去打工。

初二那年，事情发生了逆转。一个从主城来的体育老师，发现罗小军有跑步天赋，告诉他可以通过这个考大学。这一下子燃起了罗小军的希望，他开始认真练长跑，而且越练越喜欢。梦想往往也让人自律，为了能考上高中，罗小军重拾了荒废的文化课学习，还主动戒掉了手机。

中考时，他以体育优势进了主城一所田径特色学校，三年后，又考取了华中科技大学。

罗小军至今想起来都后怕，如果没有那位主城来的体育老师，他很可能初中毕业就辍学了，完全不敢想自己能够进华科大这样的名校。一个信息差，改变了他的命运。而罗小军的例子也再次证明了居住地的重要性，偏远落后地区往往也就意味着信息的贫乏或滞后。

即便在同一城市，同样的家庭经济条件，家长不同的认知和眼界也会形成信息差。前文提到的那位颇有数学天赋、在一所高中名校读书的朗朗同学，他妈妈是我同事，对于各种升学途径了如指掌。孩子进入数学竞赛班后，考入清北的可能性已大大增加，但是，为了提高概率，从高一开始，她就鼓励孩子积极参加科创比赛、田径长跑等项目。以后高考即便分数差一点，还有一个"综合评价录取"的路径可走。"一般家长只知道高考可上大学，其实，以清北为例，每年通过高考裸分录取的学生也就一半，另外还有20多条路径可进清北。"朗朗妈说。

再回头看刘亦婷的成功，何尝不是信息差所撬动的？1998年，尽管她获得了去美国访学一个月的机会，但回来后并没打算本科阶段就出国留学，以为费用问题无法解决。恰在这时，拉瑞的电子邮件来了，告知他们可借助全额奖学金。接下来，一个名叫颖儿的美籍华人女孩到成都访学，经拉瑞的介绍也与刘亦婷成了好朋友，她带来了更多的美国大学信息，进有常春藤名校，退有"超级微型学院"文理学院，选择面更大，也就意味着可能性更高。这些都坚定了刘亦婷本科阶段出国留学的决心。

再往前推，刘亦婷之所以能获得赴美访学机会，是因为她就读的高中是成都外国语学校。当年之所以选择这所学校，是她父母觉得，以中国改革开放的势头，外语一定会越来越重要。父母前瞻性的眼光，其实从根本上来说也是信息差，能够敏锐把握时势，顺势而为。

同一个孩子，上的学校不同，结果可能就有大差别。择校，是我们不能回避的一个话题。

俞敏洪三次才考上北大的故事广为流传，如果你不了解其中的细节，可能会觉得匪夷所思：前两次连个大专都没考取，为啥第三次就一鸣惊人考取了北大？

里面有诸多因素，比如，俞敏洪前两次备考中还在干农活，精力分散；第三年是全身心投入，破釜沉舟。但其中有个关键原因，那就是他换了个更好的补习班，老妈帮他找的。当时俞敏洪的妈妈听说县里有个老师办的补习班很牛，于是就跑到县城找了三天，找到了负责人，在名额已经满员的情况下，硬是想办法把儿子塞了进去。果然，这个班的教学质量比俞敏洪原来所在的学校高出很多，当然，他自己也非常非常努力。这是"优质环境+个人天赋"成功的典型案例。

我们再扯得远一点，看看近代名人曾国藩的故事。大家都知道，曾国藩当年考秀才，连考了七次才中，这成为曾国藩智商一般的证据，但你要是仔细研读《曾国藩传》，就会发现，曾国藩家处穷乡僻壤，他的学习基本上都是父亲在教，实际上父亲的教学存在很大问题。在第六次秀才应试落榜后，曾国藩的文章被"悬牌批责"，也就是说被当成反面典型，在大庭广众之下被公开点评。

羞辱是羞辱，但这恰恰给了曾国藩正确的反馈，符合刻意练习原理，学了16年也没有学通的曾国藩有如桶底脱落，豁然贯通，突破了父亲刻板教育下形成的僵化文笔思路，文理大进。转过年来，第七次参加考试，就中了秀才；又一年，他就中了举人；又四年，中进士，点翰林。后面一关比一关难，曾国藩都能顺利通过，说明他智商其实并非一般，只不过早期缺乏正确的指导。

视线拉回当前。如今考大学的压力前置，主战场在中考，竞争异常激烈，核心问题就在于择校。家长渴望为孩子提供最佳的教育环境、最好的老师。然而，优质教育资源终归有限，这似乎是一个无解的难题。不过，这里的所谓优质教育资源，主要是指传统意义上在学业成绩上具有竞争优势的学校，但这类学校真的适合每一个孩子吗？好学校能把每个孩子都培养成学霸吗？当然未必，这里的逻辑是，当孩子本身是那块料的时候，需要提供相应的环境，否则会被浪费。

经济实力　阶层势能

关于家庭的经济实力、阶层势能对于孩子发展的托举作用，几乎不用多说,是我们最能直观感受到的。家长的财力和他们所在的社会阶层,决定了孩子能接触到的教育资源和生活选择的广度。

前文我们提到哥伦比亚大学教授丹尼尔·贝尔斯基曾领导一项研究,在同一家庭中,教育多基因指数高的孩子,长大后会比他们的兄弟姐妹们更富有,从事更高社会地位的工作。不过这只是这项研究的部分结论,集中在具有相同家庭环境但基因不同的人身上。也可以比较那些拥有相同的教育多基因指数却出生在不同社会阶层家庭中的人。此时,家庭环境的力量就凸显出来:教育多基因指数高但父母社会经济地位低的儿童,与教育多基因指数低但父母社会经济地位高的儿童相比,前者成年后的平均状况仍然较差。

这就像我们在摄影时选择不同的背景一样:当家庭阶层作为恒定背景时,基因的差异对结果的影响便显著起来;反之,当基因保持一致时,家庭阶层的不同所引起的结果差异便得以凸显。所以,当今在"鸡"不动孩子时,很多家长喟叹:"鸡"娃不如"鸡"自己。这是有道理的。

著名财经作家吴晓波曾经写过一本书,名为《把生命浪费在美好的事物上》,是送给女儿18岁的成人礼。书名源于其中的一篇文章,这篇文章写了女儿的求学故事。

吴晓波的女儿16岁初中毕业到加拿大留学,学习还不错,然而,上了一年后,高一暑假回来,女儿突然说自己想当歌手,然后滔滔不绝地给父亲讲了对流行音乐的看法。看着女儿眼中的光芒,吴晓波一下子想起了自己的年轻时代,他被打动了。

但吴晓波很清楚,流行歌手是一个有着极大不确定性的职业,女儿日后成为二流歌手的概率也不足10%，他提醒女儿要想清楚了。但是女儿说，她不想成名，就是喜欢。

吴晓波支持女儿的选择，他感慨道：

今日中国的"90后"们，是这个国家近百年来，第一批和平年代的中产阶级家庭子弟，你们第一次有权利，也有能力选择自己喜欢的生活方式和工作……

在这个世界上，不是每个国家、每个时代、每个家庭的年轻人都有权利去追求自己所喜欢的未来。所以，如果你侥幸可以，请千万不要错过。

教育多数时候需要金钱托底，吴晓波很真诚，坦言自己有底气支持女儿的选择。后来他把女儿送到上海一个日本人开的音乐工作室学习，小班教学，费用不菲。

这个做法，是不是让你想起了几年前的一句网络流行语：有钱，任性。

这是十多年前的事情了，从公开资料看，吴晓波的女儿如今并没有从事与音乐相关的职业，而是开了家宠物店，创业之路磕磕绊绊。但是，我想吴晓波一家依然不会后悔那次选择。音乐作为女儿的业余爱好，也挺好，让生活更丰富、更有滋味。正如那本书的书名——《把生命浪费在美好的事物上》，他们"浪费"得起。

让我们再看看一百多年前的另外一个中产家庭。梁启超被誉为"史上最强老爸"，九个孩子中，出了三个院士，其余几个也都是各自领域的佼佼者，梁启超也成为家庭教育的典范，完美证明了"优秀的孩子背后，必定有一个优秀的家庭"。

确实，细读《梁启超家书》，你会深深折服于梁启超对家庭教育的深刻理解与践行智慧。他与孩子们之间的关系民主平等、相互尊重，在读书、做人、治学等方面都做了很好的引导和示范，这些都是"软实力"的濡染影响。同时，我们也要看到，梁启超也用他的"硬实力"为孩子们提供了优质的教育资源。

1898年维新变法失败后，梁启超流亡日本，一直到1912年清朝灭亡后才回国。日本的经历，打开了他的眼界，让他看到中国教育与西方教育的差距，于是，他在世之时，年长的四个孩子全部被送到美国或加拿大留学，其中就有成为建筑学院士的长子梁思成和成为考古学院士的二子梁思永，还有后来曾任北京大学图书馆副馆长的二女儿梁思庄。

留学的昂贵支出，需要经济实力托底。1929年梁启超去世，家庭经济条件有所下滑，剩下的五个孩子中，有两个出国留学，其中包括最小的梁思礼，17岁时被母亲拼尽全力送往美国读大学，后来成为我国火箭导弹控制系统专家、中国科学院院士。

一百多年前的中国，对于绝大多数孩子来说，是一个贫穷、匮乏的时代，尤其是对于女孩来说，还可能存在歧视和压迫。这些孩子没机会读书，也没机会走出去，比如前面提到的莫言的爷爷或刘震云的外婆，天赋无法发挥。然而，少数家庭中，父母的经济实力和社会地位依然能为孩子提供充分的教育资源。前面在写杨苡三兄妹的故事时，我们重点放在了母亲的遗传优势以及对几个孩子的学业要求上。但显然，孩子能取得这样的学业结果，家庭经济因素起到了压舱石的作用。杨苡和姐姐中学时读的都是当时天津最好的中西女中，哥哥杨宪益则在天津著名的新学书院就读，19岁考入牛津大学。如果他们不是生活在天津的富裕家庭，而是在城市底层或农村，纵使再有天赋，纵使母亲再重视读书，几个孩子也无法达到后来的成就。

再回到梁启超家，值得注意的是，作为一位学贯中西的大学者，梁启超并非只凭借经济实力给孩子们提供教育机会，他还凭着自己的卓越见识，前瞻性地帮助孩子们规划选科、指导学业。比如他给长子梁思成选择了建筑学，帮次子梁思永选了考古学。这些学科当时在中国都尚属拓荒领域，对于国家更有价值，对于个人也更容易出成就。尤为难得的是，梁启超非常看重孩子的天赋兴趣，他明白只有喜欢才能走得更远。本来他觉得生物学也很有前途，希望二女儿梁思庄学习生物，但得知女儿不喜欢后，就尊重其意见，帮女儿重新选择了图书馆学专业。梁思庄后来成为著名的图书馆学家，任中国图书馆学会副理事长，在这一领域做出了开创性贡献。

梁启超对孩子们的支持还不止这些。他的长子梁思成作为中国建筑学专业的奠基人之一，与林徽因的欧洲考察旅程，是中国建筑学界的佳话。而这次富有成效的游学背后，正是梁启超的筹划与支持。基于对欧洲政治和文化的深刻理解，梁启超为梁、林二人细致勾勒出了一条既安全又富有学术意义的旅程。就连梁思成的工作，在他尚未归国时，梁启超就已经安排好了，或者清华大学，或者东北大学。要知道，并非所有的留学生一回国就能进入知名大学当教员的。以梁启超在学界的影响力，帮孩子解决工作问题，不是一件难事。

总之，家长对孩子的托举往往是一套组合动作，是阶层、眼光、人脉、财力的综合运用，而经济实力是其中的关键。经济实力本身是父母智识、能力的一个重要体现，在很大程度上决定了孩子的生活环境、信息获取的优势、接受优质教育的机会以及尝试新事物的可能性。

正如《基因彩票》中哈登所说："在教育轨迹的每一个点上，富裕家庭都可以'作弊'，使他们的孩子更可能获得某种结果。比如考试获得某个分数，或被分到'快班'，或被精英学校录取。"哈登还以自己为例，她说，自己的父母都受过大学教育，他们对孩子上大学有明确的期望，并对如何驾驭招生过程有一定的了解，这都可能为自己取得今天的成就铺设了道路。

对此，万维钢老师还有一个经典的比喻：富人家的孩子拼天赋，穷人家的孩子轮不到拼天赋。这与前面"小树苗"的比喻说的是一个意思。富人家给孩子提供的环境资源已经很充分，行不行就看孩子自己；穷人家的孩子资源匮乏，孩子即便有某方面的天赋也无从发挥，"毁掉小树苗很容易"。

不过，事情也没那么悲观。我认为家长自己如果足够聪明、有眼光的话，是能够在一定程度上克服经济或阶层障碍，尽其所能去托举孩子的。我奶奶在这方面就做得很好。我爸爸兄弟三人全都脱离了农村，这在他们那一代人中很罕见。当时一个家庭的几兄妹中，偶有某个孩子因特别聪明可能会走出农村，但全部走出来的，除遗传因素之外，家长的托举之功不可忽视。

我爸爸1955年出生，与莫言同龄，读书时正逢"文革"，但奶奶依然坚持让他读完高中。靠着这个文凭，他先是在队里当会计，然后又做民办教师，后又转为正式教师。

我大伯和叔叔则是通过当兵脱离了农村，这是一个"屋后一杯茶"的故事。那个年代，当兵机会也很紧俏。当时我家屋后是一条通往街镇的小路，拐角处有一棵大槐树，我们自家经常在这里乘凉、吃饭。路人走到这里，也会坐下歇歇脚、喝口水、聊聊天。在20世纪60—70年代，一些乡镇干部没有自行车，上班靠步行，这条路就成为他们的必经之地。十里八村的，大家都面熟。

奶奶热情大方、善于沟通，自然也就认识了这些"有头有脸"的人，其中就有乡镇的武装部部长。我大伯和叔叔就是通过这位部长的推荐，分别获得了当兵机会。

大伯当兵回来后到县里成了工人，而叔叔则因为高中毕业，到部队后考入军校，成为一名大学生。包括我爸爸，当年也是因为上了高中才有机会当老师。

所以，前面万维钢老师比喻中的"富人、穷人"，实际上还包括了家长的认知和眼界。尽管经济条件一般，尽管资源有限，但在力所能及的范围内识别机会，或支持学业，或整合资源，为孩子铺设成长道路，是一个聪明的家长会做的事。前面故事中提及的斯哥的母亲、俞敏洪的母亲，莫不如此。

综上所述，如果把孩子的发展总体划分为两大维度，即人格塑造和社会成就，那么我的总体观点是，在人格塑造方面，父母的育儿方式不会对孩子产生持久的影响；但是，在孩子的教育结果、社会成就和未来收入方面，如果父母的经济条件、智识水平、社会关系等方面具有一定优势，确实能够为孩子提供许多资源和帮助，从而让他们在人生的起跑线上处于领先位置，起到"扶上马,送一程"作用。

关键依然在孩子自己

不过,我们依然要意识到,父母的托举,还是建立在孩子自身潜力的基础上。"扶上马"之后,后半程依然要靠孩子自己;再肥沃的土壤,也不能让一棵麦子长得如高粱那么高。家庭的支持,只是让孩子更可能达到他的天赋上限。后面怎样,还是取决于孩子本身。比如,你给孩子择校,孩子可能根本无法适应好学校的学习压力;你给孩子报音乐、美术兴趣班,孩子可能压根儿不喜欢;也不是所有的孩子都能像马斯克那样在10岁拥有昂贵的个人电脑后,12岁就能写出游戏程序……

父母对孩子学业或其他方面的鼎力支持,其实正是因为看到了孩子在这条路上的可能性。就以刘亦婷为例,当年她即便不考哈佛,也是学校冲击清北的种子选手,成绩排名本来就很靠前;进入高三后,她既要应对高考,又要准备留学申请资料,两线作战,非常忙碌,有着超强的自律;再往前推,当年她小学毕业考成都外国语学校时,录取率是1.8%,她也顺利考取……

你可能会说了,刘亦婷这么优秀,那恰恰是母亲素质教育的结果呀,人家那本书的主题写的就是素质教育。这是一件有意思的事,魔鬼在细节。的确,从母亲刘卫华的写作意图来看,她觉得女儿取得的成就是自己推行素质教育的结果。真是这样吗?其实现在看来,刘卫华的一些教育方式,是很值得商榷的。比如她禁止女儿小时候说婴幼儿的奶话,让女儿说话数数都要快,以训练思维速度。这完全是拔苗助长，干涉了孩子的自主探索。最为人诟病的是，她让女儿把冰块攥在手心里15分钟，美其名曰是为了锻炼忍耐力。女儿6岁时刘卫华再婚，丈夫批评她说："你对婷儿太严厉了，一双眼睛总是盯着婷儿的各种差错，一遍说不听，马上就会变得声色俱厉。这样只能培养她的对抗心理，对她的性格发展很不利。"

太严厉、总是挑差错，这种教育方法是有问题的。6岁前，刘亦婷基本上是这个单亲妈妈一个人带。可以想象，在本该自由玩耍和探索的年龄，有可能被过分"鸡"了。但如果一个孩子本身智商足够高，是学习那块料，家长要求的方向正好与她的天赋方向一致，那就会很耐"鸡"。也就是说，刘亦婷本身的天赋很关键。

我们知道，孩子与父母的基因同型度是50%，一个聪明的孩子很可能是遗传了父母的聪明。刘亦婷的母亲刘卫华是媒体编辑，在刘亦婷3岁时，刘卫华还以第一名的成绩被上海戏剧学院理论专修班录取，是40个学生中的唯一女生，这个专业的负责人是后来大名鼎鼎的余秋雨，但当时刘卫华离了婚，作为单亲母亲的她实在无法到上海读书，就错过了这一机会。后来刘卫华在工作上也表现很好，不断得到提升。在刘亦婷考取哈佛后，刘卫华又抓住机会，顺势出书。所有这些情况都表明，这位母亲也并非等闲之辈。

书中刘卫华还提到了自己父母的情况。刘卫华的父亲是鄂西大学（今湖北民族大学）中文系教师，而刘亦婷从小就表现出写作、表达方面的优势，也许就与外祖父、母亲这一支的遗传有关。

我有理由相信，刘亦婷即便生活在一般的城市家庭，她也不

生孩子与开盲盒

会差，依然能考上一个很不错的大学。她能够读哈佛，是时代、家庭、幸运、个人天赋等多因素综合作用的结果。其中，个人因素依然是最关键的一环。

好，刘亦婷的故事讲完了，我们再来看看前文中提到的其他人。

其实，拉大人生尺度看，那些天资禀赋好的人，尽管输在起跑线上，但如果所处的社会环境相对公平、充分自由竞争，就有机会在后程赶上并超越。《先天后天》的作者马特·里德利指出，当下社会越来越平等，这从遗传与环境作用关系的角度看，本质上是在将环境因素造成的差异降到最小，但同时也在不知不觉中将遗传的作用提到最大。这似乎又是一个悖论：社会越是平等，基因的作用就越凸显，一切后天努力仿佛在将环境因素拉平，进而将战场交给基因去厮杀。

这种厮杀，对于那些出身寒微，却有着较好天赋的人来说，当然是好事。

同为"70后""80后"，与刘亦婷相比，出生在农村的马占凯和小马宋明显输在了起跑线上，但后来马占凯研发了搜狗输入法，小马宋也成为著名的营销专家，在各自领域都取得了不凡的成就。那么，这一切是如何发生的呢？

是社会开放公平的竞争环境，让他们充分发挥智力优势。错过了一站，还有下一站。

先看马占凯。尽管被称为数学天才，但他考取的是河北工业大学，而非大众认知的顶尖高校。毕业后，他入职山西的一家国企从事机械设计工作。那时，电脑上打汉字主要使用紫光输入法，但他觉得很不方便，因为紫光输入法不能直接打出所需的字词，而需要在词表中一页一页地寻找。他发现，如果在搜索框中输入相应的拼音，就能得到搜索引擎的相应提示，再复制粘贴就方便多了。马占凯隐隐觉得，让搜索引擎来做输入法大有可为。

在太原这家国企工作一年后，马占凯无法忍受平淡无奇的工作，辞职来到北京，那是2005年。最初，他只是想找到一份技术工作在北京安身立命。然而，互联网的热潮扑面而来，让年轻的马占凯热血沸腾，输入法的创意在他脑中激荡。他决定毛遂自荐，写信给互联网公司，详细阐述自己的想法。

从这里可以看出马占凯不凡的眼光。当时，很多人都在用紫光输入法，为什么偏偏马占凯觉得不对，并能琢磨透输入法与搜索引擎之间的关系？毫无疑问，这位数学天才的大脑算力起到了关键作用，让他能够识别机会，推演出其中的逻辑关系及商业前景。要知道，当时的马占凯才刚大学毕业一年多。

最终，马占凯的创意赢得了搜狗高层的关注。收到他的信后，对方约他三天后来公司面谈。

接下来的三天，马占凯疯狂浏览了所有关于搜索引擎的新闻和文章，记录了200多个灵感点，并汇总成一个30多页的Word文档。第三天，他熬了一个通宵做了一个包含搜狗拼音输入法设想和搜索引擎应用创新思考的PPT。这一努力打动了搜狗高层，最终使他获得了负责该项目开发的入职机会。

接下来，如今你我都在使用的搜狗输入法便诞生了，马占凯也由此奠定了在互联网行业的地位。

小马宋的经历也类似。大学毕业后，他被分配到国企做锅炉工。仅仅两年后，他就意识到这不是自己想要的生活，于是举债考入北京航空航天大学读MBA。北京让他大开眼界，之后他进入了财经媒体、广告等行业，并先后创业两三次。尽管期间经历了许多坎坷，但如今的小马宋在营销领域有了很高的知名度，已出版四本书。《朋友圈的尖子生》是他早期的作品，当时他对个人成功有着浓厚的兴趣，将这些思考记录下来。这种从他人身上学习的能力，也是他成功的重要原因之一。

我想，在你身边肯定也有不少像马占凯和小马宋这样的人，甚至可能包括你自己，只不过成就大小不同而已。最初由于家庭原因输在了起跑线，然而，开放公平的社会竞争环境，让你得以充分发挥自身潜能，最终实现后程加速，赶超他人。正如普罗明所说："在环境因素导致我们的人生轨迹出现起伏之后，我们最终还是回到我们的遗传轨迹上来。"此外，那些看似系统性的长期环境影响，通常也是遗传效应的反映，因为我们会创造与遗传倾向一致的经验。

如何理解这句话呢？可以参考前面提到的几个人。例如，赵美萍尽管童年和少年时的生活环境恶劣，甚至没有读中学的机会，但兜兜转转，她最终还是获得了她本应有的生活。再比如塔拉，尽管出生于一个如此不可思议的家庭，但一旦走出来，她依然如鸟儿般飞回了属于她的那座山。

在相对公平的社会中，我们似乎看到：随着人们年龄的增长，基因的影响越来越大，而共享环境（主要是家庭）的影响则越来越小。事实也正是如此。普罗明在《基因蓝图》中将这一现象定义为行为遗传学的五大发现之一：随着个体的发育成长，DNA越来越重要。

乍一看，这个发现与我们的直觉相违背。一般人认为，生活时间越长，受到的环境冲击就越多，会不断体验来自父母、朋友、人际关系和工作的影响，遗传影响应该逐步降低。普罗明指出，实际情况是，随着年龄的增长，遗传影响反而愈加重要。没有任何心理特征在随年龄增长时表现出遗传影响变弱的趋势，其中认知能力的遗传影响随着发育增加最为显著。

认知能力，即我们通常所说的智力，其遗传率约为50%，这是对所有年龄段研究的平均值。事实上，智力的遗传率随年龄增长呈现递增趋势，因此在前文中有时会给出一个50%—80%的区间值。

最早涉及这一领域的是美国路易斯维尔医学院的双胞胎研究，首次指出了从婴儿期到儿童期，智力的遗传率会增加。1983年，他们报道了一项为期20年的针对500对双胞胎的研究结果：从婴儿期到青春期，同卵双胞胎的智力变得更加相似；相反，异卵双胞胎的智力则变得不那么相似。智力的遗传率从婴儿期的约20%增至青春期的约60%。

普罗明主持的科罗拉多领养项目研究也有力证实了这一发现。正如许多其他研究表明的那样，亲生父母与子女的智力相关系数在婴儿期约为0.1，童年期增加到0.2，青春期达到0.3。最惊人的是，被领养孩子与其亲生父母的智力相关性的变化模式与上述结果非常相似，尽管这些孩子出生几天后便再未见过亲生父母。到16岁时，被领养孩子与亲生父母的智力相关性，与被亲生父母养育的孩子在这方面的相关性相同。

进一步支持遗传率随年龄增长而增加的数据来自2010年的一项双胞胎联合研究。该研究汇集了4个国家中11000对双胞胎的智力数据，发现从儿童期到青春期再到青年时期（成年早期），智力遗传率显著增加，从40%增至55%，再到65%。2013年，一项汇集了所有关于智力的双胞胎和领养研究结果的元分析证实了智力遗传率随年龄增长的趋势。这些研究主要关注发育至成年早期的结果，近年来少数关于成年的研究表明，成年期的遗传率持续增加，至65岁时达80%。

为什么会这样呢？一个合理的推测是：随着时间的推移，发育早期遗传的轻微作用会被放大，相同的遗传因素像滚雪球一样产生越来越大的影响。这一过程被普罗明称为"遗传基因扩增"，也就是我们常说的马太效应。具有高智力倾向的儿童可能会阅读更多图书并主动选择朋友和爱好，从而进一步刺激其认知发展。

马占凯和小马宋正是如此。他们出众的智力倾向，使得大学毕业后的工作对他们而言显得沉闷无趣，促使他们追求更具挑战性、更能实现自我的工作或生活方式。在北京，牛人更多，学习机会也更多，舞台更大，他们的智力优势得到了充分展现。与此同时，他们在最大程度利用智力资源的过程中，也获得了更优质的智识刺激。这是一个自我实现与自我发现并行的过程，不断得到正反馈，最终强者愈强，形成马太效应。这就解释了智力遗传率随年龄增长的真相，此时共享环境的影响（即家庭环境的影响）几乎降至为零。

从遗传视角看"性格即命运"

以上从智力维度探讨了遗传差异对个人发展的影响。其实，还有一个同样重要的维度，就是人格。老百姓常说，性格即命运。人与人之间的差异，往往在于是否甘于平庸，以及是否拥有野心和勇气。就以马占凯为例，一般来说，农村孩子考上大学，能在城里找到一份稳定工作已经不错了，但马占凯不甘心。工作一年后，他就辞去了国企的工作到北京。很难解释他的野心和勇气从何而来，应该是与生俱来，儿时的贫困与闭塞并未消解他骨子里的野心和梦想。

后来，他凭借聪明才智，琢磨透了输入法与搜索引擎之间的关系。即便如此，一般人可能想想也就罢了，但他却立刻行动起来，敢于给百度写自荐信。是的，他最初是将这个创意写给百度的，毕竟百度是搜索引擎的老大。然而，连发四封邮件，他都只得到一个客气的回复："谢谢您使用百度。"

但马占凯没有气馁，他将目标转向搜狗，最终迎来了机会。这也显示出他性格中百折不挠的一面。他相信自己的眼光，认准的事一定要拿到结果。被拒一次、两次没关系，继续写；一个平台不接受，就转向下一个平台。总之，马占凯不仅有高智商，还有不甘平庸的野心和对热爱事业的执着，这些都是天生的特质，如同基因代码般潜藏在他体内，只需适当的外部刺激，程序便能启动。这些刺激显然不是来自家庭，而是来自更高层次的社交圈或其他信息源。但别忘了，能接触到这些社交圈或关注某些特定信息，基因也起到了定向搜索和建构的作用。

一个人只要有野心，一次不成功，还会尝试第二次。这是一个概率问题，尝试多了，成功的概率就大了。所以从这个角度来说，性格即命运。其实，想上大学直接给部长写信的事，张艺谋也干过。他当时因超龄不能报考北影，也是斗胆给文化部部长写信。前微软中国总裁唐骏当年为了出国留学，敢直接去教育部找司长。他们比莫言幸运，都达到了目的。

这种胆识、野心与勇气，很可能让你联想到大五人格中的"经验开放性"特质，其中一个表现就是不拘泥于传统和常规，喜欢尝试新事物和新方法，敢于挑战现状。其实，这些人格特质，连同其他理想或不理想的特质，平均遗传率都达到了50%。尽管它不像智力一样明显体现出随年龄增长而增加的趋势，但这样的遗传率，绝不容忽视，会影响性格、健康、家庭生活、学业、社会成就等方方面面。

家长还应注意，随着孩子年龄的增长，环境的影响更多体现为非共享环境的影响，比如看到时代趋势、抓住机遇，被周围人的生活方式、价值观同化等，而非只见家庭的影响。

关于这个问题，我们依然可以回到多子女家庭中，看看同一家庭环境下兄弟姐妹"后半程"的区别。前文我们分析了家长在对孩子托举方面能施以的多股力量，在清楚这些力量之后，你会对兄弟姐妹间由于先天基因差别所导致的后半程人生差异有更深的感知。

以《基因彩票》的作者哈登为例，尽管她说过"我父母都受过大学教育，对孩子上大学有明确的期望，并对如何驾驭招生过程有一定了解"，但她弟弟依然比她少受了6年的正规教育，收入也没有哈登高。

我的家庭背景也为我提供了独特的视角来审视这一议题。我自己是四兄妹，母亲五兄妹，父亲兄弟三人。当我开始对基因遗传产生兴趣时，这样丰富的家庭结构给了我一个极好的机会，让我兴味盎然地探索家族中兄弟姐妹间的差异性。

前面提到，我奶奶通过自己的眼光和人脉关系，将三个儿子都托举出农村。这是她作为一个不识字、没有经济优势的农村妇女所能做的最大努力了。后来的发展，关键在于孩子们自己。

我大伯当兵回来后进入县酒厂成为一名工人，但他颇有个性，不善于处理人际关系，于是遭遇了第一批下岗。大伯勤快，心灵手巧，学什么都快，而且生活习惯很好，不抽烟不打牌。现在70多岁了，偶尔还在做零工，身体状况也很好。

我爸爸则相反，他特别好面子，在意人际关系，本性善良，对人也实在，因此朋友众多。他没有上进心，当民办教师时，眼看着周围很多人通过考试转为公办教师，他却懒得努力。后来因为政策幸运转为公办教师，又因为人际关系好，很快被提升为校长。爸爸对家里的农活、家务活都不上心，动手能力差，也懒得干。本来我爷爷奶奶都活到80多岁，基因或许不错，但我爸爸自从当了校长后，长期无节制地喝酒应酬损害了健康，烟瘾也大，最终在65岁时因肝癌去世。

同样的家庭，孩子们却有不同的性格、成就和命运。我想，这两章看下来，你不会把我爸爸的懒散归结于家庭教育的问题，也不会找我奶奶问责吧，否则，大伯的勤快又该如何解释？你也不会把我爸爸的抽烟酗酒归结为模仿父母，我爷爷不抽烟不喝酒。我爸爸很会处理人际关系，这也许遗传了我奶奶，这却是我大伯的短板……

老百姓有句话："儿孙自有儿孙命。"其实，里面蕴含大智慧，是对个体基因差异导致生活结果差异的概率总结和朴实表述。

在前面两章中，我们详细分析了社会环境和家庭环境对人发展的影响。孩子的成长是多种力量共同作用的结果，其中社会环境是一种宏大而深远的力量，而家庭作为中介，居住地、父母的经济地位和眼界格局等，对孩子未来的社会成就有着显著影响，起到"扶上马，送一程"的作用。然而，从长远来看，孩子本身的基因天赋依然是塑造他们最稳定、最系统的力量。尤其在如今公平、自由的社会中，这一力量更加凸显。了解了这些，我们也许会更清楚父母在哪些方面可以积极作为、正面管教，在哪些方面不妨放松心态、无为而治。总之，大的原则就是顺应孩子的遗传自我，提供自主性支持环境，减少不必要的操控和不切实际的期待，这也是本书接下来将要涉及的主题。

第五章

高考的爱与痛

> 目前的家庭教育中，方法和套路太多，对根源性问题的探究太少。只有正视这些根源性问题，家长才能多一些和缓的接纳。
>
> ——心理学家李玫瑾

高考，人才的筛选漏斗 ●●

　　小时候，外婆带我去镇上买猪肉，回到家里，把它切成很小的小薄片。然后放锅里面把油给滤出去，猪油凝固变成白色，跟白米饭拌起来吃，哎呀！那真是世界上最好吃的食物。吃完这个碗再用开水烫一下，还可以当汤喝，所以每次吃完米饭之后呢，我还要喝个三到五碗白水下去，一直喝到碗里面开水倒进去都已经看不到油花了，才舍得把碗拿去洗。

这是刘强东2017年10月在家乡母校宿迁中学90年校庆上的演讲。1989年秋季，刘强东是背着十斤大米和一罐酱豆进入宿迁中学的。就在升入高中前的这个暑假，15岁的刘强东心灵受到了一次强烈震撼。

那个大热天里，刘强东身穿大裤衩和汗衫，脚踩拖鞋，手里攥着50块钱，从镇里坐车到徐州，然后转车至南京。这是他第一次来到大都市，看到了那个年代南京的地标性建筑金陵大厦，15岁的刘强东难抑激动，绕着大楼走了一圈又一圈。

外面的世界很精彩，而自己原来的生活太封闭、太寒微。刘强东1974年出生于宿迁农村，此时距离十一届三中全会还有4年。在刘强东的童年和少年记忆中，挨饿倒不至于，但也仅仅能够填饱肚子，一日三餐基本都是红薯、土豆和玉米，所以后来在一次采访中，他说自己30年都没再吃红薯，看到红薯就倒胃口。

肉？平时几乎没吃过，只有逢年过节或者家里来客人才能偶尔有肉吃。村长家屋檐下却挂着很多肉，刘强东小时候曾经的梦想就是当村长。

小学四年级时，镇里第一次用上了电，刘强东当时是班长，下午放学后，就带全班同学从村里步行来到镇里，趴在镇政府院门口，看到大楼里面电灯闪亮，大家议论纷纷，它烫手吗？能点烟吗？电从哪儿来？……那一次给了他很大震撼，他琢磨着，外面还有更精彩的世界，应该走出去看一看，不应该只当村长。

所以，这就有了初中毕业那个暑假的南京之行。刘强东暗暗发誓，三年后考大学，一定要到中国最大的城市去。后来高考填志愿，他所有的学校全都选在了北京、上海。

这可能是一代农村"70后"的共同记忆，具体细节不同，脉络基本相似：没有经历过饥饿，但吃得粗淡寡油；野心勃勃，对外面世界充满向往，因为在高考恢复十多年之后，许多人已经认识到，这是他们摆脱农门、迈向更广阔世界的唯一捷径。

作为"70后"的我，同样也是这样。当年我的高中同学，或与我一样来自彻头彻尾的农村，或来自我们那个小县城。我们中很多人都通过高考实现了走出农村的愿望，如今有复旦大学的教授，有北京友谊医院的主任医师，也有互联网大厂管理人员……而我们的父辈，"50后"一代，几乎没有一个大学生，那时不兴高考，上大学通道不畅；比我们大一点的"60后"一代，也几乎没有，因为当时在农村，考大学的观念之门尚未打开；我们"70后"，是农村最先尝到高考红利的幸运一代。

那个时代，高考性价比很高，但我们并没有感到太大压力，这是一个自然筛选的过程，行就上，不行就算了，取决于孩子的自觉自愿，父母一般不会强逼。

今天早已不同往昔，高考性价比下降，内卷却愈来愈严重。吃过高考红利的"70后""80后"已为人父母，他们的孩子成为"考二代"，这些父母不能接受孩子比自己差；而那些错过高考红利的父母，则把自己未曾实现的愿望投射给孩子。在这种情况下，家长越来越焦虑，孩子们的压力越来越大，以至于亲子关系紧张、孩子抑郁厌学之事频发，于是，高考成了罪魁祸首。一些自媒体博主为了迎合这种情绪，纷纷加入对高考口诛笔伐的大军。

高考真的很不合理吗？莫言在文章中曾这么说：

> 我去中学里做报告，第一句话会说："高考制度非常坏。"学生会狂鼓掌，但是我紧接着会说："没有高考制度会更坏。"学生就："啊！"我们必须承认这是非常现实的，没有高考制度确实会更坏，工农子弟更没有出头之日。

莫言说这句话，有切肤之痛。他少年时大学梦炽热，但当时推荐上大学，根本轮不到他，指标都被乡里有头有脸的人家给占了。一件结果影响重大的事情,如果没有量化标准,没有硬性门槛,就会有很多暗箱操作。所以,如今高考这种一刀切的量化考核,看似粗暴,实则更公平,我很认可张雪峰的这段话:

> 中国的高考,是全世界最公平的考试:这是我们中国选拔人才的一种方式,因为这种选拔方式最公平,没有之一。清华每年只招几千人,中国一届1000万考生,让谁上清华?你告诉我一个选拔标准,素质教育吗?三四线城市的素质教育水平与大城市怎么比?

是的,尽管高考制度有这样那样的问题,但它已经是权衡各种利弊之后的最佳方案,已经是照顾到大多数人的利益。它首先起到了智力筛选的作用。智力远不是解决单一问题的能力,它关乎个体对世界的深刻理解、对生活的深思熟虑以及对机遇的敏锐洞察,是高考所要评估的重要能力。

刘强东于1992年参加高考,据说是当年宿迁文科状元,智商毫无疑问一顶一。试想,如果没有高考,他走出农村的道路该有多曲折?其实,刘强东非同寻常的天赋,从小就有端倪。他一直是班长,领导力满格。十四五岁时,就一心想到外面去看看。在看到金陵大厦后,梦想的小火苗瞬间被引爆为熊熊烈焰。这叫什么?用老百姓的话说就是:开窍早,脑子灵光。

对事物具有高度的感知能力,对未知世界充满好奇,不甘平庸,为了梦想不惜一切代价地努力,这既是人格特质,也是高智商的体现。这种品质在很多成事的人身上都有体现。俞敏洪也曾提到,当年第一次高考落榜时,他们学校有一个考上大学的学长假期回学校,大家就像看明星一样围着问这问那,热闹完也就散了。俞敏洪心里却翻江倒海,觉得自己也应该像学长一样,活出个人样来,所以选择了再次复读。母亲后来到县城为他寻访好学校,也是建立在俞敏洪自己意愿强烈的基础之上的。

从我的采访经验来看,那些考上名校的孩子,大多也都具备这一特点:聪明,有梦想,渴望成为更好的自己。比如,我曾经采访过一个从小县城考入北大历史系的女孩袁艺菲,我问她,一路走来最大的感受是什么。她说每上一个台阶,都能遇到更优秀的人,让自己变得更好。

而这些孩子,往往也更有计划和目标感,他们擅长反思和优化自己的学习策略,做事效率高。还以袁艺菲为例,高一时,她成绩排在年级100名之后。经过复盘,她很快优化了学习方法,效果明显。她自己琢磨的那套方法很符合刻意练习原理,尽管她并未读过这本书。

当明白自己想要什么之后,这些孩子的自律和努力程度也是一般人难以企及的。我采访过一个女孩蒋笑语,是2019年重庆中考状元。到了高中后,蒋笑语参加物理竞赛班,第二轮筛选时差点被淘汰。15岁的她主动找到老师,希望再给自己一次机会。接下来2020年春新冠疫情暴发,居家学习长达三个月,每天她都认认真真把作业按时传过来,不光完成老师布置的任务,还加了不少"戏码",对自己非常狠。学习笔记之工整认真,令人惊叹,老师说几乎可以拿来当教案用。

这些孩子的心理素质和抗挫折能力,往往也高于一般人。有一次我采访一位考入北大的学生杨浩,他也是一位数学竞赛生,但竞赛失利,直通清北的计划落空。得知这一消息时已经是高三上学期，距离2023年高考仅有9个月，之前由于竞赛耽搁了不少常规课程，此时重回高考拼裸分，压力可想而知。但上午得知竞赛失利的消息后，经过一个下午的调整，到了晚上，杨浩就把各学科的教材及资料都找出来，进入复习备战状态。当他妈妈给我描述这一幕时，泪花点点，因为作为母亲的她同样承受了很大压力，没想到孩子能如此坚强。

应该说，高考是一场智力和意志的双重考验，它不仅考察学生的知识水平和思维能力，也考察他们的自我驱动力、学习能力、专注力、目标感和自律性，而这些品质，正如我们前面所说的——非认知技能，也是教育多基因指数中的重要组成部分，是未来工作中能成事的通用品质。所以，你可以这样理解：高考不光在筛选智商，同样也在筛选这些优秀品质。

你再把眼光投向社会，看看各行各业的中流砥柱，那些取得突出成就的，主要也是高考中脱颖而出的那部分人。高考不仅是他们个人命运的转折点，也是他们为社会贡献价值的开始，他们的天赋和努力，推动着科技进步，给我们的生活带来了便利和美好。

比如我在电脑前敲下这段文字，用的是搜狗输入法，前面提到它的发明人马占凯，当年从河北农村到省城读大学，是他命运的转折点；我使用的华为电脑，是从京东购置的，他的创始人正是当年能到人大读书的刘强东；写作本书涉及很多资料的查询，"得到"APP的电子书是一个好用的工具，它的创始人罗振宇，也是因为读了大学才从芜湖小城走出来；我最喜欢的科学作家万维钢，作为普通工人子弟，当年也是因为读了中国科技大学，才有机会到国外留学……

这些只是冰山一角。环顾四周，关于我们日常生活衣食住行的产品或服务，从起心动念到创意落地，其中的核心价值部分，往往源自少数人的创造。这些人中，大多是通过高考被识别和筛选出来的。改革开放后，畅通的升学体制促进了人才流动，使得那些拥有天赋的人们找到了更适合自己的发展环境。他们在科技、人文和政府管理等领域，通过创新、决策、研发、制度创设或流程优化，贡献了巨大价值，惠及每个普通人。这不仅是他们个人的幸运，也是整个社会的福祉。

凡选拔性考试，无不卷

现在高考最被诟病的是刷题，考出来的是"做题家"，而不是实用人才；还有就是卷，卷得很多学生抑郁厌学。但有些问题暂时无解，任何一种制度都不能让所有的人都满意，这已经是最公平的方式了。不这样，你又用什么标准来选拔人才？

其实，那些高考胜出者，即便参加的是古代科举，大概率也一样能脱颖而出。因为古代科举不管考什么，其根本目的也是筛选，把那些智商高、坐得住、肯下苦功的人给筛选出来，著名历史学者刘勃谈到科举时曾说过这么一件有趣的逸事。

北宋时，太学里流行一种晦涩难懂的文风，号称太学体。欧阳修很看不惯，嘉祐二年（1057年）他主持科举考试时，决定好好纠正一下这种有话不好好说的写作方式。他首先盯上了一个名为刘几的人，刘几在国子监里经常拿第一名。

欧阳修改到了一份怪腔怪调的卷子，立刻断定这是刘几的卷子，便拿红笔把卷子一抹到底——宋代科举阅卷，发现一个小错，就点一个小点；三点累积为一小抹，三小抹，也就是九个小错误，就不及格。欧阳修这一大抹不知道抵多少小抹，表示这篇文章毫无价值。

于是刘几和一大批太学里的名笔都落榜了，而名不见经传的苏轼、苏辙兄弟，都在这一科脱颖而出。

过了几年，欧阳修又当主考官，结果发现刘几居然又来应考，老爷子很生气，声称："今必痛斥轻薄子，以除文章之害！"他很快就找到一篇怪腔怪调的文章，认为是刘几的，当场除名；然后，欧阳修又看到一篇，文风平易，立论正大，怎么看都符合他老人家的欣赏口味，于是点为第一。

结果等到拆封，才发现被他除名的卷子，出自一位南方考生，他大概还不知道风向已经变了，而欧阳修所点的状元，恰恰正是刘几。

这个故事说明，只要确实是智力测验，考试改革真没必要，因为随便怎么考，能出头的大概率是同一群人。他们的学习能力强，总能根据情况随机应变。也就是说，随便你要啥，他总能想办法完成任务，做好交付。

凡是考试，发展到后面都是"卷"。还以科举为例，朝廷出来出去没有新题可出了，那就只好在形式上卷：八股文对文字形式有对仗、押韵等严格要求，你要写得很美，也算是一门功夫。事实上，明清两代很多能人都是靠八股文选拔出来的，比如我们熟悉的王阳明和曾国藩。

而到了后期，考生把八股文也给解构了。尤其到了殿试，也就是决定进士名次的总决赛，当着皇帝的面答题。这个层次，在场的都是八股文做题家，怎么区分高低？

事实上，殿试考的主要是书法。文章都差不多，就必须要求卷面绝对整洁，有一点纰漏就淘汰。可是卷面都一样整洁，那就只能是书法漂亮的脱颖而出。状元试卷的书法一个比一个好，叫"馆阁体"，跟印刷的一样。

没有考试就不卷吗？未必，只要涉及选拔，涉及淘汰，就得刷，就得卷。

"卧冰求鲤"的故事很出名，讲的是魏晋时期有个叫王祥的人，对继母很孝顺，继母想吃鲜鱼，冬天天寒冰冻，王祥就把衣服脱了，抡圆膀子凿冰，终于让继母吃上了鲜鱼。

还有一个故事"郭巨埋儿"。东汉郭巨家穷，要供养母亲，觉得养了儿子后母亲的生活质量受影响，于是就在荒郊野地挖坑想把儿子埋了，不料却挖到一瓦罐黄金，里面还有字，写道："孝子郭巨，黄金一釜，以用赐汝。"于是郭巨名震天下。

这两个故事是不是都很夸张？但要注意，"卧冰求鲤"和"郭巨埋儿"发生在东汉魏晋之时，当时还没有科举，选拔人才是"举孝廉"，所以就要疯狂比孝顺，这不是"卷"是什么？

说完古代，再看国外。你以为中国高考卷，美国所谓素质教育就不卷吗？其实，美国学生要参加课外活动，热心公益事业等，也是在刷经验值，甚至还有专门机构提供这种服务。我曾经采访过一个考取了国外常春藤大学的女孩，她高二时就出版了十几万字的专著，是多个社会公益项目和校内社团负责人，还在京剧、绘画、声乐、口才等方面都获得过奖项。我惊叹于她的高效能，但在采访老师的过程中，我才意识到，这里面有刻意刷的成分，因为"爬藤"需要这些，只不过刷的方向不同而已。

高考的爱与痛　●●●

而这种"刷",需要经济支撑,一般家庭无力应付,相对来说,国内高考只需拼分数,难道不更显公平吗?在录取分数这个门槛面前,不管你是来自大城市,还是来自贫困山区,只要分数达标,都能上北大清华,这对于那些家境一般的孩子来说,难道不是向上流动的捷径吗?是的,录取标准有地区差异,教育资源分布不均衡,但是无论何种选拔考试都不能做到绝对公平。

该不该"鸡"娃?

尽管我总体上认可高考制度,但高考也只能在一定程度上反映考生的知识水平和思维能力,不能完全衡量他们的个性、兴趣、创造力、潜力等方面的素质。高考只能说是概率意义上的人才筛选器,并不能保证每一个考上名校的人都能有出色的发展,更不能否定那些没有考上或不愿意参加高考的人的价值和能力。不光今天如此,古代亦然。唐代诗人孟浩然科举落第,却留下许多脍炙人口的千古佳句;明代中产家庭的徐霞客不屑于科举,却成为古代中国地理学家第一人;清代乡村秀才蒲松龄屡试不中举,却写就旷世名著⋯⋯类似的例子,你今天能举出更多。

不过,生活中的大多数选择,都是基于概率的考量,我们无法预知未来的结果,只能根据现有的信息和经验来做决策。所以,无论是从自己作为高考红利的受益者角度,还是从一线采访观察,又或是从理性思考的角度,我都认为高考无可厚非,是一种有效的选拔方式,也是目前确保社会阶层流动的最公平通道。

然而,这就没问题了吗?不是的,问题在于家长对高考的态度,在于每个具体的孩子与高考的匹配度。不是每个孩子都适合这条路。

前文已经提到,以前的筛选更接近一个自然选择的过程,一个孩子的智商、野心、学习能力、兴趣倾向等,恰好符合高考的要求,他就被筛选出来,能走多远就走多远,是孩子自觉自愿的过程。现在却不是,主要是家长在焦虑、在催逼,孩子不管是不是那块料,愿不愿意,都要在这个赛道上卷。

为什么会这样?首先是父母对孩子的期待变高。"70后"一代,不管是农村或城市,父母都很少管孩子学习,那时考上大学的毕竟是少数,父母不敢奢望;"80后"一代,城里的父母才渐渐有这个意识,开始注重孩子的学习,但心态上还是比较平稳——读得出来就读,读不出来就早点工作。"90后""00后"一代的父母,心态就有了很大变化,普遍认为孩子考大学才有出路,而且要考好大学。

其中,有两类父母往往最焦灼:一类是自身学历一般或没考上心仪大学而留有遗憾的父母。在潜意识中,他们想让孩子完成自己的"未竟事业"。比如我就经常遇到这样的父母,在国企或事业单位上班,评职称时,学历屡屡成为阻碍,所以他们挂在嘴边的一句话就是,"不考好大学,就别想进好单位",或者是"进了也难混出头"。另一类容易焦灼的,是自身学历高的"考一代"父母,他们想当然地认为孩子将来也像自己一样考上重点大学,无法接受"考二代"的倒退。我身边就有不少这样的朋友,包括教师家庭中的孩子容易出现抑郁,也是这个原因。

还有一类家庭,在离婚率较高的当下,一些单亲妈妈因为婚姻失意、生活单调,更容易将全部生活希望寄托在孩子身上。孩子的学业成绩，往往成为这类妈妈们实现自我价值的途径。比如电视剧《小欢喜》里面的宋倩，注意力就全部在女儿身上，事无巨细，控制得女儿透不过气来。

以上各种因素叠加，现在的情况是，在家长的挤压下，很多孩子无论适不适合走升学这条道路，都要拼命往上冲；本来只能爬到1000米高度的，被逼着爬1500米；能爬1500米的，被逼爬到2000米。但客观的真相是，无论社会怎么发展，物质怎么丰富，排名稀缺都永远存在，重点大学在全部大学中占比不到10%，也就是说，大多数孩子都是失败者，然而，家长却不甘心，一味地施压、操控，导致孩子问题频出。

更可悲的是，这种竞争越来越前置。

下页这张图，是我一个朋友给她11岁孩子制订的学习计划。朋友跟她丈夫都毕业于北京一所重点大学，她有不少同学留在了北京。2023年秋，在带儿子去北京见了几个同学后，我这个朋友连连感叹自己落后，回来即给儿子加码。

这还是孩子在学校上了一天的课之后，回到家所干的事情：从下午5点半开始练字，到10点半睡觉前阅读摘抄，时间都是以分钟为单位来规划的。想想看，如果是你，下班后时间还要被这样操控，生活还有什么乐趣？学习效果又怎么可能好？即便原本是学习那块料的孩子，也可能会因为家长的过高要求而折损。

所幸的是，这个制度执行了不到一个月，朋友告诉我，儿子打死都不遵从。这个朋友还好，在我的劝阻下，没有去硬逼，但是我们身边，还有多少孩子生活在父母如此密不透风的控制之中？想想都令人揪心。

家长的"三高"——高控制、高期待、高依赖，是如今孩子

放学后学习计划表

时间	项目	数量	备注	9·21	9·22	9·23	9·24	9·25	9·26	9·27
5:30—6:00	练字	4篇								
6:00—6:30		吃饭								
6:30—6:50	语文字词	30个	默写全对							
6:50—7:10	背诵新古诗	1—2首	默写全对							
7:10—7:30	默写旧古诗		对照检查							
7:20—7:40		休息								
7:40—8:00	口算小达人	3页	检查全对							
8:00—8:40	奥数卷子	1页								
8:40—9:00		休息								
9:00—9:30	卷子改错/预习学校数学		掌握							
9:30—9:50	英语字帖	2篇								
9:50—10:00	背单词	5—10个	默写全对							
10:00—10:10		洗澡								
10:10—10:30	骆驼祥子	20—30页	阅读并摘抄							

全部有质量的完成奖励10积分，100积分一顿大餐，200积分免挨金牌，300积分一次外出游玩。加油小伙子！

大面积抑郁厌学的主要原因。已经有越来越多的人意识到这一问题,呼吁把自由还给孩子。而一些厌学躺平的孩子,也往往在父母做出改变后,状况逐渐好转。

那么,是不是所有被"鸡"的孩子都会出问题?咱们需要做一些更深入的探讨。

2023年出版了一本非典型的家庭教育类图书,名字叫《妈,这是我的人生》。书的写法也很创新,同一段经历,母女俩从各自的视角来写。书中的女儿小王就是一个"考二代",父母都是"60后",20世纪80年代的大学生。所以,女儿从小就被母亲寄予很高的期望,小升初时,为了考进一所好初中,从四年级开始周末两天都待在补习班里上课,回家后也有刷不完的题,哭着也要完成。母女俩经历了无数次的对抗、大吼、摔门而去。

按照一般剧情,你会觉得接下来又是一个抑郁厌学的故事。事实上,这次"鸡娃"虽然没有实现上好初中的目的,但接下来剧情来了个大反转。升入一所不太满意的初中后,小王似乎长醒了,进入"自鸡"状态,学习非常拼,再也不需要妈妈操心和督促。在书中,母亲有这么一段描述:

> 她6点起床,用15分钟洗漱好出门,我开车送她上学,她在车里吃我做好的早餐,然后背语文课文和英语单词,7点前到校上早自习;下午放学的公交车或地铁上,她就能站着写完老师当天布置的所有家庭作业;回到家,她还要自己找各种习题集来做。

很难想象，当时才十三四岁的小王如此自觉和懂事。一个孩子学习上一旦有了自驱力，能爆发出无穷的力量。初中毕业后，小王被北京四中录取，进入名校中的名校；然后，又以全国第一名的成绩考上北京电影学院导演系。

你也许会说，你看，小学时管理严格点，还是有好处，初中时就知道努力了。事实并不是这么回事，因为小王的整个初中、高中阶段的发展，都背离了母亲的期望和规划。比如，初中时，她在努力学好各科的同时，更热衷写作，甚至还想过休学一年来专门写作，但被母亲强硬阻止了，为此她差点抑郁。但她依然偷偷阅读，偷偷写作，并有诗歌与散文发表，也因此叩开了北京四中的大门。

高中进入北京四中后，母亲希望她考北大清华，因为她的实力够得着，但她热爱写作和编剧，铁了心要考北影，这次母亲没再强硬阻止，但很失落。凡此种种，反正女儿的兴趣爱好、人生规划，总是与妈妈的预设期待相反，这也是《妈，这是我的人生》书名的来源。在这本书中，妈妈回顾女儿的整个教育，写到小升初时强逼补课给女儿带来的痛苦，浪费的美好时光，她非常后悔。

那么问题来了，为什么那么多"鸡娃"的，要么没"鸡"成功，要么"鸡"出了问题，但也有少数孩子像小王一样，从"他鸡"跃迁到"自鸡"状态，然后一路打怪升级，成为高考体制的受益者？

我认为依然要从孩子的天赋中去找原因，再说得直白一点，就是他们本身适合现行教育体制，教育多基因指数高，无论是智商、学习能力、自律毅力等，都完全能够应对高考的筛选，不管家长介不介入，该长醒长醒，该努力努力，从而让学习进入自发状态。打个比方，就好像坐在上升的电梯里，孩子本身的天赋才是电梯上升的根本原因，家长在里面不管是发功也好，念咒也好，孩子都上去了。你以为是你的动作起了效果，其实不是；你只要不搞破坏把电梯按停即可。当年13岁的我也是一样，前面不管是家长放养也好，严格管理也好，该长醒就长醒了，自己就能够识别机会，为自己的命运负责。

这种差别依然要放在多子女家庭中才能看得更清晰。

《唤醒孩子的内驱力》一书作者梅拾璎家有两个孩子，老大女儿考取了北京大学。在女儿的学习上，梅老师倒也没有怎么"鸡"，主要是在阅读和写作业的习惯上做了一些引导。最初，梅老师一直以为女儿考上北大是家庭教育的结果，但后来儿子进入初中后，她才惊讶于两个孩子的不同。儿子在性格、偏好、自律性、韧性等方面都与姐姐有很大差别，一直成绩平平，尽管夫妻俩亲自下场辅导，一个负责生物，一个负责数学，高考时儿子依然只考取了二本院校。

对了，这里要特别说一下，梅老师自己是北大硕士，丈夫是清华博士。

知识分子的理性，让梅老师开始重新思考家庭教育。在自己的文章中，她公开承认，自己不能教育出一个考上北大的女儿，如果一定要做量化评估，她认为在女儿考上北大这件事上，女儿自身因素占70%，家庭占30%。梅老师说："她生在我们家可以考上北大；生在别人家，如果父母没有过于耽搁她，她应该也能考上211以上的大学。"

对于学习不如姐姐的儿子，梅拾璎是这么说的："他将来自食其力、自尊自爱、善良大气,这些我是可以看出来的,至于他考上什么学校,对社会有多大的贡献,我丝毫不能保证,因为那是他自己的性格、韧性等方面决定的,不是我可以教育出来的!"

总之,在经历了养育两个孩子的起起伏伏之后,梅老师对孩子之间的天赋差别有着非常清醒的认知,而且,这一清醒认知还有一个重要来源,那就是观察她与丈夫各自原生家庭中兄妹之间的差异。梅老师和丈夫都来自农村的多姊妹家庭,梅老师兄妹三个,丈夫那边六个。两家孩子按社会经济地位和文化程度区分,均分为上中下三层,而且是明显的三层。中间一层都接受过上一层必要的帮助,最下一层也帮了,但没有作用。也就是说,这两家父母都不懂现代教育理念,对孩子都没有打骂、虐待、冷落等破坏作用,孩子们最终成长为目前各自的样子。

梅老师特别记录了自己与弟弟的差别。她说自己从小就跟书本亲,那时没什么课外书可读,只要语文教材一发下来,她就如饥似渴地读完;读完自己的不过瘾,还要去把表姐表哥的新教材借来读。这是一个天生对书本知识好奇、对文字敏感的孩子,属于前文所说的"智识型大脑"。

反观自己的弟弟,梅老师有这么一段描述:"我的亲弟弟,属于学习死不开窍型,我大一假期回家看他不堪上学之苦,对学习这件事痛不欲生,我劝父母不要再逼他上学了。他至今感激我从泥潭里把他拉上来,说大姐,我从来没后悔退学过,我不是上学的料我知道。"

也正因为这个,梅老师在面对自家儿子成绩平平时,多了一份理解和接纳。在诸多教育类公众号中,她也是最强调基因天赋的一个,还引用教育多基因指数这个概念回答过一些读者的咨询,

高考的爱与痛　● ● ●　　　　　　　　　　　　199

往往能够根据实际情况，对影响孩子发展的诸多因素做颗粒度极细的辨析，帮助很多"鸡"而不得的家长理清思路、平复心绪。

刚才我们说到，梅老师的儿子整个中学阶段都成绩一般，高考只考取了二本。但在读大一时，逆转来了，他竟然凭着英语等综合优势，成功申请哥伦比亚大学，梅老师形容这个惊喜令她"差点昏过去"。显然，这是一个前半程大部分时间落后、后面突然长醒发力的孩子。其实，生活中这类孩子也很多。

也许，这与梅老师之前在面对孩子的"不争气"时能够平和接纳有很大关系，即便在儿子表现最糟糕的那些日子里，她也始终与其保持了较好的亲子关系，以身作则给孩子正能量影响。毕竟孩子有自己的生长节奏，也许是长醒得晚，也许是国外大学的考评标准更符合这个孩子的特点。另外，梅老师夫妻俩作为高知，眼界胸怀、家庭资源，当然也包括经济实力，都对儿子能上哥伦比亚大学起到了很好的托举作用。比如，光申请费和学习美国高中的课程费，就要先交20万元，上雅思的小班补习费，又要几万元。这还不包括考上之后的大学四年费用，真不是一般家庭所能承受的。

应该说梅老师的儿子很幸运，出生在这样的家庭，有这样懂教育的母亲。大多数孩子就没这个运气，他们智力平平，不适应当今的高考体制，没有更多选择的空间，可能还会遭遇一个不懂接纳、催逼学习的父母，于是就有了无数抑郁厌学悲剧的发生。

好在，如今已经有越来越多的心理学或教育界人士敢于站出来讲真话。

2023年11月，李玫瑾教授在亚洲教育论坛年会家庭教育分论坛上发言，引起了广泛关注。她谈到了教育内卷问题，指出："作为研究者，应该从完整角度看问题，如何从根上寻找一些调整方法……目前的家庭教育中，方法和套路太多，对根源性问题的探究太少，只有正视这些根源性问题，家长才能多一些和缓的接纳。"

那么，李玫瑾所谓的"根源性问题"是什么呢？其实就是来自基因层面的差异，所谓"正视这些根源性问题"，就是呼吁家长正视现实，尊重孩子的天赋基因，不必盲目卷升学。她引用了老百姓常说的那句"龙生九子，各有不同"，举了一个同事家两姐妹的例子。妹妹学数学很顺溜，姐姐就不行。同样的家庭，同样是女儿，但她们的智商完全不一样。这是明摆着的情况，家长不能无视。

李玫瑾指出，目前很多家长是"由外赋予的目的性，超越了个体心理发展的自然性"。换句话说，就是家长一厢情愿地给孩子设计过高的目标（目的性），完全不顾孩子的实际情况（自然性）。毕竟，遗传所得的基因差异贡献了孩子学业成就差异的一半以上，遗传是迄今为止学业成绩的个体差异的主要来源，家长不能无视这个现实。另外，教育资源呈现塔形结构，好学校越往上数量越少。大多数孩子在向上攀爬中，注定是处于失败状态。家长如果不接受，那就鸡犬不宁。家长痛苦，孩子也生无可恋。

尤为难得的是，李玫瑾指出了如今家庭教育中"方法和套路太多，对根源性问题研究太少，只有正视根源性问题，家长才能多一些和缓的接纳"。这是一位学者的肺腑之言。而研究根源性问题，揭示并正视根源性问题，都是需要勇气和胸怀的，无论是对家庭教育工作者还是对于家长来说，都是如此。

高考的爱与痛

在这次发言中，李玫瑾还有一段很真诚很温暖的话，被广泛转载：

我们不要相信说只要你努力就一定能成功，尤其在学习上，一定要考虑智商的问题。遇到天赋优异的养得越好离你越远，他的贡献不在家内，他一定惠及更多的人，可能是全人类，也可能是国家的栋梁。他的成功是你的骄傲，你的付出是社会受益。相反，这个孩子资质平平本性淳朴你要善待他，那是老天留给你的礼物，如果你养育得好会让你感受到天伦之乐。他甚至会反哺，在你需要的时候给你依靠和安全感。所以两种养育难分好坏，都是命运的内在轨迹，明白此理我们不必跟孩子较劲，更重要的是他要活着且健康。

"不必跟孩子较劲，更重要的是他要活着且健康。"降低期待，顺其自然，你能做到吗？

就在我写作本章时，河南老家的妈妈与我视频连线，说是收到我在网上给她买的烧鸡和香肠了，看得出她很高兴。妈妈是在妹妹家与我进行这段对话的，虽然微信视频连线很简单，但她一直不会，需要妹妹在场协助——妹妹家很近，妈妈骑电车只需要五分钟，她有时一天能去好几趟。

"我算是享到二妮的福了，嫁得近就是好。"这是妈妈经常挂在嘴边的话。

的确是这样，我和小弟都在重庆，妈妈有时也会来住一段时间，但总是不习惯，她更喜欢老家的生活。家里还有几亩地，她可以到麦地里转转，摆弄一下门口菜园里的瓜果蔬菜，熟悉的生活方式让她快乐。但也有一件事让她伤感，那就是爸爸走后，空荡荡的院子只剩她一个人。

　　好在，妹妹就住在附近的街镇上，经常回来看她，给她端好吃的，陪她拉家常，成为妈妈晚年生活最大的慰藉。

　　我敢说，这是妈妈之前绝对没有想到的。当年我们姐弟几个中，妹妹的存在感最低，那时还有点重男轻女的思想，二妮不受待见，她就这么夹在中间稀里糊涂长大了，嫁人也嫁在了邻村。

　　这竟然成了妈妈意外的福气，毕竟，对于一个失去老伴的七旬老人来说，子女在外无论寄回去多少吃的喝的，无论打多少视频电话，都不如陪在身边说说话幸福。正如李玫瑾说的："这个孩子资质平平本性淳朴你要善待他，……如果你养育得好会让你感受到天伦之乐。"

　　而且，对于妹妹自己来说，这种生活很自洽，她安之若素，幸福度挺高。也如李玫瑾所说的——"都是命运的内在轨迹"吧。一个人按照遗传自我的倾向过生活，是最舒适最自在的生命状态。

　　因此，高考并非适合所有人，对每个人的效用也各不相同，家长不能把自己的期望强加于孩子。而且，近年来，随着大学学历贬值，高考的整体效用值也呈现出明显的下降趋势。

学历贬值，内卷加剧

我是1995年考取的武汉一所本科院校，至今我对班主任还有印象，一个长相清秀、个头娇小的女孩，以至于第一次见面时大家都还以为她也是来报到的新生，毕竟当时她也才22岁，刚从华中师范大学毕业。

当时学历很吃香，一个华中师大的本科毕业生就能进入一个二本高校当班主任。更离谱的是，我们同寝室的一个女孩，1999年毕业后，竟然进入中国矿业大学当了教师，要知道中国矿大可是重点院校。当然她也很幸运，当时中国矿大正好需要一个相应专业的老师。

再看我当年的高中同学，50个人，上本科线的大概十五六人，还有十几个考取了专科甚至中专，但即便是中专，他们总体上也都发展得很不错。当时中专只读两年，1997年毕业，正赶上国家最后一批包分配，被分配回老家的市、县或乡镇，如今那几位在税务、公安、政府以及学校上班的同学，基本都身居中上层领导岗位；至于考取本科或大专的同学，如今多在大城市，衣食无虞。总之，那个年代高考的确是逆天改命的好机会。朝为田舍郎，暮登天子堂。

但现在情况早已不同，学历严重贬值。它并不是当下刚刚发生的，已经持续二十多年。人们之所以对当下的感受特别明显，主要是因为之前虽然也在贬值，但国家经济处于高速发展阶段，到处都需要人才，不包分配可以自己找好工作；去不了高校可以去企业；去不了外企可以去国企、民企……但现在的问题是，当大学毕业生已经很难找到一个普通工作时，大家还能退到哪里去？

大学扩招是学历贬值的重要原因。有数据显示，1999年高校毕业生有88万人，2019年达到834万人，2023年则高达1150万人。这只是供给端，那需求端呢？首先是经济增速已经下来了，整个社会能创造的新岗位变少。更重要的是，存量岗位也已经被那些80年代、90年代、00年代毕业的大学生提前占完，很多还没到退休年纪，不可能主动让出位置。

供给端增量很多，需求端存量又都几乎被占完，工作当然不好找。所以如今的大学毕业证，既不能成为你进入好单位的敲门砖，也不能成为你高收入的保障卡。

但是，如今大多数孩子依然在卷考大学这个赛道，当然，目标早已不仅仅是考上大学，而是冲着在就业市场上依然有那么一点优势的名校。以现在就业行情来看，即便放宽一些要求，"211"都不够，得有"985"以上的学历，才能勉强让别人高看你一眼；真要说有点金光闪闪价值的，怕是要到"C9"以上水平。

但大家算过没有，全国范围内考上"211""985"和"C9"的比率是多少？"211"大约为3%，"985"大约为1%，而"C9"大约为0.1%。

但能考上这类学校，总体上还是要看天赋，哪怕家长倾尽全力去择校，孩子不是那块料也白搭。如果家长不甘心，硬去催逼，就会出现这样那样的问题。这个话题前面已经反复说到，这里想再多说一句，如果孩子在家长催逼下，牺牲玩耍、牺牲睡眠、牺牲兴趣爱好，苦苦挣扎十多年最终勉强考上了大学，毕业后发现工作又是如此难找，那真的就是一种生无可恋的绝望。

是社会真的不需要人才吗？其实只是一个结构失衡的问题。

当这个世界上拿到大学毕业证的人，要远远多于专业电工、专业厨师；当整个社会对白领明显供过于求，而找一个专业咖啡调配师、一个技艺精湛的文眉师却很难的时候，后者的收入就不会再低于前者。

与其在一条饱和内卷的赛道上拼命，不如去追求一种供不应求的稀缺能力。这是从经济学角度进行的一种战略选择；同时，考虑到每个人的天赋和性格差异，文有文长，武有武短，这也是顺应人性的发展道路。此外，如今也不再是过去那样连吃一碗猪油拌饭都显得奢侈的年代，多数年轻人在物质条件上已经有一定基础，可以追求那些"与众不同"的生活方式和价值观。

总之，高考作为选拔性考试并没错，从总体上确保了优秀人才，特别是研究型人才被筛选出来，造福社会，但这种筛选是针对大多数人的、粗线条的、概率化的，无法精准照顾到每个孩子的具体情况，甚至还会误伤到一些孩子。

如何不让自己的孩子被误伤，则是家长要做的事。所以，哪怕大家都在卷，你也可以选择不卷，在当今的选拔制度已经给孩子造成很大压力的情况下，你应该做你家孩子的泄压阀，而不是再拱一把火。这一切都基于孩子的遗传自我，而不是基于社会的期待或家长的面子。

因此，如何扬长避短，发挥孩子的天赋潜能，或者说哪怕面对一个各方面都资质平平的孩子，帮他找到安身立命之所在，则是家长目前应该做的。幸运的是，如今是一个个性化时代，新产业催生新职业，潜心下来务实做事的能力，可能比一纸文凭更重要，高考早已不是唯一出路。这是下一章将要讲述的内容。

第六章

个性化时代的多元选择

> 控制着庞大机构的人在看问题时往往过于抽象，忘记了真实的人类是什么样子，并试图使人类去适应系统而不是让系统去适应人类。
>
> ——哲学家罗素

"杀马特"女孩的理发梦

"头可断,发型不能乱。"每当回忆起自己的初中时代,聂凤总是脱口而出这句话。如今刚过30岁的她依然有着活泼泼的少女气,圆脸,细碎的刘海覆盖了半个额头,栗棕色头发随意地披在肩上。与人交流时她反应迅捷、语速很快。回忆起少女时代对美发的痴迷时,她眼睛闪亮,语气中充满激情,"即使两顿不吃饭,也要去理发店洗个头,吹个造型"。

采访最初是在重庆五一技校的实训基地进行的,这里也是近几届世界技能大赛美发项目中国队集训基地,集中了中国美发领域最顶尖的教练队伍,其中本校就有三位教师享受国务院政府特殊津贴,而聂凤是最年轻的一个。她在25岁就获得这一殊荣,同时晋升副教授职称。

如今的一切,退回到十多年前的初中时代,都不可想象。那时的聂凤并不是传统意义上的好学生。父母给她报补习班,催学习,但成绩依然不尽如人意。学习之余,有一些更有趣的事情吸引了聂凤的注意力。

"当时有个综艺节目《美丽俏佳人》,里面有很多发型师。简直像变魔法一样,通过吹拉剪烫,瞬间就能把一个普通人变得光彩照人。"即便现在说起来,聂凤依然是一脸神往,"我一边看节目,一边想象着将来自己也能学到这个技术,帮人'改头换面'。"

那是2007年左右,流行"杀马特"发型,大街上、校园中,锡纸烫、玉米须、爆炸式发型随处可见。14岁的聂凤当然不落伍,用半个月的零花钱,做了人生中第一次离子烫,就此开启了她的"杀马特"时代。

中考时,聂凤的成绩也够着了普通高中的分数线。有着稳定工作的父母希望她上高中、考大学,可聂凤偏不,"不想读高中了,我要学理发"。

学理发?在父母心中,这是一个边缘化职业,等于一辈子打零工,他们当然不会同意。劝也劝了,吵也吵了,父母看硬阻止不行,就采取了迂回战术,托熟人找了一家美发店,让聂凤切身感受这个职业的辛苦,希望她打退堂鼓。于是,交了300元钱后,聂凤来到重庆主城一家理发店学习。

扫地、拖地、洗毛巾、给顾客洗头、给师傅打下手……一般来说,一个15岁的孩子,当对某件事情的美好想象变为枯燥的重复练习时,激情往往会渐渐消退,但两三个月的实习结束后,聂凤不但没有像父母期待的那样打退堂鼓,反而更坚定了学理发的决心。

"这是服务行业,你以后要真这么干,连正常的周末假期都没有,越是别人休息的时间,你越忙,你想好了?"在父母眼中,理发行业不单意味着工作不稳定,还意味着没有正常的休息。

"想好了。"这是聂凤的回复。2008年开学后,她走进了一所中职学校学习美发专业。

不过此时的她，也不知道能在这个行业上走多远，一切都源于本能的兴趣。在中职学校，聂凤对洗剪吹有了更专业的认知。一个完整的发型由很多区块组成，例如刘海区、前区、侧区、后区等，而每一个区块都要反复练习；然后把不同区块组合起来成为完整的发型，又要反复练习。喜欢了就愿意投入，当同学们打游戏时，她在练习；当同学们逛街时，她在练习；当同学们吃饭时，她还在练习……

聂凤职业的一个转折点，是她遇到了一位老师——国家级美发大师何先泽。那是她进入职校学习两年后，有一次参加比赛，尽管只拿了三等奖，却被身为裁判的何先泽注意到了——伯乐总是有一双善于发现的眼睛。

这位何先泽老师也有着传奇的经历。20世纪80年代末，他本来在邮政系统有着稳定的工作，每月工资49.5元，但他发现给自己剪头发的师傅，每剪一个头一块钱，一天挣的比自己一个月还多。于是，19岁的何先泽不顾家人反对，辞去稳定的工作转而学习美发。尽管最初是因为想多挣钱进入美发行业，但真正让何先泽走得更远的，却是实操过程中激发出的兴趣，正如有一次他在电视专访中所说的："我特别喜欢理发，喜欢到别人都不能理解的程度。"

其实，这句话用到聂凤身上也分毫不差，师徒两人就这么相遇了。由于何先泽自己也是这么走过来的，所以，对于"喜欢"所触发的力量，他格外有感触，也能慧眼识别那些源于热爱的天赋型选手。

个性化时代的多元选择

平均的终结

其实,这种由"喜欢""热爱"所触发的内驱力,普遍存在于各个行业。

曾经有两年,我负责一个名为《家有职校生》的专栏,采访了很多职业院校的优秀学生,他们有的还在校就读,有的已经步入职场。凡是做得好的,都是喜欢自己所做的事。比如有21岁从事电商营销月入3万元的,也有做美甲收入丰厚的,还有玩泥巴玩出雕塑技艺的,也有18岁高中尚未毕业就获得网络工程师资质的……这些孩子,当年他们也可能因为成绩差被父母责骂,是一个个"普娃",但是他们最终找到了适合自己的赛道,让自己发光,同时也获得了阶段性成功。

比如,在2022年世界技能大赛中赢得美容项目金牌的女孩王佩,从小就喜欢把自己打扮得漂漂亮亮的,还喜欢给妹妹编各种辫子,编完后撒点金粉,亮闪闪的,特别有成就感。王佩中学时尽管成绩不好,但到了高职学了美容专业后,一跃成为班里第一名。还有一位学3D打印的男孩王锐,从进职校第一眼见到3D打印模型时,就一发不可收地爱上了。技能大赛备赛期间,由于学校设备无法满足需求,王锐跟着教练辗转广州、西安等地学习,遇到上机机会,王锐是"马上进入亢奋状态,几个小时很快过去了"。我还采访过一个做导游服务的男孩,他非常享受人前介绍景点时的感觉,在精进业务的同时,考虑到这个行业对形象有要求,硬是把体重从进校时的170多斤减至130多斤。他说,"学导游,让我成为了更好的自己"。

这些孩子在谈到自己的专业时,眼睛中都闪烁着热爱的光芒。

这种热爱，与那些学霸天生就对某些学科感兴趣并无不同，比如《你当像鸟飞往你的山》中塔拉的三哥泰勒天生喜欢数学，小哥哥查理斯天生喜欢化学；也与一些人天生就有某些偏好也无不同，比如莫言从小就喜欢文学，达尔文从小就痴迷博物学，爱迪生从小就喜欢做实验……这些不同，只是方向各异，程度有别，成功的大小不同而已。也正是这些差异，才构成了世界的丰富多彩，使得各行各业的人在各自领域中发挥特长、贡献才智，让我们享受到多样化的服务。正如哲学家伯特兰·罗素所言："参差多态乃幸福之本源。"

但现实中，我们的教育工作者，特别是家长，真的能够看到孩子们的这些不同，接受这些不同吗？也许很难，因为当今的学校是平均化、标准化教育，讲求的是整齐划一，考核标准也相对单一。哈佛大学教育学教授托德·罗斯曾出过一本书《平均的终结》，就对这种平均化的人才观予以深刻的反思。罗斯认为平均主义源于工业革命，当时为了提高生产效率，人们用标准化的方法来评估和比较个体的能力。随后，平均主义也在教育、工作和社会政策等领域普及，作为一种方便的工具，通过设定标准，组织和机构能够快速地对大量人群进行分类和管理。

但是，随着社会的发展，罗斯指出，这种标准化越来越阻碍人个性和潜能的发挥，因为每个人都是独特且多面的，人与人之间有着多维度的差别，我们不能用单一维度的思考方式去理解复杂事物，任何统一的、标准化的测量都可能忽视了个体的多样性和复杂性。正如哲学家罗素对此展开的批评：控制着庞大机构的人在看问题时往往过于抽象，忘记了真实的人类是什么样子，并试图使人类去适应系统而不是让系统去适应人类。

罗斯认为，真实的人类个体之间原本就是不一样的，这符合大自然及人性的规律。比如，不存在标准身材、标准长相，人与人的差异远大于我们的想象；性格类型也没那么固定，人的行为和反应在不同情境下是多变的；人的能力是多维度的，不能仅以某项能力的平均值来评价或找寻优秀人才。在崇尚标准化的世界中，平均主义的问题就在于它忽略了人的这些个体差异。

为了让人直观地感受到这种差异，罗斯在《平均的终结》一书中给出了许多生动的案例。20世纪40年代末，美国空军认为飞机战损率过高，可是飞机质量没问题，飞行员操作也没问题，最后判断是驾驶舱的设计有问题——飞行员身处其中感觉特别别扭，操作不顺手。

有人就说，这些飞机的驾驶舱尺寸是按照1926年美军平均身材数据设计的，现在过去了二十多年，也许士兵的身材已经发生了变化。于是空军派人去调查。

这次总共调查了4063位飞行员，每人测量10个数据，取平均值，算出了一个美军"标准飞行员"的身材。但这一次，研究者多想了一步，他想知道到底有多少飞行员的身材符合这份平均数据。尽管每个平均数据都设定了一个比较宽松的误差空间，但在这四千多个飞行员中，全部10项指标都符合平均值的，却一个都没有。有的人身高合适但是手臂过长或者过短，手臂长短合适的，胖瘦又不对。不但如此，哪怕只考察三项指标——脖子、大腿和手腕的周长——也只有3.5%的人符合平均标准。

这是不是太出乎意料了？一般认为，大多数人各项指标都应该接近这个"平均计算出来的标准人"才对，事实却是没有人是平均人。空军随后下令飞机驾驶舱里的设施必须设计成可以根据飞行员身材自行调节的——就好像我们现在开的汽车一样，座椅、方向盘、后视镜等全都可调节。

书中还有一个令人印象深刻的案例。也是20世纪40年代，一位著名妇科专家用15000个美国青年女性的身体数据，取平均值，算出了一个"标准美国女青年"，而且还据此塑造了一个雕像，取名为"诺尔玛"。

诺尔玛被视为完美女孩，于是克利夫兰健康博物馆、克利夫兰医学院和当地教育机构，联合举办了一场选美比赛——看看谁最像诺尔玛。主办方让青年女性把自己的身材数据寄来，使用身高、臂长、腿长等一共九个指标作为评判标准。他们总共收到了3864份女性的资料，结果其中跟诺尔玛大致一样的人一个都没有。不但如此，哪怕放宽到只看五个指标，也才找到40个符合的。主办方最后勉强选了个一等奖得主，但这个女孩的身材也并不怎么像诺尔玛。

这个现象我们生活中也会有直观感受。比如两个女孩，哪怕是同样的身高、同样的体重，但身材依然可能会有很大不同，因为她们上下身的比例、胸围、腰围、肩型、腿型都会有差别。再如，两个人哪怕颜值的综合分一样，但具体长相也会有很大不同，比如你五官小巧，她高鼻大眼；小家碧玉温婉动人，大家闺秀也赏心悦目。各美其美，难分伯仲。

如果你要考察大脑的话，就更不一样了。书中也给出了令人信服的例子。有人做实验，先说一个单词，要求受试者回忆他是否知道这个单词，在受试者回忆的过程中，他的大脑活动被拍成照片。结果，每个人的词汇记忆活动区实在是太不一样了。有些人的大脑主要活动区域在左边，有些人则在右边；有些人大脑的前端活动频繁，有些人则是后端活动频繁；有些人的大脑活动区域看起来像印度尼西亚的地图——长而宽阔的群岛，有些人几乎是一片空白。这些都反映出一个显而易见的事实：没有一个人的大脑像标准大脑。

显然，这些差异是由大脑硬件本身的不同导致的，而大脑是产生思想、情感和性格的摇篮，由此也导致每个人的智力、性格、兴趣偏好等存在很多差异，人与人之间的差别比我们想象的大得多！

那么，大脑的这些不同又是怎么来的呢？虽然后天经历的塑造是一部分原因，但最根本的差异依然是来自先天遗传。DNA序列的差异，自打母体受孕的那一刻起，就被保留下来，这种差异导致的长远影响复杂且令人难以置信。它们影响着我们从幼年到成年的行为，那时我们已经从生命最初的单细胞变成了数以亿万个细胞。它们在基因和行为之间长期而复杂的发育过程中被保存了下来，这个路径蜿蜒经历了基因表达、蛋白质和大脑形成的过程。

当用现代仪器看到人在完成同样任务大脑成像的显著差别时，你就应该想到，让每个孩子都规规矩矩坐在教室里学习一样的东西，刷一样的题，是一件多么令人不可思议的事情，人与人原本就是不一样的啊。那么，有些人喜欢美发，有些人喜欢雕塑，有些人喜欢厨艺，有些人则喜欢运动，不都是正常的事情吗？这就是个性化成长之路。

为了深入研究人的个性化成长，罗斯与同事在哈佛大学进行了一项名为"黑马项目"的研究，专门调查各行各业的大人物，看看他们如何有了今天的成就,想从他们的成长经历中找到共同点。后来,两人根据这个项目,合著了一本书《成为黑马》。

尽管这些研究对象都是成功人士,却给我们提供了观察人类个性化发展的样本,其中涉及的兴趣偏好、内驱力、个人效能等问题,特别是天赋与环境的交互问题,也是家长们非常关心的,相信一定能帮你打开一个了解自家孩子的窗口。

你觉得这些黑马人物身上都有哪些共性呢?可能你脑子中首先蹦出的是"特立独行""叛逆精神"之类的词,但其实并不是,或者说最重要的并不是这些,书中说:"黑马人物的性格就像你在随机抽取的人类样本中所发现的那样,具有多样性和不可预测性。有些人大胆进取,有些人温顺腼腆;有些人喜欢颠覆,有些人喜欢和谐……然而,他们被一条共同的线索联系起来,那就是黑马人物都有'满足感'。"

满足感,这是所有黑马人物共同的感受。尽管他们使用了不同的语言来表达,比如"具有强烈的目的意识""热情""自豪感""过一种真实的生活""这是我的使命""我正过着梦境般的生活"……

这些黑马人物来自各行各业,有天文学家、服装设计师、歌剧演员、训狗师、发型师、外交官、助产士等。但无论他们来自什么职业,无论他们采取什么措辞来描述,每一位黑马人物都对自己的身份充满信心,并全身心地投入自己所做的事情当中,他们过着一种充实而有意义的生活。他们经常问自己"我到底喜欢做什么",更在意对工作本身的享受,他们想要一种"满足感"——不是因为收获而满足,而是做这件事就很满足。他们不是因为卓越而满足,而是在满足中达到卓越。

个性化时代的多元选择

这一发现还可以从其他黑马人物的表达中得到验证，尽管他们并未出现在这本书中。比如 Open AI 的创始人山姆·奥特曼在一篇名为《如何成功》（How to be Successful）的博客文章中，也说过类似的话："我所认识的最成功的人首先都是内部驱动型的；他们做事是为了取悦自己，是因为他们觉得自己必须在这个世界上有所作为"。

总之，这些黑马人物最重要的一个特点，就是"做自己"。

个性化时代的自我实现

"做自己"这三个字，也出现在女孩苏亚淇的人生词典中。采访苏亚淇的地点是在重庆渝北的一家五星级酒店，这是她的工作单位。白上衣、黑裙子，淡淡的妆容，得体的举止，23岁的苏亚淇身上，散发出一种训练有素的职业气质。

在当前就业形势严峻的情况下，苏亚淇的职业生涯无疑是成功的。与许多同龄人刚刚走出大学校园相比，她已经拥有5年的工作经验，如今，她是这家五星级酒店销售部门的一名小组长，收入远高于同龄人。

"最重要的是喜欢这份工作吧，是我自己选的，做的过程中也比较自信。"回顾自己5年来的职场经历，苏亚淇特别强调喜欢的重要性，喜欢了就能做好，做好了就会自信，这是一个连锁反应。

不过，苏亚淇坦言，初中毕业之前的她，却并不是一个特别自信的女孩。在那个以成绩为主要衡量标准的环境中，她感觉挺别扭的，明明自己不笨，学习还算努力，但数理化就是跟不上，也不喜欢。

还好，这种灰暗和失落的心情也仅限于校园生活，她比一般同学幸运的是，父母比较开明，从不拿她与"别人家的孩子"比。"他们可能清楚我不是那种'鸡'得出来的娃儿，干脆就少了一些执念，比较接受现实吧。"说到爸妈，苏亚淇的情绪很快就好了起来。"周末他们从不安排我去补课。课余爱好倒挺支持，我学了一段时间舞蹈，但不喜欢就放弃了，反而是跆拳道，练了好多年。"

说到跆拳道，苏亚淇忍不住笑了，可能是觉得这与自身的气质有反差吧。

初中毕业时，苏亚淇来到了一个十字路口，读普高还是中职？那时普职分流还没那么严格。她尽管成绩一般，但如果想上普高，按部就班选文科继续学习，以后考大学还是有希望的。

但思考再三，苏亚淇决定选择中职。普高三年主要还是刷题，这不是她喜欢的学习方式。她觉得自己性格外向，善于与人打交道，动手能力也比较强，可以在喜欢的领域早点进入技能学习。综合权衡下，她选择了女子职业高中的旅游服务与管理专业。

"也是在父母的参谋下选的，他们觉得我性格、外形条件等都挺适合。"苏亚淇再次表达了对父母理解自己的感恩，"父母送我报名那天，明确给我说，这是服务行业，最忌讳眼高手低，要从端好每一个盘子、铺好每一张床做起，心态上一定要做好准备。"苏亚淇说，她记住了这句话，也开启了中职生涯。

那么，如何才能端好每一个盘子、铺好每一张床呢？似乎人人都会，然而一旦职业化，成为一门吃饭的手艺，事情就没这么简单了。如今在苏亚淇的手机相册中，还珍藏着一张高三时的照片，那是2019年她参加国赛获奖后拍摄的。仔细看照片，你会发现她的眼睛有点红，因为比赛完后，她就忍不住痛痛快快哭了一场。

"训练多日的压力，终于得到了释放，太难了。"苏亚淇说，领奖台上高光时刻的背后，是日复一日的枯燥练习。

时间回到2016年，从进入女职中第一天起，苏亚淇就意识到，在职校学习进步最快的方式，就是参加学校竞赛队。在这里，有最好的师资，队员们将以更严格的要求、更高的标准进行专业训练。但校竞赛队也不是说进就能进的，从最初的二三十人，逐渐筛选淘汰，苏亚淇一次次打怪升级，最终留了下来，有了参加市赛乃至国赛的机会。

"比赛分为理论和实操两部分。很多服务规条和英语知识都需要记忆、背诵，这一块是我的短板。"

说到这里，苏亚淇想起自己初中时的学习，可能就是记忆背诵方面的短板，阻碍了她成绩的提升，但作为必考项，障碍必须克服。"我就把小册子放在枕边，早晨醒来第一件事就是背诵，晚上睡觉前也一直背。每天都定任务，有清晰的目标逼着自己完成。"

实操环节是苏亚淇的长项，但要做好也不容易。无论是客房整理还是餐饮服务，都要求动作准确、娴熟、流畅、优美，这是一个熟能生巧的过程，也必须经过大量训练。"比如铺床，两边垂下的床单要均衡；摆盘时，盘子与桌子边缘、碗与碟之间的距离，都有精确的标准，老师拿量尺去量，分毫必究，压力非常大。"

努力得到了回报。2019年，在酒店旅游行业的技能大赛中，苏亚淇先是获得市赛一等奖，接着，又获得国赛二等奖。

对于职业学校的孩子来说，在技能大赛中获奖，是进入职场最好的敲门砖。随后,她被学校推荐到渝州宾馆实习。渝州宾馆是重庆市政务接待服务中心,接待过国内外多位政要和知名人士。由于形象气质好、专业素质过硬,苏亚淇进去没多久,就被安排到餐饮部门,参与过一些重要接待任务。

19岁,是很多孩子刚刚渡过"高考劫"进入大一之时,而苏亚淇在履历上已经有了闪耀的一笔,展现出良好的职场发展潜力。其实,自她踏入中职学习那一刻起,身上的独特优势便开始显现。在酒店旅游服务领域,无论是摆盘、叠被等技能操作,还是商务礼仪、人际沟通中的共情能力,苏亚淇都能很好地驾驭,也愿意在这个领域投入精力成长。

"很奇怪,学数理化不开窍,背诵记忆也不太好,但酒店服务方面就有点悟性,该吃这碗饭吧。"对比小时候的学习,苏亚淇不免感慨。

个体科学的"锯齿原则"

前文我们提到,在人的智力结构中,存在一个"一般的因素",决定了个人在所有领域的表现,这就是智商。有研究表明,数学成绩在测试智商方面,比心理学上发明的专门测试工具还有效——据说近年来高考数学难度增大,就是为了起到区分效果。简单来说,就是数学成绩好的人更聪明。

尽管这符合人们的生活经验,但也只是一个概率问题;事情还有另外一面,生活中有一部分人,尽管读书时数学成绩不行,但在处理实际事务、人际交往等方面却很有能力,也有人生决策的智慧。在采访中,我也遇到了太多数理化很差,智商却丝毫不低的孩子。他们可能在音乐美术、写作沟通、技能型操作、商业决策等方面各有天赋。很多名人也是,还记得俞敏洪说过的那段话吗?"我的数理逻辑思维能力就很差。我笨吗?我觉得我不笨,我学文科的东西一学就能学进去,而且我记忆能力也不差。但我一学数学就糊涂,看到物理就像进入了地狱。"学不好数理化,并没耽搁俞敏洪在商业上获得巨大成功,没有耽搁他对人情世故的洞若观火,也没有妨碍他在面对重大决策时展现出超强的逻辑思维和理性判断能力。

看到这里,你可能会想起教育家加德纳的多元智力理论。他把智力分为七个维度:语言能力、数学—逻辑能力、音乐智能、空间想象能力、运动智能、人际交往以及自我认知。计算机科学家吴军老师在谈到这个问题时指出,这七个维度背后其实是三种更加基本的智力,那就是语言能力、抽象思维能力和形象思维能力。一个人即使在某种基本智力上确实弱于他人,如果几种智力组合得好,仍然能够在某个特定领域拥有出色的能力。

《平均的终结》的作者罗斯就分享了自己当年考哈佛时的一个故事。数学和词汇部分,他一直都做得很好,但分析推理部分却一塌糊涂,几乎全错。他的辅导老师给他分享了自己亲测好用的工作记忆法,罗斯照着做了,依然几乎全错。其他同学用工作记忆法也都还好啊,为什么自己不行呢?这简直是个噩梦,他很可能因此被哈佛研究生学院拒之门外。

当时罗斯在家复习,无比焦躁。有一天,他沮丧地把铅笔扔到房间的另一边,差点砸到父亲。父亲得知情况后,提醒他:"既然你的工作记忆不行,但是几何学得好,为什么不用视角思维来解决呢?"

父亲的意思是,把那道推理题中的人物关系用图示的方法显示出来。罗斯试着做了,真的好用,在随后的GRE考试中,他也得到了有史以来分析推理部分的最高分。罗斯说,若不是父亲的这个建议,他很可能进不了哈佛——每个人的思维优势不同,需要扬长避短。

立足于个体的独特性和复杂性,罗斯提出了个体科学的"锯齿原则",指出人的个性特征不是单一维度的,而是由多个维度组成的,这些维度之间相关性很弱,就像锯齿一样。每个锯齿代表一个独立的维度,而这些维度并不总是同步变化,因此不能用单一标准来衡量一个人。

具体来说,锯齿原则包含两个主要特征:首先是多维度组成。人的特征,如身材、智力、性格、创造力等,都是由多个维度组成的,形成了一个复杂的"锯齿"结构。其次是维度间相关性弱。这些维度各自独立,在一个维度上的表现并不一定反映在其他维度上。

正因为人类是这种"锯齿状生物",所以根据标准飞行员设计的驾驶舱并不适合每一个人,诺尔玛模仿大赛也找不到任何一个完全符合标准身材的参赛者。在心智方面,人的锯齿状特征更是复杂和多维。除了智力的多样性外,还有人格的多元复杂。当这些特质相互叠加时,就会呈现出更加多样化的差异。例如,有些人思维敏捷,却可能缺乏毅力和坚韧;有些人在处理具体事务上细致入微,却可能缺少宏观的规划视角;有些人可能不擅长数学逻辑推理,却在沟通交流中展现出天生的领导才能……

苏亚淇的成长就体现出这种锯齿状特征。她虽然在读小学、初中时成绩一般,但情商颇高,性格好,善于沟通,在酒店服务行业游刃有余;而且她的自我认知能力也很强,在人生重大选择面前,有主见,知道自己想要什么,初中毕业选中职是这样,后来的职场发展也是这样。

在重庆渝州宾馆实习了一年后,她顺利转正入职。能进入这样的宾馆,对于任何一个刚走出职校或大学校门的女孩来说,都是一个理想的工作机会。

然而,在渝州宾馆餐饮部工作了几个月后,她决定辞职,尝试新的挑战。

"从实习到第一份工作,做的都是餐饮。其实,酒店的一线部门很多,我想趁年轻,各个岗位都体验一遍,而且,酒店定位不同,风格也不同,需要拓宽眼界,对这一行有更全面的了解。"苏亚淇的选择,是着眼于未来的职场发展。

她的求职,并非被动地等待对方挑选,相反,她也在审视、评估对方。"不仅仅是薪酬、个人发展空间,还有酒店员工的精气神、文化氛围等,我都很在意。"苏亚淇说,面试完后,她自己反而变成一个考评官,到酒店大堂、餐厅等处四处转转,看"对不对味"。

不久后,苏亚淇入职重庆渝北一家五星级商务酒店,先是做了几个月前台,然后主动申请去了销售部。尽管知道做销售有压力,但这是全方位锻炼自己的一个机会,尤其是沟通能力和协作能力。"比如对外,我要弄清楚客户人数、会议风格、餐食要求,提供最适配的服务;对内,要把任务下发给酒店各部门,配合执行。"苏亚淇说,正因为有了前面餐饮及前台的一线经验,她在对内对外沟通时都更顺畅,这就是不同岗位全体验的好处。

如今的苏亚淇，在销售岗位上才工作两年多时间，就已经被提拔为小组长，收入比入职时增加很多。问及在这个岗位的收获，她说："要学会向人请教，留心观察人家是怎么做的。我觉得挺幸运，总能遇到愿意帮助我的人。"

与同龄人中的那些学霸相比，苏亚淇虽然不擅长传统应试教育，但学霸们身上那些有利于成功的其他因素，包括积极主动、目标感、自律、努力、韧性等她同样都具备。比如从进入中职的第一天起，她就明白要想学到真本事，最好要参加技能大赛；当爱好变为日复一日的枯燥练习后，她依然凭借强大的意志力坚持了下来；当第一份工作看似做得顺水顺风时，她却寻找机会挑战自我；当遇到个人解决不了的困惑时，她会主动向人请教⋯⋯

也就是说，苏亚淇身上的品格优势非常突出。个体在认知、情感和行为方面表现出的人格特质，被称为品格。品格不是性格，是超越倾向性的能力，把价值观置于本能之上的能力，简单地说，就是做正确的事的能力。还记得我们前面提到的"非认知技能"吗？其实指的也正是这种品格技能，是一种"隐藏的潜能"，体现为积极主动、自我信任、和谐激情、寻求帮助等特点，其中，积极主动是最重要的。对于个人发展来说，品格的重要性并不亚于智商。智商优势让你学得快，但品格优势让你走得远。

这些品格优势，聂凤身上同样具备。

理发是一项典型的需要刻意练习的技能，要尽可能找到这个领域最优秀的专家，以便让学习者能够与这个领域高水平的心理表征进行对比，获得高质量的反馈。在师从何先泽后，聂凤的技能获得了突飞猛进，一路过关斩将，向世界技能大赛发起了冲击。

世界技能大赛是当今世界地位最高、影响最大的职业技能赛事，被誉为"世界技能奥林匹克"。2011年，人力资源和社会保障部第一次组团参与第41届世界技能大赛，中国代表团首次参赛角逐6个项目，美发项目是其中之一。国内举办了全国选拔赛，这让聂凤有了第一次在全国平台展示自己的机会。通过这次比赛，她也知道了什么是"人外有人，天外有天"。她第一次见到了世界顶级的发型作品，见到了能把头发做成艺术品的大师。看着他们的国际范、艺术范、时尚范，聂凤觉得自己特别"村"。

"一个月的训练，让我认识到跟发达城市的选手相比，我的技巧明显粗糙。但我相信勤能补拙，老师教1个小时，我可以练10个小时；队友练10个小时，我就练12个小时，疯狂地练习。"聂凤说。

虽然很刻苦，但先前的差距实在太大，聂凤最终还是被淘汰了。世界技能大赛两年一次，2013年第42届世界技能大赛，聂凤又倒在了最后一轮晋级赛上；2014年，21岁的她开启了人生最后一次征战世技赛的旅程，备战2015年的第43届世技赛。

这次聂凤更加拼。在2米乘3米的工位里，她每天至少站着操作12个小时，一天下来脚几乎全麻。为了练习体能，她每天晨跑3000米，晚上做1000个跳绳和拉伸体能训练。每天训练结束回到宿舍后，她常常再给自己多加一个训练模块，经常凌晨才睡觉。

这样的魔鬼式训练持续了一年多，2015年8月10日，中国代表团远赴巴西圣保罗参加第43届世界技能大赛。四天的比赛，聂凤进入忘我状态，她完全没有关注成绩，也不知道即时排名，她唯一关注的就是次日的比赛项目……8月15日，聂凤终于站在了冠军领奖台上。这也是中国在世界技能大赛美发项目上首次夺得冠军。

如今，在重庆五一技校世界技能大赛训练基地，聂凤的照片很是醒目，她就是选手们希望成为的那个目标。一个普通女孩，从初中时因一档时尚节目变身为"杀马特少女"，到后来被业界大师看中，再到登顶世界技能大赛冠军，她一路走来的动力，源于热爱和满足感，完美体现了个性化时代人才发展的锯齿化原则。

兴趣爱好背后的生物学奥秘

当然，我们这本书的主题并不是研究黑马人物的成功，我们只是想从中获得一些关于天赋倾向以及家庭教育方面的启发。在一个以高考、学业成绩为主流价值导向的社会中，聂凤、苏亚淇当初都并非"好"学生，她们却有着各自的喜好，或痴迷于洗剪烫理发，或擅长于酒店服务，而非解数学题或做阅读理解。在自己喜欢的领域，她们投入足够的热情、耐心和努力，"不待扬鞭自奋蹄"。试想，如果当年她们的家长硬去拧巴，去催逼学业成绩，不让孩子走自己喜欢的道路，可能就会多了两个叛逆少女。

那么，这些不同的兴趣爱好，以及聂凤、苏亚淇身上那些明显的品格优势，又是如何形成的呢？后天环境确实有一定作用，但基因的抽彩才是关键。这种抽彩来自大自然的任性之手，谁也无法预料。大自然在为每个人调配基因食谱时，难免会随性或疏忽，多放一勺糖、少放一点盐，或是火候掌握不当。这些差异造就了人与人之间的不同。外在表现为高矮胖瘦、美丑不一，内在则体现为不同的兴趣、性格和天赋。

或者可以这么理解，每个人出生时，大脑就如一台刚出厂的计算机裸机，但每台"裸机"的配置都不一样。有的处理器用酷睿，有的用赛扬；有的是独立显卡，有的是集成显卡。这些不同，造成了这台计算机未来的算力、性能以及适合处理的内容等方面的不同。

大脑先天硬件差别形成的细节原因，我们无法深究、掌控，也无法改变。但在这个硬件基础上，人们所表现出的行为、情绪、心理倾向性等，如今已经有一些来自生物学层面的底层解释。了解其中作用机制的奥秘，对于读懂你家孩子的行为，还是非常有帮助的。

我们来认识一个人——全球心流体验专家、巅峰表现专家和"心流基因组计划"的研究创始人史蒂芬·科特勒。他的作品主要探讨了如何利用心流状态来提升人的效能和创造力。科特勒在2021年出版的《跨越不可能》一书中指出，一个人为了发挥巅峰表现，需要四个要素，分别是动机、学习、创造力、心流。

这里我们重点说动机，因为它是后面三者的基础，是出发点，怎么强调都不为过。家长也都知道，想让孩子干什么事，如果孩子自己没有动机，只靠家长推一步走一步，是干不好的，而且会让双方陷入内耗的胶着状态。现在很多厌学躺平的孩子，基本都是丧失了学习动机。那么，动机到底是怎么回事呢？

科特勒指出，动机其实是三种技能的集合，分别是驱动力、目标和坚毅力。其中驱动力是强大的情感驱动因素，如好奇心、激情和使命感，这些情感会驱动人无意识地做出某种行为。

好奇心很重要，当我们对某些事情感到好奇时，便不觉得废寝忘食地去了解相关领域是一件苦差事，尽管需要付出努力，但主观上感觉就像玩一样乐在其中。还记得聂凤看了《美丽俏佳人》后的第一感受吗？"美发师简直是魔法师帮人改头换面，太神奇了。"这就是好奇心。然后她就激情满满地投入到这一领域的探索中，接下来又有了获得世技赛金牌的目标和使命感，尽管中间有挫折和失败，但她用毅力、决心和勇气去克服，这就是坚毅力。所有这些，形成了她在理发这件事上持久的驱动力。

但归根结底，好奇心是那个最原初的起点，所以我们一直强调，要保护孩子的好奇心。

《成为黑马》一书中那些黑马人物一再强调的"满足感"，其实就是由好奇心引发的强大内部驱动力。但好奇心不是空泛的，总是以很具体的方式呈现，罗斯称其为"微观动机"，即使从事同一个职业，不同的黑马人物也会在工作的不同方面找到自己的目标和自豪感，世上没有"一刀切"的满足感。

《跨越不可能》一书也表达了同样的意思。科特勒提出要"寻找好奇心的交集"，也是引导你找到最能激发内在动机的那个具体的点。比如同样属于人物形象设计领域，聂凤对美发更感兴趣，而我采访的在这一领域取得奖项的其他选手，有些则是对面部化妆更感兴趣，有些则是对美甲情有独钟。有个女孩就对我说："高一上化妆课时，我兴趣一般，但高二开设了美甲课后，我一下子就着迷了，指甲盖这么小的地方，竟有这么多名堂。"

那么，好奇心驱使下做事的效能为什么会更高呢？从神经化学的角度来说，好奇心是由多巴胺和去甲肾上腺素共同引起的。多巴胺驱动我们参与各种与欲望相关的活动，它有助于提升注意力、提高大脑信噪比、促进模式识别、加固记忆等，带给我们的感受是兴奋、热情以及有意义的渴望。而去甲肾上腺素会让人产生愉悦感，同样促使人们去做出某种行为。然后好奇心就会转化为激情、使命感，让内心的火焰燃烧得更旺。

归根结底，一个人的兴趣偏好、好奇心，是一种生物化学反应，是一种本能，你可以理解为人性。这种人性根植于基因中，当生命在受精的那一刻，有些东西已经基本注定。遗传基因已经在人生图纸上铺上浓厚的底色，后天的家庭教育和社会教育也只能顺应底色作画。一个人是对数学感兴趣还是更倾向于动手实践，是更有语言天赋还是更擅长运动，是更乐于与人打交道还是更愿意研究客观事物……不同的倾向性会影响多巴胺及其他化学物质的分泌，从而让他学得更快或是更慢，更主动或是更抗拒，更愉快或是更痛苦。

正如普罗明在《基因蓝图》一书中所说，遗传提供了以不同的角度思考教养的机会。我们可以帮助孩子找出他们喜欢做且做得好的事情，而不是试图塑造父母理想中的孩子。换句话说，我们（家长）可以帮助他们（孩子）成为他们自己。

当你了解了这些后，再看看那些经常被教育工作者挂在嘴边的话：

"好奇心是一切创造的开始。"

"让小草成为小草，大树成为大树。"

"真正的教育不是强迫孩子走你的道路，而是教他们如何找到自己的路。"

……

这些话并不是鸡汤，只不过经常被说得有点空泛。教育者和家长未能真正领悟，因为他们没有解决"为什么"（why）的问题，而是过于关注"怎么做"（how）。这也是李玫瑾的洞察："目前的家庭教育中，方法和套路太多，对根源性问题的探究太少。"

　　心理学告诉我们，当一个人明白做事背后的原因时，才更有动力去做。探究"根源性问题"，正是解决"为什么"的问题，即帮助家长弄清楚为什么要这样做，不这样做的危害又是什么。毕竟，心智层面的差异不像外表那样一目了然。比如一个孩子天生个矮，不适合打篮球，家长能接受；或者身体素质不适合某些工作，家长也不会执着。但心智差异很隐蔽，容易被忽视甚至产生歧视。毕竟哪个家长都不愿接受自家孩子智商在平均线以下，也有很多家长不愿接受自家孩子的兴趣偏好不在学业上，不愿接受孩子的尽责性差等不适应职场要求的特质，但从遗传的角度讲，这些智力和人格层面的差异又是真实存在的。家长只有了解、正视这些差异，才能发自内心地愿意尊重孩子的天性，让他们按照自己的节奏成长，而不是强加家长的期望和标准。

　　总之，顺应孩子的遗传自我，支持孩子做自己，是顺应人的生物学本能、顺应人性的事。

　　卷高考之外，孩子根据自己的遗传特质，还有丰富的选择，这是我通过聂凤和苏亚淇的故事想与你分享的道理。当然，在写作两人的故事时，也包括写前面其他人的故事时，我对自己总有个提醒，本书主旨并不是探讨成功之道，我也不想塑造多少成功案例来加剧家长的焦虑。书中的很多人物都比较优秀，甚至是千里挑一、万里挑一的黑马，一般人哪有那么好的先天禀赋？哪有那样的职业热情？哪有那么多的品格优势？当然也难以取得那样

个性化时代的多元选择

的成就。的确是这样,这些人的故事,仿佛是理想气态方程,或是忽略了空气阻力的重力运动,相对纯粹,普通人不太容易达到。

然而,正是通过这些故事,我们能把有关兴趣、天赋、努力、毅力等要素进行切片,单独摘出来放在显微镜下深入研究,了解其内在的运作机理。那么,即便是面对不那么纯粹的"样本",咱们作为家长也能够进行模式识别,分清楚哪些是家长能改变的,哪些只能接纳,哪些又需要"调和服用"。我相信你会有这个智慧,一种拿捏火候、进退有度的智慧。

好,我们继续。接下来我想再分享一个故事,更接地气,也代表了所谓"学渣娃"群体的另一个维度。

学业内卷的尽头是因材施教

这是一个"00后"的故事。在《妈,这是我的人生》一书中,除了详细描写了主人公小王的成长故事外,妈妈永爱还讲述了身边另外几个孩子的学业或职业故事,对于普通人很有参考价值。

永爱的侄子(为了叙述方便,我们叫他小林)从小聪明伶俐,大家都觉得这孩子是读书的料,然而,进入小学后,小林却不会写字。具体情况是这样的:能读出来,也知道字的意思,口头造句啥的都没问题,但如果让他把句子写出来,就不会了,所以他的语文成绩非常差。

不会写字这一问题,最终也影响了小林原本还算好的数学成绩。整个小学、初中阶段,小林基本都是倒数第一。其实小林患的可能是读写障碍症,这是一种常见的神经类疾病。根据不同的研究，儿童和青少年读写障碍患病率在5%—15%之间。

这种障碍与天生的大脑神经发育有关，表现为对文字解码能力不足。患者在阅读、书写和拼字方面可能遇到困难，但这并不一定与智力或其他认知能力有关。值得注意的是，读写障碍的程度因人而异，呈现出连续、渐进的特点，而非明显的分界线。由此我们可以想象，在一些不爱学习，不适应学校教育体制的孩子中，可能很多就是这类患者，但家长可能对此毫无了解，笼统地给这些孩子贴上了懒惰、不争气、学渣之类的标签，而没去深究他们学习困难背后可能的原因。

小林的父母尽管不了解这种疾病，认为孩子是不好好学习，但他们也并没有太逼迫。爸爸早想通了，儿子长大后就跟着自己学电焊技术，也能挣钱吃饭。

15岁小林初中毕业，这么小就去学电焊也不合适，于是家人就让他根据自己的兴趣选择一所职业学校。爸爸的想法是，实在学不到技术也没关系，就在那里混到18岁，出来再跟着自己干电焊。小林认真思考后，选择了自己喜欢的电子商务专业。

三年职高生涯，第一年学了一些理论，之后两年大多数时间都在大城市间辗转，这是学校安排的实操练习。从天津到北京，从操作工到电话客服，小林跑了很多地方，做了很多岗位。实习之余，他特别喜欢上网，对动漫制作和视频剪辑产生了浓厚兴趣。

职高毕业时，小林已经迷上了动漫制作和视频剪辑，主动跟爸爸说自己要考大专，这下把爸爸弄蒙了，从小不好好学习，这会儿怎么愿意读书了？是浪子回头吗？直到此时，家人都还在误解他。其实，他不是不愿意读书，是读写障碍让他学习困难，因为小学、初中阶段的学习主要就是读写。

个性化时代的多元选择

小林付出了很多努力，才终于以200多分的成绩考上了省里的一所大专，学习动漫制作专业。对于自己未来要干什么，小林有了明确的方向。三年的大专时光，他一边学习，一边承接视频剪辑、影视特效制作的业务。正好赶上自媒体红利期，他已经能够用热爱的技能赚钱养活自己了。

这是一个积极温暖的故事，其实在讲这个小侄子的故事之前，永爱还讲了一个令人唏嘘的悲剧。她闺密的一个孩子，因为常年被父母催逼学习，结果成绩越来越差，在学校也被老师看不起，最后不堪忍受压力跳楼自杀。有了这个对比，在写完小侄子的故事后，永爱忍不住感慨：

> 当我们拼命"鸡娃"，用考试成绩去衡量孩子的成功与失败的时候，本质上掐灭了孩子寻找自己兴趣和爱好的欲望，切断了孩子在热爱的领域不断自发学习、深入挖掘的路径，也扼杀了孩子在兴趣爱好方面可能被激发的创新力。

小林的经历，是否让你再次想到了个体科学中的"锯齿原则"：每个人的优势点是不同的，有些人擅长深入思考、探索知识的深层结构；另一些人则更适合实际操作、执行落地；有些人性格外向，善于协作，有些人则相对内敛，喜欢独自探索；有些人从小就表现出色，赢在起跑线上，有些人则后程发力，具备持久的耐力……

学业内卷的尽头，是因材施教，即根据每个孩子的不同天赋，规划个性化的学习和职业道路。

当今教育中的种种焦虑和内卷，归根结底是一个职业规划的问题。它的逻辑链条很简单：好成绩—好大学—好工作。但是，通过上一章，我们看到了并非每个学生都是学霸体质，并非每个学生都适合拼高考。同时，还看到了学历正在贬值。本章重在对这个问题做出回应，根据个体发展的"锯齿原则"，一个孩子即便成绩不好，一般也都有自己的热爱和专长，家长所要做的，就是帮助孩子把这些优势转化为安身立命的技能。

但是，你所热爱和擅长的，恰恰就是社会所需要的吗？毕竟职业规划中有三大原则：择己所爱，择己所长，择世所需。通常，我们假设大多数人能够将自己的兴趣和才能结合起来，但这仅仅是从个人的角度出发。从社会的需求端来看，我们不禁要问：社会是否真的为孩子们提供了将热爱转化为职业的机会？他们的激情和专长是否真的与社会需求相匹配？

是的，很幸运，我们就生活在这样的时代。中国目前正处于服务业转型的关键时期，涌现出了一些新型的、技能型的职业，这些职业不仅能够提供个性化和优质的生活服务，还能为年轻一代提供多样化的就业选择。举几个例子，比如密室设计师，负责设计和创造沉浸式的密室逃脱游戏体验；剧本杀NPC（non-player character），在剧本杀游戏中扮演非玩家角色，为玩家提供互动体验；整理收纳师，专业帮助客户整理和规划家居空间，提升生活质量；芳香治疗师，使用精油和芳香疗法来促进身心健康等。即便是一些传统的美容、家政、养老、旅游、健身等领域，也出现了陪伴型、陪跑型、私人顾问等个性化深度服务岗位，相当于在老职业的基础上，探索出了一个新方向，对现有职业做了细化或升级。

个性化时代的多元选择

商业观察家蔡钰老师在她的专栏中分享了一件有趣的事：她家的宠物狗走丢了，正当她焦急万分时，发现有专门的寻宠服务。她咨询了一家寻宠公司，发现他们的服务团队规模从2人到5人不等，价格从4000元到60000元不等。根据蔡钰的情况，公司建议她选择三人组的服务，价格为7500元。于是，三个专业的寻宠侦探花了一天时间，成功帮她找回了宠物狗。蔡钰对此感慨万分，惊讶于寻宠侦探们工作的专业性和系统性。他们并不是简单地将寻宠服务当作一种博彩项目，而是通过各种专业手段，逐步提高找到宠物的概率。如此专业的寻宠服务的出现，说明寻找走失宠物的需求已经有了相当的市场规模。

这些新型服务项目，反映了现代社会对个性化和精致生活的追求。著名金融学者香帅提出了一个"效用社会"概念，未来很多人的工作将不再是生产物质财富，而是为他人提供"效用"。效用的维度很广，比如爱美、怕死、孤独等都是，而且未来会更多，比如好奇心、征服欲，或者什么也不为……任何一个可以激发大众甚至小众"满足"的点，都有机会长出新的职业和岗位。

以上是从社会需求和职业类型的角度来说，其实，目前我们的工作场所也正朝着个性化方向发展。社会正在从一个由众多规模巨大、运行稳定、等级分明的机构组织主导的工业经济，向一个由自由职业者、独立承包商和自由代理人组成的日益多样化、分散化的知识服务型经济转变。你没必要将自己的整个职业生涯都奉献给同一家公司，或者一定要找一个稳定的工作才行，你要做的，就是从自己身上长出一种确定的能力，这种能力就是让自己安心笃定的铁饭碗。

什么意思呢？举个例子，我身边有好几个摄像师，他们不隶属于任何一家公司，或者自己单干，或者几个人组成松散的联合体，自由接业务。如果某个业务超出了个人专业范围，就会在联合体内组建临时项目组，满足客户的需求。我还采访过一个做美甲的女孩，她靠口碑和微信私域流量招揽客户，收入比一般上班族都高。还有一个朋友擅长做蛋糕，最初是边上班边兼职做，后来业务越来越好，干脆辞职专门做蛋糕，工作室设在自己家里，只需投入原料成本，利润可观。还有一个朋友辞职开花店，把自家一楼的大阳台改成工作室，将自己的文案写作能力与送花业务巧妙结合，吸引了一众粉丝。

三百六十行，行行出状元。这句老话值得我们重新审视。当我们在追求大学文凭的道路上越走越远时，不妨回头看看当初为什么出发，不就是为了掌握一技之长，立足社会吗？如今，我们为什么似乎陷入了两难的尴尬境地？不妨回到原点，从社会需求和孩子的兴趣爱好出发，引导他们实实在在地掌握一门技术，在为社会贡献价值的同时，也有能力让自己安身立命。

很多名人对于自家孩子的发展，也表现出了通达和现实的一面。比如鲁迅就曾说过："孩子长大，倘无才能，可寻点小事过活……"这里的"倘无才能"，可以理解为不一定必须上大学、做官、搞文艺等。"寻点小事过活"，可以理解为掌握一门接地气的技能。如今，靠技能和手艺吃饭的机会比鲁迅那个年代多得多。所以，不妨学一学苏亚淇父母的做法，当女儿成绩不尽人意时，不焦虑，也不催逼，而是立足孩子的优势，务实规划孩子的人生。苏亚淇的爸妈都是大学生，但他们不觉得孩子上中职是"阶层下坠"，而是看到了兴趣天赋所能激发的力量，尊重孩子的遗传自我，让孩子最终成为自己。

这就需要家长有较为开阔的视野,以及接纳差异的胸怀,善于发现孩子的优势特长,为孩子做科学的成长规划。所幸的是,这些年,学业规划已经渐渐走进中小学,越来越多的家长开始有这个意识。所以,对于不适合卷升学赛道,甚至厌学的孩子来说,家长需要帮孩子理解,他们不一定必须成为学霸,却需要思考:自己将来真正想做的事情是什么?若要达成理想,应该投入多少精力,拿到多高的文凭才行?

当孩子年龄尚小时,可能不会有如上清晰的思考和规划,家长就需要注意以下几件事:

第一,注意观察孩子平时在哪些方面有天赋和兴趣。你需要留意生活细节,比如他们花费大部分时间关注的事物,以及平时与同龄人喜欢聊的话题。凯叔提到他小时候喜欢讲故事,在幼儿园里也特别享受给小朋友讲故事的感觉;罗胖则说自己小时候一开口说话,周围的小伙伴都会竖起耳朵听。

第二,给孩子创造机会和条件,用鼓励而非功利的方式让他们更多接触自己感兴趣的事。这从基因与环境交互作用的角度很容易得到解释,纵然孩子有某方面的兴趣潜能,但如果一直没有相应的环境,天赋也无法被激活,所以前面我们在谈到家庭的作用时,其中重要一项就是给孩子提供资源,让孩子有充分的尝试机会。

第三,当孩子在某些领域展现出天赋、取得一些成绩时,记得及时点赞。这会让孩子有掌控感,越来越愿意投入。我有一个朋友的孩子,患有轻微自闭症,孩子学习不开窍,但喜欢动手摆弄机械,也喜欢做美食,妈妈总是及时鼓励、表达欣赏。如今13岁的孩子,能给家人变着花样做出不少美食。

第四，在条件允许和保证安全的前提下，带孩子去体验与他们兴趣相关的职业。聂凤的父母在这点上就做得很好，尽管最初反对，但后面还是让聂凤去理发店做小工亲身体验；前面我提到，我自家小弟没读过大学，但收入比我高。他最初是做电视维修，后来承包了重庆一些片区的电视售后服务。小弟从小就表现出对机械和电器的兴趣，自行车、钟表、拖拉机的结构，他都乐于去琢磨，父母也不干涉。现在看来，这种做法恰恰就给孩子提供了自主探索的空间。在学业导向的今天，孩子自主探索的空间反而很稀缺。

此外，日常家庭生活中，家长在孩子面前可多表达对自己和对伴侣职业成就的欣赏，这会让孩子感到有一份值得追求的事业是一件幸福的事情。同时，还要允许孩子有迷茫、困惑期，不要催促他们马上去寻找新目标；当然，也要允许孩子放弃，因为孩子处在探索期，未来的路还很长，没必要一锤定音。

在本章中，我们以人与人之间天生的差异为出发点，探讨了个体科学中的"锯齿原则"，旨在寻找一条以热爱为起点，能够充分激发个人潜力的个性化学业和职业路径。幸运的是，个性化时代为我们提供了一个充满机遇的系统。在这一系统中，孩子们仍需努力奋斗以实现梦想，但不同于过去，现在每个人都有机会实现自己的理想，而不仅仅是那些在高考中取得优异成绩的学生。因材施教这一古老命题，比任何时代都有可能真正实现。

第七章

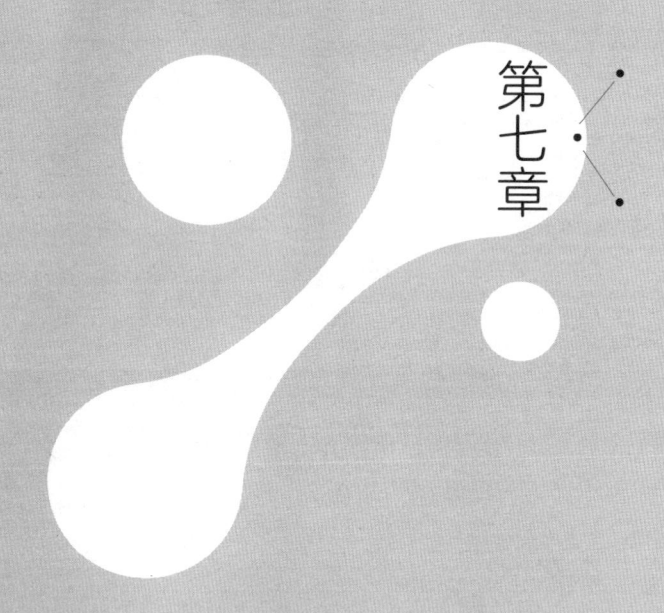

成长问题：让子弹飞一会儿

> "他到底在想些什么啊？"这是困惑的父母在试图理解他们的（青春期）孩子为什么会用那样的方式行事时，常常出现的一句呐喊。
>
> ——儿童学习领域专家艾莉森·高普尼克
> 《园丁与木匠》

这孩子好好的，咋就不上学了

在我的书架上有一本《运营之光》，2017年本书出版时，互联网圈的运营人员几乎人手一本，是一本百万级畅销书。我不是互联网从业人员，而是在了解到作者的人生故事后，特意买来看的。

作者黄有璨当年在这本书出版后，迅速被圈内熟知。华为、腾讯、得到等很多平台都邀请他去讲课。当30岁出头的黄有璨出现在大家面前时，所有的人都很意外：这么年轻？

然而让大家更惊讶的是，这个年轻人并非什么名校出身，竟然只是高中肄业。

"这个身份反差很有故事性，成为我身上的一个标签。比如在一堆名校生扎堆的分享活动中，当我如实介绍自己时，所有的人都来了兴趣。但如果退回多年前，情况恰恰相反，学历是我的痛，我很自卑，小心翼翼生怕别人问起。"在自己的视频号中，黄有璨多次谈到自己过往的经历。

高二辍学、在家躺平、深度抑郁……这样的故事在今天并不新鲜，但在二十多年前，还是很少见。那时孩子们的自由度要大得多，考大学并非必选项，尤其是在黄有璨的家乡贵州普安县就更是这样。在这个黔西南普通小县城,很多孩子初中或高中毕业后,要么在家里找点事做,要么外出打工,各寻出路,不至于厌学、抑郁。

但对于黄有璨来说,考大学就是必选项。他父母都是教师,父亲还是副校长,在小县城属于精英家庭,对孩子自然有一定期待。黄有璨从小成绩也不错,他选择辍学的时候,正就读于省重点高中,距离大学只有一步之遥,所以承受的压力格外大。

"当时我身边所有的老师、亲友都在议论,说这孩子就这么完了,为啥好好的突然不上学了呢?"黄有璨回忆,辍学的原因,他自己很清楚——找不到应试教育对于自己的意义。这在别人看来当然无法理解:考大学、走出小县城、过上更好的生活,这个理由还不充分吗?

是的,这个理由不能说服年少的黄有璨。他是一个喜欢思考、善于向内探寻的孩子,对应试教育弊病的觉察和厌烦,开始得比周围人都早。8岁那年,黄有璨的价值观就经历了一轮洗礼,这要归因于郑渊洁——一个小学没毕业,却写一本杂志长达几十年,还创下了世界纪录的童话大王。

"人生道路不止一条。只要你求简、求真、求善,不依附于强权,不妥协于规则,能创造价值,哪怕中间有再多曲折,最终依然能活得很漂亮。"郑渊洁书中所传递的价值观以及对应试教育的批判,时常在黄有璨的脑袋中回响,成为一种思想启蒙。反叛、敢于折腾、不服输的种子也就此埋下。

第一次反叛发生在初二。他逃学、疯玩、通宵打游戏,还有模有样地组联赛踢球。最疯狂的一次是拉伙四个同学离家出走,两辆自行车,两个包,一个睡袋,25块钱,在外边愣是生活了7

天，走了300公里。

这次莽撞的出逃，成为他与父母谈判的筹码。接下来，黄有璨提出要休学，父母害怕他再次离家出走，只好答应。接下来的一整年，黄有璨在家中度过。临近中考，他突然开始认真复习，自学两个月就考上了一所省重点高中。

然而，进入高中后，他并没有如父母所期望的那样"终于走上正轨了"。随着学习压力的增大，他对于应试教育的反感愈加强烈。其实，当初考高中，他也并非出于学习兴趣，只是想离父母远一点儿。这次的厌学情绪比初中严重，成绩也一落千丈，高二时他终于不堪重负，选择了辍学。

"这是我第一次在面对自己不满的世界时，不再逆来顺受，而是要与之对抗。这个决定看起来勇敢，但很孤独，也让我摔得头破血流。"多年后黄有璨这样总结道。选择少有人走的路是要付出代价的，16岁的黄有璨显然还没做好这个准备。

"辍学之后我蒙了，不知道怎么去平衡，不知道怎么去应对这些否定的声音，完全没有希望的感觉。我该做什么？我该向哪儿去？不知道……"不光黄有璨自己承受着全世界的冷眼和反对，他的父母也因此蒙羞。

"你这副校长当得可以啊，自己的小孩都辍学了！"周围人的议论，让黄有璨的父亲尤为悲愤。他原本对这个儿子寄予莫大希望，从小就督促他参加各种比赛，争取各种奖项。五年级时，还鼓动儿子跳级，六年级没上就直接上了初一。虽然初中起黄有璨就有各种叛逆，但总的来说，因为聪明伶俐、热爱阅读，考上了高中，他还是很被大家看好。然而，事情就这么急转直下，他竟然从省重点高中辍学！

自觉颜面全无的父亲,痛心于自己的教育失败,希望再生一个孩子重新培养。在随后的一两年中,他选择了离婚,离开了这个家。家有"问题孩子",夫妻俩往往相互指责、推诿抱怨,这几乎形成了定律,而这样的家庭氛围,只会加重孩子的压力。

"没有任何人跟你交流,也没有任何人能跟你去做一些探讨或者是引导,最严重的时候甚至想过自杀。

"那时候看一切都是消极的。有个画面我至今印象深刻,走在街上抬头看树,看到的不是树枝悬在天空,而是树枝把整个天空切割得支离破碎。"

在后来的文字、视频中,又或者是讲课或接受采访时,黄有璨多次回顾这段经历。那是一段极其灰暗的日子,他把自己关在房间里,孤独和冷寂渗入骨髓,整日浑浑噩噩,陷入严重的自闭和抑郁。

青少年抑郁,家庭不能承受之痛

孩子抑郁厌学,是很多家庭不能承受之痛,在黄有璨读中学的二十多年前,尚很少见,如今却很普遍。据《2023年中国心理健康蓝皮书》披露的数据显示,青少年抑郁问题在近年来呈现显著上升趋势。具体来说,小学生的抑郁检出率为10%,初中生为30%,而高中生高达40%。

乍一看这个数据,很多人都会被吓一跳,怎么如此之高?

但是应该注意,这里说的是抑郁症状,而不是抑郁症。抑郁症状是指反映抑郁情绪的心理及生理症状或临床表现,例如情绪低落、兴趣丧失、自我评价降低等。而抑郁症则是一种以持续的抑郁心境为主要特征的精神障碍，是各种抑郁症状的综合体现，会严重影响个体的学习工作和生活质量，需要接受专业治疗。两者的主要区别在于其严重程度、持续时间、对功能的影响以及需要的治疗方法。所以，不能把抑郁症状简单归为抑郁症。

但不管怎么说，这已经足够值得引起家长的重视，说明对于很多孩子来说，上学并不是一件开心的事。现代中小学教育普遍要求整齐划一，学习方式以刷题为主，评价标准单一。但从人的先天禀赋来看，并不是每个孩子都适合这种学习方式，这个话题我们在上一章聂凤、苏亚淇、小林等人的故事中已经充分阐述，而本章的开篇已经剧透了黄有璨也是一个非常成功的黑马——敢于做自己、不走寻常路，但他的故事放在本章来写，我想从另外的维度来做一些观察。

如果说聂凤、苏亚淇等人的经历，主要是从横向角度展示现代社会职业选择的多元性，而此时我写黄有璨的故事，是想从纵向角度，观察一个人从小到大的成长中，基因天赋、家庭环境、社会环境、偶然事件是如何交互发生作用的。特别是在孩子叛逆、厌学、辍学、躺平、抑郁等状况普遍发生的当下，希望通过仔细拆解黄有璨的故事，来看看这些所谓"问题孩子"的问题究竟出在哪里；面对孩子成长中的这些"弯路"，家长又该以怎样的心态和策略去应对。

想必从前面透露的一些信息中，你会感觉到黄有璨原本是一个很聪明、天赋很好的孩子，比如小学时跳过级；初二休学一年，临中考前发力两个月，仍能考入省重点高中；后来年纪轻轻就写出了互联网营销领域有影响力的作品等。而他的聪明，似乎很早就有迹可循。

　　黄有璨多次提到自己从小就热爱阅读，是一个感情细腻、喜欢思考的小孩，他倒没有提到父母对他阅读方面的刻意引导，毕竟那些年，家庭阅读远远没有现在受重视。不过，对于一个有智识基因的孩子来说，只要稍稍给他提供环境就可以了。他父母都是教师，家里不缺课外书，黄有璨小学时还像模像样地经营过一所自己的图书馆——只有对书感兴趣，且能接触大量书籍的孩子才有机会做这件事情。就是在这种情形下，他阅读了郑渊洁的作品，"敢折腾""不走寻常路"等观念，就是此时种下的。

　　但我更想说的是，人与环境是双向奔赴的关系，与其说是郑渊洁在他心里种下了"敢折腾"的种子，不如说是黄有璨骨子里原本就有这颗种子，恰好被郑渊洁给唤醒了。

　　在中国，有无数孩子接触过郑渊洁的作品，也许有些只随便翻翻，毫无兴趣就放下了；有些读了纯粹是觉得故事好玩，读完也就算了；有些被他优美的文字折服，爱上了阅读；有些却像黄有璨一样，如醉如痴，不光读他的作品，还读他的人生，获得更深刻的启发。同样的环境刺激，与不同的基因天赋发生不同的化学反应。

　　世间的道路不止一条，为什么要忍受学校刻板的应试教育？这是青少年时期的黄有璨一直苦苦思索的问题。高考是一种筛选机制，把那些智力天赋好、坐得住冷板凳的孩子给筛选出来；也有一些孩子，他们的智力天赋也非常好，却天性不羁爱自由，不肯坐冷板凳去接受应试教育条条框框的规则，尤其是当他恰好又有着"文学体质"与生俱来的细腻和敏感时，就会对这种僵化的教学方式感到格外压抑、厌倦和痛苦。黄有璨就属于后者，小学时因阅读被激活的叛逆因子,随着青春期的到来,开始萌芽并疯长。

但这些并没有得到父母的理解和支持,他们就觉得考大学才是正道。你能说黄有璨的父母愚钝、不明智吗?相反,从他们对孩子学习的重视来看,恰恰是明智和清醒的体现,因为在二十多年前的农村或小县城,想让孩子谋个好前途,考大学就是最优解,而大多数家长尚未意识到。那时候懂得"鸡"孩子的,也都是认知相对高的父母。只不过,黄有璨的父母遭遇了小概率事件——儿子尽管聪明,却不是一个循规蹈矩的人。

黄有璨的聪明及其他很多优点,很可能来自父亲的遗传。他父亲也是从底层农村打拼上来的。关于父亲的故事,黄有璨曾有这么一段描述:"他从中学起,就开始了每天步行80里地往返家和学校之间的日子,那已经是离家最近的中学。为此他往往是早5点出门,晚9点到家。"这是一个苦孩子的求学故事。试想,如果不是天生与书本亲,有智识倾向和坚韧的毅力,一个农村娃儿,会忍受如此奔波坚持上学吗?后来,他父亲也成为村里第一个因为读书有出息的人。

孩子与父母任何一方的基因同型度平均为50%,优秀的孩子很大可能遗传了父母的优秀基因,但亲子间毕竟又有一半概率的不同,而且,两代人成长的社会文化也有很大不同,父母一代由过往生活经验所形成的观念,比如"学而优则仕""万般皆下品,唯有读书高"等,并不能打包塞给孩子。

如果是一个成绩一般、父母期望值不高的孩子,辍学也就辍学了,未必就意味着躺平,也未必就意味着滑向自闭抑郁,但是对于一个原本聪明,从小就被父母寄予很大希望的孩子来说,辍学就是大逆不道，会承受很多压力。父母的愤怒指责，周围人的冷言嘲讽，内心的自我怀疑，都让黄有璨无所适从。

黄有璨的父母尽管都是教师，但在二十多年前的贵州小县城，他们尚缺少应对这一小概率事件的智慧，只是觉得这孩子怎么这么难管，辜负了他们的期望。其实可以做一个对比，同样是"80后"的韩寒，也同样在高中时因不适应学校教育方式而退学，但韩寒的父母思想相对开放，尊重和支持儿子的做法，韩寒也顺利度过了这一动荡期。再如，黄有璨最崇拜的郑渊洁本人，当年读小学时因反抗老师侮辱而违反校纪退学，开明的父亲表示了接纳和理解。包括后来郑渊洁自己的儿子小学退学时，郑渊洁也欣然接纳。他们都很好地安排了孩子退学后的居家学习事宜，没给孩子造成什么心理创伤。

所以，当孩子出现不想上学的念头，或者辍学事件已经发生时，家长该如何应对，这一点很重要。辍学后孩子一般会担心遭遇家长批评和失望的眼神，同时对未来一片迷茫，陷入无止境的恐慌之中。此时，父母需要给予更多的理解和接纳，而不是简单的批评和施压。如今很多咨询师在解决辍学孩子的问题时，也大都是从父母的态度入手，让父母放低期待，不再控制，减少要求，往往能有效缓解问题。

但黄有璨显然没有得到这样的有效疏导，在家度过了一段非常灰暗、撕裂挣扎的时期，抑郁到差点自杀。那么，他后来又是如何走出来的呢？

把人生的方向盘交给孩子

"这个小孩再这么待下去就废了!"周围人纷纷议论。辍学在家一年后,2002年夏天,父亲决定送黄有璨到外面看看。只不过,上大学依然是父亲心中的一个执念,或者说,此时的黄有璨尚未成年,不上学又能干什么呢?于是父亲辞掉了原先副校长的职务,陪同他到了北京。当父子俩风尘仆仆从贵阳坐了26个小时的火车来到北京时,黄有璨至今还清晰地记得当时的感受:"这个城市太大了,一眼看不到边,而我在这里能做什么呢?"

抑郁状态依然没有好转。

父亲把黄有璨送进了一所民办大学。在这里,第一年他不敢跟任何人说话,极端封闭,"就连我去超市买东西,都得让室友帮忙,因为我不敢跟售货员说话"。

最终将他从困厄中打捞出来的是2003年发生的两个生死事件。第一件是"非典",停工、停学、停课,这是黄有璨有生以来第一次目睹死亡。"灾难发生时,昨天还跟你在一块踢球的哥们儿突然就被救护车拉走,你也不知道还能不能再见到他。"

另外一件事,发生在"非典"刚刚结束时。一个从小一起长大又一起来到北京的发小,自驾游时意外去世。黄有璨清楚地记得,那个发小出发前,还问他要不要一起去。"我那时的抑郁状态刚有一点好转,但还不足以支持我去做很多社交互动,于是又回绝了。"黄有璨在一篇回忆文章中写道。

几天后,黄有璨突然接到一个电话——发小乘坐的那辆车,突遭车祸,一车人都没了。黄有璨顿时蒙了,脑子一片空白,挂了电话后,他一个人呆呆地站了很久。几天前还活生生的人,就这么没了，生命是如此脆弱，如果当时自己答应也一起去旅游呢？……

两次零距离接触死亡，给身处抑郁的黄有璨以极大震撼。这个18岁的少年开始思考人生的意义：与其这样麻木地活着，还不如死了算了，要活就活出个人样！渐渐地，一个声音在他内心日趋明朗，"我要改变，不能再这么沉沦下去。我一定要证明，没有学历文凭，也能混得很好"。

关键时刻，又是阅读拯救了黄有璨。只不过，此时已经不是郑渊洁的童话故事，而是一些成功学图书。这些书如今虽然被归为"鸡汤"之列，但事实上，这类书中往往包含了很多有用的心理学知识，通过探讨自我认知、情绪管理和应对策略等，来解决生活中的困惑，对于身处抑郁的青少年还是很有帮助的。

"拿破仑、希尔、戴尔、卡耐基，市面上有关成功学的所有的书我都看了，这方面的影像资料我也都看了一遍，看后就立刻实践。

"我会学着观察生命中美好的东西，并记录下来。比如走在路边看到有一朵盛开的小野花，我会慢慢蹲下来观察，静静地看上很久、很久。"

就这样，一些积极、美好的东西，开始在黄有璨身上慢慢叠加、堆积、发酵，最后，他终于走了出来。回望过去两年多的抑郁时光，这是他生命中隐秘的痛，是一段艰难跋涉的沼泽之旅，但恰恰也正是这样的经历，让他脱胎换骨——生命中的缝隙，恰恰就是光能照进来的地方。

2005年，20岁的黄有璨开始找工作，最初的目标很卑微：能养活自己就好。但现实还是给了他迎头暴击，"我投了上千份简历,都杳无音信,没有人搭理我"。

他没有气馁,反而比别人多了一份主动和勇气。他直接来到中关村,在卖电脑的柜台,一个个走过去问:"你们需要销售吗?我愿意干,我能吃苦,不会我可以学……如果你们不需要销售,那需要搬运工吗?我也愿意。"就这样,他找到了第一份工作,从月薪1000元的搬运工开始,开启了职业生涯。

这份主动和勇气在一年后跳槽再次找工作时,又一次发挥了作用。当时合资企业风头正劲,他想进入一家日企做销售,但自己没任何优势,怎么办?思前想后,黄有璨决定剑走偏锋,鼓起勇气言辞恳切地给对方写了一封4000字的求职信。

"因为我没学历,就必须突出其他地方,我这个人到底还有些什么东西能够给用人方看到。"如今提起这家公司,黄有璨依然心怀感激。也就是从此时开始,未来帮助他成功的种种优势,在他身上开始陆续体现:工作上履职尽责、保持阅读和写作、热爱分享、好奇心强、善于复盘总结等。他在那家日企干了近三年,平均月薪1.3万元,做到了内部销售冠军;他一年读几十本书,业余运营了一个非常活跃的线上读书群,成为群里的精神领袖;他开始养成写作习惯,在博客上输出自己的深度思考,收获了一众粉丝;他对很多事物保有好奇心,干过编程、网络工程师,作为半职业选手参加过电子竞技大赛;他还不断思考自己在尝试过这么多职业后,到底哪个职业让自己更有成就感……

渐渐地,文凭对黄有璨来说已不再是障碍,反而成了他很好的人生故事,职业发展也进入快速上升通道。从日企出来后他先是进入一家知名互联网公司的运营岗位,接下来又与人合伙创业、再次进入大公司、第二次互联网创业……事业上越来越成功的同时，黄有璨渐渐发现，自己对互联网运营这一命题有了深度认知，同时也确证了自己的另外一个明显优势——内容输出。

"在（互联网）'内容'方面，我似乎拥有某些独特的能力，能够做得比绝大多数人都要更好一些，用户们总能给我很好的反馈，这是一个能够让我兴奋的事情……我应该长期在这方面深耕下去，创造更多价值。"

而这种内容能力，源于他从小对文字与生俱来的热爱，他曾说："我是一个信奉文字的人。我深信，文字中自有一种不由分说和不可替代的力量，可以直达心底。"

就这样，"互联网运营+内容输出"，两大能力叠加，2017年，黄有璨的那本《运营之光》横空出世，这个从贵州走出来的高中肄业年轻人，一战成名。

如今的黄有璨，已经出了四本书，有自己的创业项目；家庭方面，一儿一女也很幸福。有感于自己独特的经历，如今他在关注商业的同时，也更关注人的个性化成长。他信奉一句话："曾经是什么拯救了你，你就用它来拯救世界。"黄有璨现在对自己的定位是教育工作者，致力于做深度陪跑型的个体创业和个人成长项目。

回望自己的"非典型成长"之路，特别是与父母的关系，黄有璨心情复杂，曾说过这么一段话："很多年以来，我与父亲间的关系始终别扭，我总是纠结和难过于自己没有能从他那里得到足够的我所期待的关爱，也经常难过于他不懂得理解与尊重，一直耿耿于怀。"

的确，在成长中最关键的那些年，他并没有活成父母所期待的样子，反而与父母矛盾重重。显然，这些都不是家庭教育工作者心目中理想的亲子关系，但并没有妨碍黄有璨后来取得一番成就，是不是？所以，我本来准备好的下一个问题，似乎也没必要再问了——黄有璨身上的很多人格优势，比如为人本分、吃苦耐劳、不甘平庸、敢想敢干、积极主动……这些特质，是他自身具足，还是家庭教育带来的？

如果你足够坦诚，应该会回答：是与生俱来的，他幸运抽中了这样的基因彩票。比如黄有璨的第一份工作是在投了上千份简历失败的情况下，亲自到中关村柜台边去挨个儿问的，从最苦最累的搬运工做起。其实听到他亲述这段经历时，我非常感动，一个20岁的年轻小伙子，在最落魄、连生存都成问题时，不偷不抢，不嫉不怨，安分守己，靠力气吃饭，什么脏活累活都愿意干。这种老实和本分，是哪里来的呢？就像他父亲当年中学时为了读书，每天步行往返80里路一样。这些优势基因自带，并非父母刻意培养或环境影响就能实现的。

尽管他的第一份工作又苦又累，还挣钱少，但毕竟是在北京，舞台大、机会多。可以说，父亲当年最正确的一个选择，就是把他送到了北京。当时中国经济正处于高速发展期，就像"搜狗输入法之父"马占凯那样，只要你自己是那块料、有真本事，不管有没有读过大学、读的是否是名校，都有机会脱颖而出。在这里，个人的积极主动是关键因素，也正如马占凯以互联网小白身份敢给百度写自荐信一样，黄有璨也以一封4000字的求职信实现了职场的关键跃迁。

其实，黄有璨身上的诸多优势，从小就有所体现。比如敢想敢干、突破常规、有商业天赋等，他小学时就办过图书馆，经营得有声有色；还趁假期捡废品，赚到上千元；初中、高中时又分别组建过足球联赛和舞蹈男团等。这些自由尝试，当时的环境还算支持。但是退学后，环境就变得糟糕了，家庭内外父母亲友不理解，小县城中看不到出路，让他陷入了无所事事的焦虑和苦闷，甚至开始怀疑生命的意义。

这种痛苦一方面是父母的态度导致，但另一方面与家庭相关联的一些隐性资源和条件也非常重要，它决定着为孩子提供探索的可能性以及释放心理能量的途径。一个善于独立思考、内心丰富、敏感深沉的孩子，通常也有着更强的自我实现需求。但如果现实环境过于单调，机会太少，找不到出口，反而会更痛苦，正如鲁迅的铁屋子比喻，愈清醒愈痛苦。

还是拿黄有璨与韩寒相比，尽管两人同样喜欢阅读，也都有着很好的写作潜能，但韩寒生活在上海，父亲是作家；而黄有璨生活在西部一个小县城，父母是体制内教师。这导致两个青少年的生活圈子、眼界见识、阅读广度、才能展示机会等方面差距悬殊。韩寒有机会参加新概念作文大赛，退学后可以自由地进行小说创作，但黄有璨却只能封闭在小县城里，没有重新定义自己、向世界证明自己的机会。

这也是本书一以贯之的一个观点——给孩子提供丰富的环境很重要，这让他们有充分的自由探索空间，找到与本性最适配的发展路径。还记得那句话吗？——富人家的孩子，行不行主要看天赋；穷人家的孩子，轮不到拼天赋。这里的"富人""穷人"不单单指家庭经济条件，还包括父母的见识、地区经济及文化差异等。所以，资源的丰富或匮乏，并非家长主观层面上有意为之，与居住地、生活圈层等都有很大关系。当然,写下这些并非是对家长提出苛刻的要求,而是旨在对影响孩子成长的诸多因素做更全面的探讨,也对家庭的直接影响及间接影响做层次更细致的辨析。只有这样,才能帮家长认识到,自己在哪些方面能够发挥作用,在哪些方面做的是无用功,尤其要警惕的是,有些做法还适得其反。

父亲将黄有璨送到北京,不光让他接触到"天高任鸟飞,海阔凭鱼跃"的优质环境,而且也在精神上给他松了绑——远离父母,远离压力源,心智自由,慢慢疗愈。其实,这正是很多咨询师在面对抑郁孩子家庭的求助时,给父母开的一剂良药——减少期待和干涉。哪怕孩子打游戏,哪怕他日夜颠倒,哪怕他不吃饭,都不要再插手管了,给孩子一个喘息的时间,生命的本能会让他们慢慢摸索出自我救赎的方式。黄有璨就是这样,2003年两次目睹生死事件、深受冲击后,他借助阅读,逐渐从抑郁的深渊中爬了出来;其实,几年后,他再次经历了一场精神危机,陷入"愤青+悲观主义"的深深无力感中,又是通过阅读史蒂芬·平克、熊培云等人的作品,重新找到了方向。

很多时候,孩子面临的麻烦,是他自己的生命课题,家长只能提供资源和建议,却不能代替孩子解决问题。我们可以用驾车来比喻,孩子的命运如同驾驶自己的汽车,驾驶员是他自己,家长只能坐在副驾位置,提供参考建议,你不能把方向盘硬抢在自己手中,否则后果可能很严重。

其实,不管是一帆风顺也好,跌跌撞撞也好,弯弯绕绕也罢,一个孩子骨子里是什么样的人,最终还是会长成什么样,即普罗明所说的——经历会影响我们,但它们的作用并不持久,在环境因素导致我们的人生轨迹出现起伏之后，我们最终还是会回到我们的遗传轨迹上来。

有时候，你觉得孩子做错了，车子驶进了岔道，但你怎么劝都改变不了，那就放下，不必与孩子较劲，有点耐心，交给时间来解决。

孩子的成长有阶段性、周期性，有时你啥都不做，过了这个阶段问题也就消失了。退一步说，孩子一生那么长，即便走点弯路，撞了南墙，又能怎么样？这也是本书一直主张的观点：要拉大时空看孩子的成长，不要因为孩子一时失控、叛逆、做错事，就觉得天都要塌了。其实，一切都可以重来，一切经历都不会白费，一切失败都可以转化为经验。作为家长，我们完全可以松弛一点，等一等、放一放、缓一缓，没什么大不了的事——让子弹飞一会儿。

青春期问题　那些走弯路的故事

就在我写下本章文字时，儿子给我说了一件事，他们体育训练队的大师兄——一个已经在大学读大二的学长，作为教练最得意的门生，趁暑假回来指导这些小师弟师妹训练。看得出，儿子很喜欢并佩服这个大师兄，但随后他又八卦起了大师兄以前的糗事：初中时在一所区重点中学读书，因为逃学、打游戏、顶撞老师，被学校开除。在接下来的几年内，他辗转三所学校，都因太叛逆，或被学校开除，或自己主动离开。最糟糕时，还休学一年，被父母送到一所"行走学校"进行强制性行为矫正……

最终，这位大师兄在来到我儿子的学校后——这已经是他就读的第五所学校，终于"洗心革面"，回到正轨，在文化课依然不太有优势的情况下，通过体育生途径，考取了大学。

"大师兄人挺好的，经常劝我们好好学习。人家开学才读大三，你看这个暑假已经能挣四五千元了。"儿子在讲这个故事时，不时地用眼光瞄爸爸的反应。因为儿子知道自己也是从初二开始，种种不省心，惹爸爸生气。

不爱学习、说脏话、爱表现自己、拖拉，这是爸爸对他的评价。一直到现在，父子俩的关系依然不太好，老公对儿子的未来很不乐观。显然，儿子是想用这个故事来证明，人是会变的，不要现在就忙着下结论。

儿子不用偷偷地瞄我，他知道我会同意这个观点。是的，在阅读了很多人的成长故事，真实采访了很多孩子后，我不光相信考不上大学的孩子依然能过得精彩，而且也更能接受人生的种种弯路、迷茫及由此带来的种种不确定性，当然，我也能接受孩子最终成为一个"普娃"。

接下来，我想再讲几个"走弯路"的故事。

在我采访那位世界技能大赛美发冠军聂凤时，见到了她的徒弟小田，一个皮肤略黑、长相敦厚的男孩，来自贵州农村。20岁的他技能娴熟，也非常热爱美发，获得了很多奖项。可谁能想到，读初中时，小田也曾是典型的"学渣"，经常与学校学习成绩最差的几个孩子混在一起，捣乱、逃课、打游戏，被老师告了几次状后，父亲也对他丧失了信心，只希望他别惹事，以后能挣口饭吃就行。

初中毕业后，小田跟着堂哥到贵州铜仁市一家建筑工地打工。

拉钢管、绑扎钢筋、搅拌混凝土，白天挥汗如雨劳作，晚上睡在又脏又乱的工棚……

"干的都是最基础的体力活，每天就这么重复，晒得身上蜕皮。"小田说，尽管自己生长在农村，也算是吃过苦的娃，但真正到了建筑工地，他才真切体验到了生活的不易。

是的，当孩子不懂事时，想触发其改变，大人再多的说教，都不如给孩子一个亲身体验的机会。在工地上劳动一个月不到，小田就长醒了，明白没有一技之长的艰难。此时，一个想法在他心中酝酿。终于，几天后，一个酷热的中午，趁休息时间，他拨通了父亲的电话。

"手心直冒汗，心怦怦跳。很怕，怕爸爸拒绝。"如今，小田说起2016年夏天给父亲打电话时的情形，包括那个午后明晃晃的太阳，都依然历历在目。那是他生命中的一个关键时刻。

果然，当"想重新读书"的话刚一出口，就被父亲打断了。父亲认为他只是为了逃避干活。"这是我最担心的，心态一下子就崩了，在电话里哭。"小田说，当时他毕竟还是个15岁的孩子，哭是本能反应，"后来，爸爸感觉到我是认真的，才愿意听我继续说。"

在电话中，小田不光表达了想重新回校读书的想法，甚至还选好了专业——美发。

原来，一次刷手机时他看到了聂凤获得世界技能大赛冠军的故事，瞬间眼睛就亮了。

"我觉得自己是一个爱'混'的人，不是那种中规中矩的孩子，学理发更合适。"用"混"这个概念，小田有点犹豫，可能是没找到更精准的词来表达。其实，他想说的是他不想像父辈一样，工作选择只有工地或流水线工厂，他想掌握更有创造性、更具个性化的技能。

改变就这样发生，进入职校后，小田像换了一个人一样，戒掉了游戏，一改懒散习气，非常认真地学习，很快就选入学校竞赛队，得到聂凤老师的亲自指导。他从2020年开始，在市赛、国赛中屡获大奖，后又入选第46届世界技能大赛美发项目国家队……

2024年9月15日，小田那边又传来巨大喜讯，在法国里昂举行的第47届世界技能大赛中，他一举斩获美发项目金牌。8年前，聂凤夺得世界冠军的消息点亮了他；8年后，作为聂凤的学生，他也站在世赛冠军的领奖台。从"学渣"到世界冠军，奇迹就这样发生。从初中至今的十来年中，是动荡不安的青春期，也是一切皆有可能的蜕变期。

在我的采访中，类似逆袭的故事还有很多，只是程度差异。另外，我敢与你打一个赌，在身边的成年人中，你去随机调查一下，看谁的青春期是四平八稳走过来的。估计或多或少都走过弯路或曾处于低谷期，要么是学业成绩差，要么是其他一些"不着调"的行为，肯定也少不了一些几乎把父母逼疯的时刻。

本书第一章开篇所提到的斯哥，他弟弟的故事就很典型。与从小成绩好、听话懂事的哥哥相比，这个弟弟有点调皮，不怎么爱学习，为此没少挨母亲吵。那时正是港台武打电视剧流行之际，一个个大侠，身怀绝技，行走江湖，儿女情长，这可比做数学题背英语单词酷多了。弟弟就像着了魔一样，说啥都不愿意再读书了，嚷着要到武校学习，实现大侠梦。

全家人都觉得这个想法不靠谱，劝他说要去也等初中毕业后，但弟弟一天都不愿多等，倔得几头牛都拉不回来。母亲没办法，只得遂了他的愿。

就这样,两年后弟弟学成归来。电视剧中的武林高手从来都不为生计发愁,但现实社会却不是这样,必须先找份工作安身立命。此时的他才17岁,因为年龄小,并没有发挥武术特长"独闯江湖",而是在亲戚家开办的一个小厂打杂,也干些流水线工作,枯燥、乏味、劳累,勉强干了一年多后,弟弟终于撑不住了,向家人提出要重返学校考大学。

斯哥的舅舅是高中教师,考虑到外甥文化课不好,就给他支招去学美术,原因也许是当时武术还没纳入体考范围,也许是考虑到美术更好找工作。几年后,弟弟考取了苏州一所大学的美术专业,尽管是专科生,但时代红利加上弟弟本身聪明,如今工作和生活都很不错。

"虽说比一般的大学生晚两三年毕业,但从一辈子来看,真的没什么,人生体验更丰富。何况,会武术的美术设计师也很酷呢。"讲完弟弟的故事后,斯哥做了总结,其实,这正是我想说的。想想看,假如你某天遇到一个美术设计师,聊天时,突然发现他还学过两年专业武术,一身功夫,是不是一下子就觉得这个人有了立体感,层次丰富多了?也会帮你们找到一个有趣的聊天话题。就如黄有璨说的,以前生怕人家知道自己是高中肄业,但后来这却成了他的独特标签,一个很好的人生故事。

也正因如此,我都不愿意把斯哥弟弟的这段经历定义为"人生弯路",反而觉得是一段有趣的人生体验。不过接下来我要讲的一个表弟的故事,就没那么有趣了,他是真走了弯路。姨妈(我妈的堂妹)家的这个表弟,初中毕业后去湖南打工,与几个男孩混在一起,在哥们义气驱动下,他参与了一次偷盗以及由此引发的人身伤害事件，被判刑5年。当时这个表弟刚满18岁。

这对姨妈的打击可想而知，她每天以泪洗面、无颜见人。祸不单行，看她救子心切，就有人找上门来，说政法系统有关系，花点钱可打点一下获得减刑，姨妈家稀里糊涂又被骗去了多年积攒的十几万元。

5年，不知道姨妈是怎么熬过来的。然而，接下来就是一个大逆转。这个表弟出狱后，像变了一个人一样，身上的戾气和叛逆全无，找了一份工作，认认真真上班，还找了女朋友，结婚、生子都没让家里操心。近些年，农村男孩结婚还真不容易，女方要很多彩礼，在县城买房之类，往往会把一个家庭掏空。但也有一些男孩聪明能干，在外打工时自己谈女朋友，彩礼负担就会轻很多。这个表弟身高长相都不错，再加上会说话、情商高，尽管有不光彩的过去，但依然有女孩死心塌地愿意跟他。

如今刚过而立之年的表弟承包了一家快递点，工资加上分成，每月收入1万多元，在县城日子过得颇为滋润。据姨妈说，他原本是在这个快递点打工，老板觉得小伙子头脑灵活，做事靠谱，干脆就与他合伙新开了一家代理点，他成了半个老板，收入大幅提升。

曾经的牢狱经历，是表弟人生中灰色的一笔、抹不去的污点，也累及父母，让家族蒙羞。我们无法假设如果没这段经历，他如今的人生会不会更好一些，当然……也可能会更差一点，因为说不定这件事恰恰是他人生顿悟的契机呢。不管怎么说，他目前的收入，比身边大多数一帆风顺的同龄人还要好很多，家庭生活也稳定幸福。我敢保证，当他出现在面前时，你一定很难相信眼前这个做事勤快、朴实沉稳的年轻人，会有那么一段晦暗的人生。

正如世上没有两片相同的叶子一样，每个人的人生都不一样，没有所谓标准化成长道路。还记得前面《平均的终结》那本书中提到的锯齿原则吗？这一原则不光体现在智力水平、性格偏好等方面的多元化上，也体现在成长轨迹的千人千面上。也就是说，从时间轴的维度上，个体之间也会有挺大差异，每个人都有自己独特的成长节律。

什么意思呢？《平均的终结》一书中举了个例子，关于孩子学走路的。可能大多数家长都相信在孩子的成长过程中，存在各种阶段性的里程碑。比如一个孩子从最开始学会爬，到最后学会走路，中间要经历一个固定的过程，专家们还制定了一个进度表，包括在不同时期要掌握的不同爬行动作。这就是典型的工业品心态，先找一个"标准人"模板，然后把自己跟标准人对比，一旦对不上就觉得肯定有哪里不对。

其实，这只是一个人为的想象，并没有科学依据。罗斯指出，所谓婴幼儿成长进度表只是过去的人用统计值平均出来的结果。事实上，早在1998年，就有人实地跟踪观察了28个孩子，发现这28个孩子从爬行到走路的成长模式一共有25种！会走路的早晚也各不相同，但最终孩子都学会了走路。如果你强行搞一个平均值，你会发现没有哪个孩子符合标准模式。

孩子的心智发展也是如此，有些开窍早，有些开窍晚；有些小学赢了起跑线，后程却大大落后；有些自小对某一领域就呈现出强烈兴趣并一直深耕于此，有些中途换了很多兴趣才最终找到方向。比如前文中提到的塔拉一家几兄妹，两个博士哥哥从小就分别体现出在物理化学方面的兴趣，塔拉却是一个不太爱读书的疯丫头，文学和历史方面的天赋在17岁之前并没表现出来，她后来却获得了剑桥大学历史学博士,还写出了现象级文学作品。

《平均的终结》一书的作者罗斯自身的经历就很"非典型"。他16岁辍学,并与十几岁的女友结婚,不到20岁就生了两个孩子。当年读中学时,由于表现不佳,常常被认定为淘气包,全科成绩都是F(最低等级)。辍学后,为了养活家庭,不得不打多份工,生活极其艰难。但罗斯最终依靠自学,成为哈佛大学教授。《成为黑马》一书的第二作者奥吉·奥加斯,他也曾五次从四所不同的大学辍学,后来也进入哈佛大学研究生院。他们两人正是有感于自己的成长经历,共同发起了"黑马计划",发现那些个性化人才在成为自我的过程中,前期往往经历了一段艰难的探索,有过各种不如意甚至走过弯路。

类似的故事,从成绩卓著的黑马人物,到身边触手可及的普通人,还有很多。每个孩子"走弯路"的原因也各不相同。比如黄有璨是不适应学校升学导向的教育体制,遭遇了"个性化"与"平均主义"的矛盾;我儿子的大师兄和理发师小田,则可能是纯粹的青春期叛逆,还没长醒,混不吝地过了那么几年;斯哥的弟弟则因为好奇心爆棚,怀揣大侠梦,想以一身绝世武功行走江湖;而我那位表弟,则因为缺乏社会经验,一时冲动,酿成大错……

当孩子走弯路时,家长常常感到焦虑、愤怒、懊悔,甚至活不出来,也有夫妻之间相互指责、家无宁日。然而,很多弯路实际上是孩子成长过程中的一部分。每个人都有自己的发展轨迹,有时候离开主干道也并非坏事,他们可能会在这些小路上发现一些独特风景,"初极狭,才通人,复行数十步,豁然开朗",从而打开一片新天地;也可能是探索了一番后,此路不通,撞了南墙,摔了跟头,就折返便是,没什么大不了的,年轻就是资本。而且,人生没有白走的路，这些经历可以让孩子学到宝贵的教训，培养出坚忍的品格和强大的适应能力。

所以，对于很多所谓弯路、歧路，家长不妨放宽心，在守好底线的前提下，让孩子去探索、试错，并学会为自己的错误承担责任。遇到问题，家长还可以跳出当下，眼光放长远一点儿，心大一点儿，豁达一点儿，"这都不是事，是事也就烦一会儿"。

当然，在上述故事中，如果从守好底线的角度来说，表弟走弯路的尺度有点大了，家长并非一句轻描淡写的"想得开"就能化解。如今提起这件事，姨妈也很自责，说自己没教育好儿子。但是从我对姨妈家庭的了解，我认为这件事板子全打在父母身上也是值得商榷的，正如一个孩子考入北大清华，原因主要不能归结为父母一样。

这个表弟还有一个大他两岁的姐姐，从小成绩优秀，学业顺遂，研究生毕业后进入华为，收入可观。姐姐18岁考入大学，而弟弟18岁入狱。姨妈不知道自己是如何将女儿培养上大学的，也不知道儿子当年为什么头脑一热冲动犯罪。姨妈姨父都是安分守己、品性善良之人，也没有什么重男轻女的思想，没有特别娇惯这个儿子。事情的发生，有许多偶然因素，是许多机缘巧合汇聚的结果。

麻烦的青春期之一：走向遗传自我

也许大家已经注意到了，本章写到的这些所谓弯路故事，基本都发生在十三四岁到十八九岁之间。对，这就是青春期，让无数家长头痛的青春期。这是一个暴风骤雨、躁动不安的震荡期，你无法理解，原来那个听话的孩子怎么突然变得冲动、古怪、敏感、叛逆？为啥学习突然不上心了？为啥一定要去文身染发？为啥动不动就顶撞父母？为啥无脑做事完全不顾后果？在这个阶段，学业问题、亲子冲突、社交早恋等问题层出不穷，是家庭教育的重灾区。

正因如此，如今市面上有无数青春期教育的图书和课程。应该说，很多方法都是管用的，比如共情、接纳，先链接关系再解决问题等。具体方法我不再多说，下面我想从遗传与环境交互作用的角度，联系青春期大脑发育的特点，来看看青春期为什么会有这么多扰攘和挑战。

行为遗传学的三条法则大家还记得吗？其中第三个法则是：在人类复杂的行为特征方面，相当一部分比例的变异不能够用基因或家庭作用来解释。翻译成大白话就是，你今天这个样子，很大一部分不能从基因或家庭环境的角度来解释，一定还有另外一股巨大力量。

为了说明这个问题，作为家长你可以问一下自己，如果你是"70后"或"80后"，而你的孩子是"00后"或"10后"，孩子喜欢的服饰风格、名人明星、电影短剧等，是更像你还是更像他周围的同伴们？再回想一下你自己小时候，所喜欢的东西，是受爸爸妈妈的影响大，还是周围小伙伴们的影响大？我相信，只要你不把孩子用绳子拴在家里与外界隔绝，孩子都会更像他们的同辈，即我们前面提到的"同侪群体"。这种影响是一种群体社会化。

这种群体化可以理解为青少年在同侪群体中寻找归属感，因此需要递交"投名状"，有时不免显得鲁莽。在《园丁与木匠》一书中，心理学家高普尼克指出，青春期的任务是离开受保护的环境，真正靠自己去行动。所以，青少年的鲁莽并不是因为他们低估了风险，而是高估了奖励。在一项研究中，青少年被要求躺在功能性磁共振成像设备中，进行一个模拟高风险驾驶任务。当他们认为有另一个十几岁的孩子在看他们所做的事情时，他们大脑中的奖赏中枢会更加活跃，因此会冒更多的风险。

这一切都完全符合进化规律。人类最独特的进化特征之一是拥有异常漫长并受到保护的童年，但最终，我们必须离开家庭的庇护，走向与同龄人共同分享的未来。

在这个阶段，同龄人群体成为青少年社会化发展的重要媒介，帮助他们学习如何从别人的角度思考问题，并理解他人。同伴之间的相互影响使青少年更容易接受并模仿彼此的行为、态度和身份认同。

像我那位表弟，可能本身并不是一个坏孩子，但在外打工时，需要在同侪群体中找到归属感，如果不小心恰好接触到几个不太安分守己的孩子，当他们提出要去偷盗之类的违法事件时，为了避免被嘲笑为"胆小鬼""叛徒"，赢得地位和同伴认可，就会去迎合同伴，做一些冒险、刺激、莽撞的事情。小田初中时的调皮捣蛋也类似，他坐不住、不爱学习，但时间总要打发，就会寻找其他刺激和乐子，于是，就与几个小伙伴"裹"在一起，变成了一个令家长头痛的"坏孩子"。

前文中我们曾提到，哈里斯之所以对现行的家庭教育理论产生怀疑，并写出《教养的迷思》这本书，正是源于小女儿给她带来的养育挑战。尤其是进入青春期后，小女儿显示出与父母完全不同的价值观。她13岁时就开始抽烟，尽管从小母亲哈里斯就告诫她抽烟的害处，但是一点用都没有。"她属于小混混群体，这个群体里每个人都抽烟，抽烟是这个群体的行为规范之一。"哈里斯写道，她用尽了办法都改变不了女儿。

除了同侪群体的影响外，书籍阅读、流行文化、生活机遇等，这些来自家庭以外的环境影响，对青少年的兴趣偏好、人格塑造等方面也有很大影响。《你当像鸟飞往你的山》一书的作者塔拉，尽管17岁之前受家庭影响，也曾不相信现代医学、不信任政府、认为女孩穿暴露的衣服可耻……然而，一旦走出家庭，接触更多的同龄人，遇到好的老师，视野得到拓展，她就会抛弃父母之前施加的影响（尽管这种影响长达17年），融入现代社会，并让自己在历史、文学方面的天赋得以充分发挥。

再看看黄有璨的经历。爱折腾、不循规蹈矩，这些是他骨子里的特性。小时候，在家庭相对严格的学业管教下，他尚能够按照父母的期待发展，比如参赛获奖、跳级等。然而，随着年龄的增长，在阅读的引领下，他对独立自主的渴望日益强烈，希望在生活和决策中拥有更多的自主权。但是，家长又岂能轻易放弃自己的期待和管教，于是就引发强烈抵触，双方进入痛苦的拉扯。但最终，黄有璨找到了最适合自己的发展环境，活成了自己想要的样子。斯哥的弟弟也类似，从小母亲对他有着一定的学业期待，无奈他并不像哥哥一样天生与书本亲，而是更调皮一些，乐于舞枪弄棒，所以也就更容易被武侠剧吸引。

在孩子年龄尚小时，他们选择环境的能力相对有限，家长带到哪儿他们就跟着去哪儿，家长逼着学习他们也不得不去学习，孩子主要通过对特定环境做出行为反馈来发挥他们塑造环境的能力。但随着年龄的增长，情况开始变化，青少年比小孩子更有能力塑造他们的环境，喜欢冒险的青少年会找其他也喜欢追求刺激的青少年做朋友，更容易焦虑的青少年在家里待着的时间会更多。当然，那些不喜欢学习的青少年，随着学习难度的增加，也就表现出更多的不适和反抗。

所有这些，都是孩子先天基因与后天环境交互作用的结果。孩子根据自己的遗传倾向，与家庭外环境"眉来眼去，亲密勾搭"，经过一番尝试、探索和动荡期后，他们最终找到最适配自己的环境，也终将走向遗传自我，那个更真实的自我。事情的另一方面，往往就会表现为父母干涉的失效、家庭影响的式微，让父母生出无力、拧巴、愤怒、绝望等情绪——青春期的孩子太不好对付。

麻烦的青春期之二："八分熟"大脑

综上所述，青春期孩子自我意识的觉醒，自身基因倾向与家庭以外环境的亲密勾搭，成为父母觉得他们难以对付的原因之一。

导致青春期不好对付的另外一个原因，是这一时期青少年大脑发育的特点——混乱。在《园丁与木匠》一书中，高普尼克指出，在成年之前，大脑发育呈现出三个明显的阶段：幼儿大脑的可塑性非常高，灵活多变，充满混乱；上学以后，从小学到青春期之前这段时间，孩子的大脑是非常平静的；可是到了青春期，大脑再次变得活跃，可塑性再次提高，混乱又回来了。

青少年的情绪常常大起大落，一会儿觉得自己无所不能，天王老子都不放在眼里，一会儿又很低落，觉得自己啥也不是。有时他对未来充满向往，有时他又愤世嫉俗。今天觉得全世界都是朋友，明天又感觉到自己众叛亲离。大起大落，大开大合，容易走极端。

这种混乱，源于青少年的"八分熟"大脑，即大脑发育还不不完善，这是其叛逆冲动、行事鲁莽、喜怒无常等问题的深层原因。大脑的四个区域中，枕叶和颞叶，是大脑的视觉与听觉中枢，在青春期就已经发育得相当完善了。而前侧区域的顶叶和额叶，分别负责躯体的感觉运动和大脑的认知功能，要等到青春期末期才能大致发育完全。

尤其是前额叶，它是整个大脑的"司令部"，负责人的认知和决策。前额叶的发育不足会衍生出青少年一堆的毛病，比如因为缺乏预测风险的能力，青少年做事常常不计后果；还有自我控制能力的缺乏，会让青少年难以靠理智抵挡外界的诱惑，也更容易犯错误和沾上不好的习惯。而即使意识到自己犯了错，青少年也很难像成年人那样能很快吸取教训，避免同样的错误再次发生。

除了前额叶之外，我们还要提一下和前额叶关系紧密的"边缘系统"。虽然被叫作边缘系统，但它的地位十分重要。举个例子，边缘系统可以轻易地感知到外界对自己的讽刺，然后产生愤怒情绪，但需要额叶来决定是该发泄，还是压抑这个情绪。可惜，额叶的发育不足会造成青少年缺乏自我控制的能力。

综上，可以简单理解为青春期少年的心理有两个系统——一个是"动力系统"，一个是"控制系统"。动力系统就好像是汽车的油门，控制系统就好像是方向盘和刹车。此时，动力系统已经基本完善，控制系统却不完善。你说这车好开吗？

说到底，青春期麻烦其实是个大脑硬件问题。因为孩子大脑还没长好，所以经常会做一些无厘头、愚蠢、偏执的事情，从而不断给家长带来挑战。我们经常看到的有关青少年的新闻，往往是事情"闹大了"才进入大众视线，比如犯罪、自杀、殴打父母等，但如果家有青春期娃，会有很多"慢性日常麻烦"不足为外人道也，也足够折磨人。这就好像两口子吵架，只有事情闹大了，才引起社会关注，但在很多人家看似平静的窗户后面，还有多少夫妻的打闹吵架，一地鸡毛，外人无从得知。

与青春期的孩子相处亦是如此，接下来我就以自家儿子为例，聊一下他的青春期综合征。作为一个成绩平平的"普娃"，也许很有代表性。

在儿子进入青春期后，发生过很多让人哭笑不得的事情。比如从12岁开始，他特别在意身高。据说在班里他身高排名第三，但他想冲第一第二。为了长高，原本不爱喝牛奶的他每天要主动喝2斤鲜奶。这当然是好事，可有些方面就奇怪了，他让我们给他买来身高测量仪，每天都测，而且像犯了强迫症一样要测得非常准确，半毫米的误差都不能有。在家里我已经习惯了，有一年在姑姑家过大年三十，吃过晚饭，他又开始测，又揪住半毫米的差异斤斤计较，姑姑和表姐在一边惊愕地张大了嘴巴，我恨不得找个地缝钻进去，毕竟，被外人看出家里有"神经病娃"可不是什么光彩的事。那段时间他还特别得意于自己有一头微卷的头发，在手机上看到某个人的头发卷时，就反复问我，与他相比哪个更卷，还让我详细描述他头发卷的细节。

"这娃是不是得了什么神经病？怪癖？偏执狂？这些心思要是用在学习上就好了。"每次看到儿子这样神神叨叨，他爸爸都气不打一处来。

然而，进入初三后，儿子慢慢就对身高和头发不再感兴趣了，家里那台身高测量仪已经被冷落了两年。

你以为他恢复正常了？当然没有，新的麻烦接踵而至。进入高中后，早晨时间本来就很紧，但他从起床到出门，足足要磨蹭一个小时。除了吃饭洗漱上厕所之外，大部分时间都坐在镜子前左照右照——即便坐在他跟前仔细观察，我都描述不出他具体做了什么，但就是需要这么长时间，也是把他爸爸气得七窍生烟，说自己咋这么倒霉，遇到了这么个怪物儿子。

好吧，这种情形持续了一年多，不知不觉间，现在一切又正常了，早晨他起床后20分钟内搞定。我问他以前为什么要那么久，他说他也不知道。

大家都知道青春期的孩子特别在意自己的形象，但具体怎么个在意法，又可能给家长带来哪些困扰，如果你家里没有青春期娃，以上剧情和细节，恐怕想象力再丰富的编剧也编不出来——他们就是这么怪。

当然，一般父母遭遇的其他麻烦，我们也一样没少，比如从初二开始他偷偷摸摸抽烟，学会了说脏话，动不动就抱怨老师不公平、爱管闲事，看不惯哪个同学时就扬言说要邀约同学揍对方，还进行过两次无疾而终的恋爱……对于他的种种叛逆，我也干涉过，但效果不大。不过随着时间的流逝，不知什么时候，这些麻烦陆续又消失了。当然，他如今依然还在青春期，新的麻烦还会出现……

还记得哈里斯家里那个令人头疼的小女儿吗？那么，这个女儿后来怎么样了呢？哈里斯这样写道："我的孩子现在没事了，就像所有曾让父母伤脑筋的青少年一样。随着年龄的增长，她逐渐

成长问题：让子弹飞一会儿

平静下来，变得越来越明智。她变成一个很好的成年人了。我曾问她，我们到底哪里做错了，应该怎样做，她说她也不知道。"

其实青少年自己也不知道当时发生了什么。如果他们懂一些脑科学原理，可能会这么回答："我的大脑还没长熟呢，能怪我吗？"——这倒是实话。

可能你自己在青春期也做过一些奇奇怪怪，甚至挺混账的事，说不定还后悔得要骂自己一句粗话，请问当时你父母做错了什么吗？所以不要再轻易相信一些育儿专家诸如"问题孩子的背后一定有一个问题家庭"之类的话。诚然，有些过分干涉孩子、不理解孩子的，可能是父母的问题，但也有可能是父母啥都没做错，只是孩子的青春期到了。

青少年给父母带来那么多挑战和麻烦，那么，他们自己快乐吗？

专注于青少年发展和心理健康的专家拉尔森和另一位数据专家理查德，用日常追踪测量法研究了不同年龄段的孩子的情绪。结果发现，青春期少年的积极情绪比儿童少，也比成年人少。也就是说，青春期可能是人一生中最苦闷的时期，像是愉悦、满足、可控、自信，这些积极情绪的比例只有儿童的50%。对青少年来说，他们报告比较多的情绪是尴尬、孤独、被忽视等负面感受。

还记得前面提到的《2023年中国心理健康蓝皮书》吗？抑郁症状的检出率在小学时是10%，初中、高中却分别达到30%和40%，这是一个陡然增加的数据。

再来看另外一份资料——《2024儿童青少年抑郁治疗与康复痛点调研报告》，这份报告由中国科学院心理研究所国民心理健康评估发展中心和青少年抑郁支持平台"渡过"共同发起，显示首次抑郁症确诊的平均年龄为13.41岁,首次休学的平均年龄为13.74岁,也就是"中二少年"时期。

这些都说明,青春期的孩子积极情绪的确要少得多。这对父母而言同样又是一个挑战:说你两句就要撂挑子不干,就抑郁躺平,甚至要跳楼,太玻璃心、高敏感。面对这个既叛逆又脆弱的奇异物种,做父母的实在是很难。

那么,父母究竟该如何应对呢?我觉得心理学家李松蔚老师提出的一个概念非常好——把青春期孩子当作不靠谱的领导。领导不成熟、没经验,会做出错误的判断。你当然有义务为他提供建议和参考。可另一方面,人家毕竟是领导,你总不能老吆五喝六、滥施权威。相反,应该用一种尊重的、平和的态度,说:"领导,这个事我说说我的看法,供您参考。"你提供自己的意见,同时把做决定的权力交给他。

这还不是那句话吗?方向盘在孩子自己手中,你只能坐在副驾驶的位置,提供建议参考,而不能抢方向盘。

那孩子一定要去走弯路,怎么办?前面已经充分解释了,孩子有些问题就是阶段性、周期性的,"让子弹飞一会儿",大部分问题可能就自然消失了。当然并不是说家长完全不作为,而是说在尽力引导依然无效的情况下,就交给时间来解决。这依然是对于不靠谱领导的态度,我不能替你做主,但把话说到了,你不听,那就自己承担后果。要允许孩子去试错,在可控范围内试错,总比亲子关系破裂要好。

总之,青春期是个普遍现象,也是个世界级难题,关键在于家长对这方面的知识了解多少。如果你一无所知,孩子出一点问题,就会手足无措,认为自己是世界上最倒霉的父母。相反,如果你了解了这个年龄的特点,知道"别人家的孩子"也都好不到哪儿去,就会生出"泰山崩于前而色不变,麋鹿兴于左而目不瞬"的淡定。至少我的体验是这样,当我家儿子青春期来势汹汹时,我已经学习过家庭教育的知识,明白自己只是在面对一个"青春期怪兽"而已,很少有情绪上头的时刻。

你看,家庭教育的神奇之处在于,未必能让孩子变得更好,却能防止家长犯错,导致事情恶化;也不至于把自己气得给"心脏上支架",或者夫妻俩相互指责而离婚。从这个角度来说,学点家庭教育,还是很有必要的。

最后,我想用苏轼的《定风波》来结束本章,希望每个家长在面对青春期孩子带来的疾风骤雨时,心态上能平和冷静、超然洒脱一些。

莫听穿林打叶声,何妨吟啸且徐行。竹杖芒鞋轻胜马,谁怕?一蓑烟雨任平生。

料峭春风吹酒醒,微冷,山头斜照却相迎。回首向来萧瑟处,归去,也无风雨也无晴。

第八章

正视遗传,做好期待管理

世界上只有一种真正的英雄主义,那就是认清生活的真相后依然热爱生活。

——法国思想家罗曼·罗兰

"连学习都学不好的孩子,去干其他行业,当然也做不好。"你觉得这句话对吗?

如果已经读了前面几章,你肯定不会认可这句话。显然,有些孩子的天赋优势不在于学习,他们或精于一门手艺,或擅长人际沟通,或赢在踏实靠谱。只要立足自己的天赋,再有一些优势人格加持,同样能做得很优秀。退一步说,即便没有什么突出的专业天赋,如果足够踏实努力,安身立命也不成问题。

不过,如果结论停留在这里,显然,我不够真诚,因为拉长到一生的角度看,我们身边也的确有很多成年人,干什么都干不好。他们智力一般、素质一般、品格一般,身上还有明显的拖后腿的弱点。

你要说这些人都是小时候家庭教育错误导致的,我不会相信。

所以接下来的这一章,咱们来点真心话大冒险,着重说几类给父母带来养育挑战的孩子。比如为什么同样的东西,有些孩子能轻松驾驭,有些孩子学起来却很艰难?为什么有些孩子明明不笨,却没有上进心、懒散糊弄、得过且过?为什么有些孩子能够与父母和平相处,有些孩子却浑身是刺,整得家里鸡犬不宁?不可避免地,我们还是要追溯到人与人之间的生物性差异。认真对待这些差异，并不是否定家庭教育，也不是让家长躺平，更不是对孩子放任自流，而是希望家长在真正了解这些差异的基础上，摆正心态，有的放矢。所以，尽管接下来有一些提法可能会让你不舒服，但是正视这些现实，总比把头埋在沙堆里要好。

智力平庸，不是孩子的错

先从我目睹的一件小事说起。我小时候有个邻居小女孩，她父母长得还行，但这个女孩不知为何，偏偏遗传了父母的缺点，长相各种不协调。有一次，妈妈温柔地看着女儿跳来跳去玩耍，忍不住感叹了一句："俺妮儿也不知道长得好看不，当妈的看不出来。"

这让我很惊讶："天哪，明摆着的，她长得不好看，你这个当妈的难道看不出来？"当然，当时的我10岁了，基本的人情世故还是懂的，这句话只在肚子里打转，没说出来。现在想来，这个妈妈可能是真不知道自己女儿长得不好看，毕竟亲妈看自家孩子，都自带滤镜。

与外表相比，智力差别就更隐蔽，所以大多数家长都有理由觉得自家孩子聪明，至少都在平均线以上。前文已提到，与长相和身高一样，智力也呈正态分布，特别好的或特别差的都是少数，大部分人都处于中间地带。那么家长就必须接受一个现实，有一半孩子是在平均线以下。所以大部分孩子平凡，甚至平庸是这个世界的真相，而接受这个现实，是家长的必修课。

前几年，先有清华教授刘瑜感慨："我的女儿正势不可挡地成为普通人。"又有北大教授丁延庆吐槽女儿："我教孩子逆天改命，她却教我学会认命。"都引发热烈讨论。就以丁延庆来说，他小时候被称为"神童"，本科就读于北大，后在哥伦比亚大学获得教育学博士学位；他夫人也是北大毕业，然而，女儿似乎完美避开了夫妻俩的学霸基因，在"学渣"的道路上越跑越偏。在给女儿辅导作业的过程中，丁教授经历了从痛心疾首，到怀疑人生，再到心如止水的心路历程。

"一开始老师说，女儿学习跟不上，有各种问题，我焦虑到睡不着觉。我跟妻子都是北大的，智商都不低吧，每次教她做作业，我真是……"

在被问到"作为北大教授，您能接受孩子是一个平庸的小孩"时，丁教授称："没办法，这是天道。"

生孩子如同开盲盒，在面对小孩的智商问题上，这位北大教授体现出了真诚、豁达和勇气。

让我们再来重温一下智商的概念。《基因蓝图》的作者普罗明认为，智力捕捉到了多种认知测试的共同点，这就是为什么智力通常被称为一般认知能力。智力测验通常包括十多个语言能力和非语言能力测试，受试者在这些测试中的表现被总结为 IQ 分数，即智商。

主流研究认为，智商分数评价的是"推理、计划、解决问题、抽象思考、理解复杂思维、快速学习，以及从经验中学习"的能力。智力对于科学和社会都很重要。从科学角度来说，智力反映了大脑的工作方式，不是大脑成像研究中被激活的特定模块，而是大脑协同工作以解决问题的各种过程。在社会层面，智力是用于预测教育成就和职业地位的最佳指标之一。

智商就像体温一样。体温高低并不能说明你身体有什么病，但如果你到医院，医生测量的第一个指标就是体温。智商也是如此，它虽然不能涵盖所有情况，但绝对是一个非常重要的指标。

不知道北大丁教授的女儿后来怎么样了，是不是学习成绩提上去了，毕竟小学时"学渣"后来逆袭的故事也不少，何况有些孩子虽然学习不行，但有其他兴趣爱好，照样能发展得不错。所以在讲述这个故事时，我用"平庸"两个字是要斟酌再三的，尽管人家丁教授自己可以这么说。这也是本书作为家庭教育类书籍，却很少写小孩子的原因，因为有太多的不确定性，有些孩子仅仅开窍晚，有些孩子尚未找到优势领域，只有拉大人生尺度看，人与人之间的差别方能更清晰。有了这个认知，回过头来看孩子小时候的教育，也才能有更大的胸怀和格局。

恰恰拉大人生尺度后，再观察身边的成人世界，智力的差异就更明显。古今中外皆如此，因为生活处处是考场，考题更多元、局面更复杂，智力不行还真应付不来。历史学家张宏杰研究历史有一个特点，就是非常关注人性。他对于天赋基因对一个人发展的影响，乃至对历史走向的影响，有着浓厚的兴趣。比如在《饥饿的盛世：乾隆时代的得与失》一书中，第一章开篇，张宏杰就从家族遗传的角度看待乾隆其人："乾隆皇帝的基因，得自他父亲的那一半非常优秀自不待言。爱新觉罗家族的出色素质在此前历代皇帝身上已经体现无余。极高的智商、强大的自制力、无穷的精力、无比精明的头脑、难以扼制的进取精神……"

显然，乾隆的智商是落在了正态分布的右边尾部，属于特别高的那种。更多历史人物，却只能遵从大数定律，落在正态分布的中间。细读张宏杰的书，你会发现，"庸"是一个出现频率很高的字。在这个基础上，有很多组合，比如庸常、庸俗、庸凡、昏庸、庸妄、庸鄙、庸弱、庸懦、庸卑、庸顽、庸劣等。张宏杰对很多皇帝评价为平庸、昏庸；咸丰皇帝，他在平庸之外再精确地描述为庸弱；明朝大宦官魏忠贤，他形容为庸劣；很多忙碌却无所作为的官员，他形容为庸碌……

精确的表达源于对人性的细微观察。我理解，这个"庸"字可以简单概括为智力平平，而智力基本能决定每个人在所有领域的表现，再直白一点说就是，如果一个人的智商高，那么他的其他各项素质，包括情商、身体素质、工作能力、自控力等都会表现得好。反过来，如果智商低，即基本的认知水平低，就会出现张宏杰笔下的各种"庸+"现象。有些"庸+"不可避免地有作恶性质，不过逻辑上很好理解，人的认知水平低，往往也无法正确评估自己的行为给别人带来的损失，尽管主观上可能并无恶意。对于这种现象，人们在生活中还有一个更笼统的描述：愚蠢。

"人们总是低估周围愚蠢人的数量"，这是意大利经济史学家卡洛·奇波拉在《人类愚蠢基本定律》中所提出的第一条基本定律。奇波拉认为，"愚蠢的人经常给他人造成损失的同时，自己也没有什么收益，甚至可能自身也承受了损失。没有人能够知道或者理解，为什么那个荒谬之人要这么做。唯一能够解释的就是——他们愚蠢"。所以，如今还流行一个词——"厌蠢症"，用以描述一种对他人的愚蠢行为或缺乏常识难以忍受的情绪状态。这种人当然也可能去作恶，即便是作恶，也经常会以令人啼笑皆非的方式进行。

讲一个故事吧。你听没听说过柠檬汁可以做隐形墨水？就是用柠檬汁写在白纸上的字，干了以后就看不见了。然后用电吹风一加热，字迹就能显现出来，这是因为加热让柠檬酸发生了氧化，腐蚀了纸张。

1995年，美国有个叫麦克阿瑟·惠勒的男子，单枪匹马抢了两家银行。电影里一般抢银行都戴个头套，但惠勒没有采取任何措施，甚至还对着监控摄像头笑了笑，抢完银行就愉快地回家了。

当天晚上警察就抓住了他，并且出示了监控证据。惠勒很震惊，说，不对啊，我已经在脸上抹了柠檬汁啊！原来，他听人说过柠檬汁可以隐形。但他显然误解了"隐形"的意思。

惠勒的愚蠢后来惊动了康奈尔大学的一位名叫戴维·邓宁的心理学家，他就跟自己的研究生贾斯汀·克鲁格搞了一项研究，想看看为什么这种一知半解的人能有这么大的自信心。

结果他们发现，越是一知半解的人越自信。

这个研究非常经典，被很多人在不同领域做过验证。邓宁和克鲁格研究了人的两种能力之间的关系：一是你在某个领域的技能水平，二是你对这一技能的自我评估能力，也就是你自己的技能水平跟别人相比处于什么位置，对此你有没有一个准确的判断。

比如，有些人不擅长理工，但因为他知道自己不擅长理工，所以他的第一种技能低，第二种技能却很高，说白了，第二种技能就是你有没有自知之明，对自己的认知有没有认知，也叫元认知能力。多个实验证明，那些能力差的人，自我评估能力也差，这就是邓宁-克鲁格效应。我理解为，愚蠢不光在于自己的能力差，更在于根本不知道自己能力差。

张宏杰在两本书中都提到过自己的一个舅妈。这个舅妈每次生病都不去医院，而是去找村里的算命先生。她坚决认为人生病都是因为"冲撞"了什么"不洁的魂灵"所致，只要按照算命先生的指导，朝某个方向焚化纸钱就能够治好。曾经有两次巧合，烧完纸后不久，她的病真好了，她那套理论因此更加强化，还嘲笑张宏杰关于病毒和细菌的说法是异端邪说。直到50多岁因为急性肾炎拖延治疗而去世前，她都认为张宏杰是读书把脑子读坏了。

当时我读到这个故事时非常惊讶，对自我认知稍有反思的人，只看张宏杰已经取得的社会成就，也不至于说他"读书把脑子读坏了"，舅妈的脑子到底该有多糊涂。

看到这些事情，你心头可能会浮现出鲁迅那句名言"哀其不幸，怒其不争"。其实，细品鲁迅笔下一些奇奇怪怪的人物，例如阿Q、孔乙己，你可以称其为病态人格，我觉得也可以理解为愚蠢，两者之间往往没有清晰界限。他们的命运往往都很悲惨，即便生活在当今，应该也不会过得好。然而，我们仍需追问，这种"不幸"的根源来自哪里？

先天遗传差异是主要的。智力的遗传率约为50%，这是对所有年龄段研究的平均值，它有随着年龄增长而增加的趋势，甚至会达到85%。智力并不容易通过刷题练习来提高，虽然提升某一方面的智力相对容易，全方位提高却非常困难。高考作为选拔性考试，筛选智力应该是第一要义，尤其是数学，成为拉开分数差距最好用的工具，也因此而成为很多孩子的噩梦。毋庸讳言，凡事都有例外，我们不能说数学不行智力就一定低，你也能随便举出很多例子。

过去，对于智力的研究一直处于"先天与后天"风暴争论的中心。这种争论源于对生物决定论、优生学和种族主义错误的担忧，由此也阻碍了人们对于遗传差异的接纳。如今，遗传研究为我们提供了越来越多的证据，正在突破这层障碍，毕竟掩耳盗铃解决不了问题。

联系前面多次提到的同卵双胞胎对比研究，以及生活中大量观察到的同一家庭中兄弟姐妹的不同之处，对于智力的差别主要来自先天这一结论，你应该不会有多大疑问。一个有趣的地方是，尽管一般老百姓并不懂得思想和行为是由大脑神经元的链接方式决定的，但是对于一些人的荒谬行为，总能形象地给出原因——"脑子少根弦"或者"脑子一根筋"。的确，应该就是神经元之间缺少了某种链接，或者是链接混乱所致，即老百姓的另外一句口头禅——"脑子一团糨糊"。

尽管后天的生活经历会不断修剪、塑造大脑的神经元链接，但我们还是要记得，人出生时并非一块白板，是带着预装系统来的，后天的修剪、塑造也都只能在这个预装系统的基础上进行。学习的神经生物学解释其实就是建立神经元之间的链接，人的智力不同，会导致学习能力不同，建立链接的速度、精细度也不同，进而形成一个个在认知水平、思维习惯、生活方式等方面不同的个体。

孩子"苟且懒散"，又是谁的错

孩子智力层面的平庸，会给家长的养育带来不少挑战，尤其是那些对学业成绩有着较高期待的家庭。不过，智力的天生差别并不难观察，如今正在被越来越多的家长所认知、接纳。但还有一种挑战，似乎更让家长难以接受，那就是，这孩子看似挺聪明，为啥就不好好学习呢？小时候不好好学习也就罢了，长大后还干啥都不成！烂泥扶不上墙，日子过得一塌糊涂，又是怎么回事？

咱们还是先看一个故事，来自梅拾璎老师公众号上一篇读者的提问，文章的名字就叫《我两个表弟，一个教授，一个啃老，请问决定他们人生轨迹的关键因素是什么？》。

这位读者详细讲述了自己姑姑家两表弟的故事：他的大姑和姑父都是20世纪80年代的中专生，也都是县里的公务员、中层干部。家里两个男孩，仅差一岁半，从小都挺聪明。老大上学很厉害，脾气性格都好，一举考上北大计算机专业，读硕读博，现在是大学教授。老二从小学就不爱学习，说是学不进去，但人很高很帅很仗义，特别能混圈子，经常打架斗殴，身边总能跟着一群小兄弟。他没考上高中，被安排进工厂干销售，家人还在济南给他买了套房子。他情商高，一开始干得挺不错，也受领导器重，可干着干着就不想干了，回家躺平，抽烟熬夜打游戏。

爸爸妈妈退休之后既帮不上他，也管不了他，很是发愁。前几年，当教授的哥哥在北京给他找了个卖书的工作，他自己也可能是躺够了，又振作了两年，干得也挺好。父母干脆把济南的房子卖掉，举全家之力在北京给他买了套房子，他也很快结了婚。几年后，他的销售业绩进入平稳期，又蔫了，开始熬夜打游戏。再后来，说工作没多大意思，于是辞职，自己做主把北京房子卖了，在老家县城买了一套大房子、一辆好车，剩下的钱做了几次投资也都赔光了。现在他完全在家躺平，还因为熬夜抽烟各种不良嗜好落了一身病。父母帮他照顾孩子，给他贴生活费，本来可以很幸福的退休生活被连累了，整天发愁。

好，故事讲完了，你怎么看这个不争气的弟弟呢？

梅拾璎老师认真回答了这个问题，她主要参考了《基因彩票》

一书，认为基因层面的天生不同，是导致兄弟俩学习、性格等诸多差异的主要原因，当然也不能忽视家庭环境的原因。比如哥哥属于教育多基因指数高的人，父母可能当时忙于工作，没咋管，也能考上很好的大学。弟弟本身自制力差一些，如果父母在他小时候能够多一些关注，譬如，在小学低年级阶段，每天能抽出半小时关注他的学习，让他能跟上大部队，就不至于对自己的学业绝望；譬如，留意他在学习之外的爱好兴趣，因势利导，寻一技之长；譬如，肯定他的哥们儿意气，敦促他做个好学生，不以当个孩子王为人生目标；譬如，设置一定的底线，抽烟和游戏方面多一些智慧的调教；譬如，欣赏和鼓励他做销售的能力，激发他自学上进，干出一番事业……也许，这个孩子的命运轨迹会有一些不同。但总的来说，兄弟俩的这种差别，主要还是来自先天。

我认为梅老师的分析很中肯，不像一般育儿师那样，把棍子全打在家长身上，毕竟，还有一个哥哥作为对比。这是一个完美的自然实验，兄弟俩仅差一岁半，相当于几乎有着一样的家庭环境和外部环境，两人的差别主要就来自于先天。

我想当你读到这家老二的故事时，眼前一定会浮现出一些你熟悉的面孔——生活中这样的人不少。他们称不上坏人，大多数智力也正常，但是过得懒散潦草，工作敷衍塞责，拖沓应付；有些甚至根本不工作，躺平啃老，得过且过，对自己不负责任，对家人不负责任。

在我们河南老家，这类人被称为"混鬼"，混日子，吃了今天不管明天，几乎每个村子都有，程度不同而已。我们村也有一个，人似乎很精明，但每天吊儿郎当，喝酒打牌。他有四个孩子，庄稼活、家务活主要是老婆带着孩子们在干，根本顾不过来，以致村里有个梗：走到地头，哪块地里的草最多、庄稼长得最差，肯定就是这家人的。当年农村人没有离婚先例，如果是现在，估计他老婆早不跟他过了。当然要特别说明的是，这个人兄妹五个，只有他一人是这样，不能把他的问题归为父母的教养不当。

其实何必把眼光投向外人，很多时候，我们的家人，甚至我们自己，何尝不是这样，区别仅仅是程度不同而已。一些从小成绩优秀，后来却懒散躺平、人生高开低走的例子数不胜数。摆烂、躺平、对生活无兴趣、缺乏责任心、不愿吃苦等，是这类人的特点，我们姑且叫他们"苟且懒散者"。那么，这种消极苟且懒散的性格又是从哪里来的呢？可能会有家庭教育、社会环境、个人际遇等方面的原因，比如父母过于娇惯、社会生活受挫等，但我认为，遗传依然是最重要的原因。

在前面讲到同卵双胞胎研究时，我们曾指出，只要不是极端糟糕的家庭环境，把孩子换一个家庭抚养，成人后的能力、个性以及其他个体特征都差不多。《基因彩票》的作者哈登曾主持一项双胞胎对比研究，发现影响一个人未来成就的诸多人格遗传特质中，"经验开放性"权重最大。这种特质反映为好奇心、学习欲望和对新奇经验的开放性。典型高开放性的人对新知识与新体验有强烈的渴望，他们会主动寻求并持续参与需要一定认知努力的活动，并从中获得乐趣。

也就是说，具有"经验开放性"人格特质的孩子，一般也容易在学业上取得成就。而"经验开放性"正是大五人格中的一项。北师大心理学部教授王芳在《人格心理学40讲》一书中综合了人格领域的各项研究，指出大五人格中的40%—50%来自遗传。如果提取大五人格中与学业成就关系最密切的几个特质，比如生活态度是否积极、愿不愿意努力、有没有韧性、自不自律等,这些被哈登称为"非认知技能"的人格特质,遗传率达到60%。其中,好奇心,即经验开放性依然是最重要的。

好奇心是成事的内驱力,也是生活的乐趣所在。然而,遗憾的是,还是有一些孩子对什么都没多大兴趣,他们封闭、沉闷、保守,拒绝尝试新事物,如果这类孩子再叠加大五人格中的低尽责性特质,那就挺麻烦。他们可能会懒散、粗心、意志薄弱和随心所欲,干什么都糊弄,不能吃苦,得过且过,这样的孩子很难取得理想的成就,甚至难以养活自己。

特别值得注意的是,"苟且懒散者"与前面一章中提到的"个性化人才"有很大不同。个性化人才可能在学校的标准化学习中表现不佳,但他们有自己的热爱之事,生命力蓬勃向上,努力寻求自我实现。而"苟且懒散者"对什么都不感兴趣,没有自己热爱的领域,做什么都不持久,遇到一点困难就退缩,完全没有个性化人才在一个领域内深耕的恒久耐力。

三种小球　三种命运

所以回到本章开篇提到的那个问题:

"学习都学不好的孩子,去干其他行业,当然也做不好。"这句话到底对不对?

现在答案就比较清晰了:也对也不对。为了方便叙述,咱们来看一个图。其实也是对前文的总结:

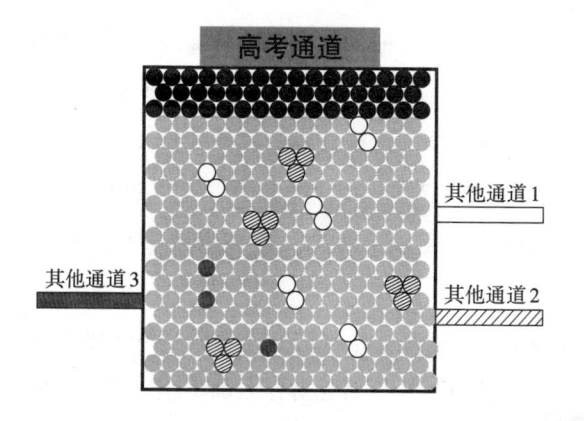

图中的 ● 小球，代表学习成绩好的那类人，他们智商过关，对书本天生亲近，也具备一些优势品格，比如积极主动、好奇心旺盛、专注、能吃苦、自律等，当然能考上比较好的大学。而且你不要以为他们是书呆子。他们学到的并非死知识，在学习中，他们能举一反三，灵活通透，学习能力可以迁移到其他地方，无论是知识性学习还是其他能力，都非常过硬。让我们生活发生巨大改变的，主要也是这类人，不管是国家的尖端科研，还是企业里的技术研发，抑或政府部门的制度设计等，这类人都是主力军，他们的成就成为全社会的共同福祉。

即便高考体制有这样那样的问题，他们依然适合，因为他们能灵活应对各种任务挑战，你需要什么，他们就交付什么，这正是一个人的能力体现。高考作为一种筛选机制，能让他们顺畅地脱颖而出。

● 小球下面，还零碎分布着一些 ○ 小球、◉ 小球和 ● 小球，如果纯粹论应考智力，他们不行，在高考制度下缺乏竞争力，但他们对某些特殊领域有兴趣，刚才提到的优势品格，诸如积极主动、好奇心、自律等，他们在自己感兴趣的领域同样具备，这就是那些个性化人才。前面我们已经花了很多笔墨来写他们的故事，比如聂凤、苏亚淇等。现代社会的好处就是支持多元化发展，让这些孩子在自己感兴趣的领域持续深耕，把兴趣变为产品或服务。

如果你家孩子是以上两种，应该感到庆幸，孩子中了基因彩票。

但我们不得不面对一个现实：还有很多孩子属于图中的 ● 小球。他们不仅学习不好，而且对什么都不感兴趣、不愿深究，做什么都浅尝辄止，混日子而已。这些孩子不可能把任何事情做到极致，这不仅是能力问题，更是态度问题。他们压根儿不想把事情做到极致。这类人并不在少数，智力上的平庸，人格上的苟且懒散，或者其他性格缺陷，都限制了他们的发展。而且，由于这些因素具有遗传特性，父母的介入改变空间有限——不是完全不能改变，而是效果有限。

这是一个有点丧的结论，但对于父母来说，未必是坏事。假如你对此心中有数，至少在孩子不愿学习时，不会气得"心脏上支架"，或者一脚踢破孩子的脾脏，又或者引发夫妻大战，闹得家里鸡犬不宁。遗传率意味着有些孩子更容易受到这些问题的困扰，并且更难克服这些问题。孩子应对问题的成功与失败，应该相对于遗传的优势和劣势进行重新校准，即家长要做好对孩子的期待管理。当面对一个不太如意的孩子时，也许孩子还没长醒，也许他智商平庸，但也许他天生就是这么一个苟且懒散体质……这是他的命运，作为家长，你只负有限责任。

那么，什么叫有限责任？怎么把握这个度？我觉得可以借鉴《被讨厌的勇气》一书中的建议——"课题分离"。就是每个人都有自己的课题，你只为自己的课题负责，而不要干涉别人的课题，哪怕是亲子之间，都要把握好分寸。

比如，你希望孩子学习好，给孩子提供一个优良的学习环境，提醒他好好学习，告诉他为什么学习很重要，这都没问题。但是，如果你非要逼着他学习，强迫他做这做那，就不对了。

学习，是孩子的课题，不是你的课题。你的课题是给他提供帮助。如果你强行干涉孩子的学习，乃至于让他为你而学，他就可能会欺骗你，甚至报复你。很多青少年做各种出格的事情，其实根本目的就是为了报复家长。

那你说难道我应该眼睁睁地看着孩子不好好学习吗？不是的，作者岸见一郎打了一个比方：你可以把马牵到河边，但是最终马喝不喝水，那是它自己的决定。归根结底，如果孩子就是不想学习，你只能接受。真正能改变他的只有他自己，你逼他改变，不但没用，而且有害。

别忘了，在外在资源条件已经充分的情况下，真正决定孩子学业的关键因素，是教育多基因指数。你"把马牵到河边"，给孩子提供良好的学习条件，就是在环境上提供了正向的支持因素。至于孩子行不行，取决于他体内的"学习基因"。

正常范围内，依然有较大差别

在成长问题上，拉大人生尺度看，往往更能看到真相。接下来，我想讲身边一位老人的故事。

我时常想，如果我的婆婆出生在今天一个城市家庭，家长对她的学业成绩会有期待吗？如果她去测教育多基因指数，又会呈现出什么结果。也许接下来她的故事，能给我们提供一个窥见人类心智奥秘的独特视角。

"你见到我妈妈时，如果她说话有什么颠倒的地方，不要奇怪，她就那样。"在与老公谈恋爱，即将第一次上门见他父母时，老公暗示我，他妈妈的智力与正常人有点差别。

然而，第一次见面时，我并没觉得这位未来的婆婆有什么不对劲儿。时年62岁的她，像所有催婚的父母一样，对儿子带回家的女朋友非常满意，亲热地让我吃东西、跟我拉家常，都很得体。

与正常人一样啊，哪里不对了？我很奇怪老公初次见公婆前跟我说的那句话。

不过，在后来与婆婆共同生活的近20年中，让我得以窥见人类心智的结构性差异。首先，这么多年了，婆婆甚至都不能准确称呼我的名字，她一直叫我"小玉"。而事实上，我叫"晓宇"，第一次见面时，老公也着重强调了读音，但婆婆依然读错，大家笑着纠正了几次无果后也就罢了。

后来生活中，类似的事情不断发生，也给整个家庭带来了不少欢乐。比如"微波炉"，她竟然说成"微锅炉"；电视"机顶盒"，她会说"机电盒"；重庆有名的"歌乐山"，到她嘴里竟然成了"锅炉山"；说一个人"去世了"，她则说"去死了"……以上这些词，纠正了一辈子，她都无法准确表述。

这种事发生多了，我渐渐意识到，老太太缺乏抽象思维能力，只要距离她生活较远的事，她理解起来就困难。比如，微波炉明明加热用的，与做饭有关，中间那个"波"字，在她的生活经验以外，她无法理解，只能与锅炉联系在一起；机顶盒中间的"顶"

字，明明与看电视有关，怎么是"顶"呢？只能是"电"；同样，"歌乐山"又是什么东西？只有"锅炉山"才在她的生活经验内；"去世"与"死亡"有关，所以就直接表述为"去死了"。当然我的名字"晓宇"也莫名其妙，女孩不应该叫"小玉""小红""小娥""小梅"吗？

最好笑的是，前几天在超市，她问："蛤蟆密瓜买不？"其实她想说的是哈密瓜。有几次，她把"去网吧打游戏"，简单概括为"打王八"，又给大家贡献了不少欢乐。

在重庆生活了40年，如果她乘坐公共交通出门，仅有几条熟悉的路线可以独自完成。相对于公交车，地铁系统更复杂一些，她能独自出行的路线进一步减少。平时看电视，除了戏剧她能大概看出剧情，就连最浅显的电视剧她也看不懂，只能局部了解一点人物关系。作为家庭主妇，购买食物时，保质期、存储方法、使用说明，她一般也看不太懂。至今，她也描述不出来我老公，即她的儿子，在什么单位上班，质检局是什么，她无法理解。

如果你以为这些是老年人的正常表现，我老公会再次重复我们第一次见面时的那句话："我十几岁就晓得她与正常人不大一样，那时她才40岁出头。"

但若不是朝夕相处，老太太这种思维缺陷并不容易被外人看出。她待人接物情商还行，很会说热络的家常话，符合人情逻辑，在小区还结交了不少老姐妹。

她只是在大脑中不容易建立对抽象和陌生事物的链接，也无法理解稍微复杂一点的逻辑。但这一点对于学习就是硬伤，尤其是书面知识的学习，因为学习的本质就是在大脑中建立新的链接，需要超越日常生活经验，理解事物之间本质的、复杂的联系。显然，老太太做不到。好在，这并不影响她作为家庭妇女的基本生活，她也认识一些常用字，能胜任她的工作——在医院后勤部门打杂。而且，老太太身上还有一些突出优点：工作尽责、任劳任怨，性格一点都不强势，柔和大度，几乎没对人说过难听话。

每次看到婆婆，我就会想到人性的复杂层次。她那些令人愉悦的性格特质，对许多人来说，是需要主动学习和反思才能提升的品格，是通过调动大脑算力权衡利弊之后的结果，但对她而言，却是与生俱来的本能反应。相反，在日常生活中，我们常常会遇到那些能力出众、事理逻辑清晰的人，却在宜人性这个人格维度上表现相当差。这些结构性差异如果不从人的天性去探究，是难以解释的。不过，也正是这种多样态，构成了我们身边形形色色的正常人。

正如史蒂芬·平克在《白板》一书中所说，"遗传并不仅仅会使我们处于异常的心理机能状态下，而且会使我们虽然处在正常的心理机能范围内，但心理机能的分布状态却并不一致，这就导致我们周围的人在能力和秉性等方面存在着巨大的个体差异"。

平克在这里强调的是心理机能分布的连续性和多样性，因为世间大多事物都不是非黑即白、非对即错，存在着大量模糊的中间地带。比如同样是蓝色，有深蓝、浅蓝、天蓝、湖蓝、宝蓝、雾霾蓝、克莱因蓝等。人的外貌也并不是"非美即丑"，而是一个渐变过程，比如顶级美女、漂亮、好看、尚可、不太好看、难看等。

人的心智也是如此。《基因蓝图》的作者普罗明指出：异常也是正常，没有定性的疾病，只有定量的程度差异。为了描述这一连续性，还使用了"谱系"概念。普罗明也把这个作为遗传学的五大发现之一，同时还提醒说，这是多基因指数给我们带来的重大启发之一。由于多基因指数汇聚了数千个DNA差异，从少到多，渐次差别，因此完美形成了正常的钟形分布曲线，即正态分布。

还是以家长最关心的学业成就为例。对于那些教育多基因指数明显处于曲线低分尾部的孩子，父母通常能较快地识别出他们的学习障碍，并调整教育期望。然而，还大量存在这样一些孩子，他们位于正态曲线的中下部，智力上有一些迟滞，但又不那么明显，能够应对日常生活、上正常的学校，但他们对于抽象和复杂的学习任务，则力不从心，一般也无兴趣。也就是说，尽管家长没做错什么，给孩子提供了正常的、积极正向的环境，但孩子可能依然不尽如人意，智力平平、成绩平庸，还有这样那样的缺点，制造奇奇怪怪的麻烦。家长如果不接受，又能有什么办法呢？

当然，必须指出的是，还有一些人纯粹只是智力不行、脑子算力不够，但却拥有淳朴善良、勤劳尽责等优秀品格，我的婆婆就是这样。总之，"正常范围内，依然有较大差别"这一观点，其实一直贯穿于本书始终，它让我们看到人的复杂度。对于这种复杂度的描述，正好与前面所说的"锯齿原则"相呼应，即任何笼统的标准都不能准确描述一个人的具体情况。你我之间会有很大区别，但我们都是正常人。带着这样的视角看待孩子，你自然也会获得一种包容的智慧。

麻烦的女同事和暗黑人格

前面提到的无论是智力上的平庸也好，人格上的懒散苟且也好，弊端主要体现在对自己的影响，对别人倒没有多少攻击和伤害。但生活中还有一类人，与前面两种都不太一样，他们以自我为中心，攻击性强、刻薄挑剔，为了自己的利益，可以不择手段，经常影响或伤害到别人。一般来说，这类人在孩提时代，就会给父母的日常养育带来很大挑战。

在我的职场生涯中，有一个女同事尤其让人难忘。大家对她的评价是自私、控制欲强、爱搬弄是非，她似乎对所有人都充满恶意。她自己也毫不避讳地说起，从小学到中学再到大学，她都是班里最不被同学喜欢的一个，叛逆、与老师顶嘴、中学时还差点被开除。之所以毫不掩饰地说起这些，因为在她看来，这些都不是缺点，而是独特个性。

重点是她经常与我们谈起自己小时候被父母痛打的经历。她家境优渥，父母在体制内都有着体面的工作，但她经常能把父母气得半死，于是挨打就成了家常便饭。

如果你是一个育儿专家，很可能会说："你看，打骂的教育方式，教育出来的孩子就是一身毛病。"但我更愿意相信，是她身上固有的顽劣，决定了父母对她的管教方式。记得前文提到的"双向街"效应吗？咱们不能把原因当结果。正好她还有一个妹妹，我就问她："你爸妈打你妹妹吗？"

"很少，她比我性格好，很少顶撞父母。"她回答得倒是很坦诚。这个我相信，因为从她在职场的种种恶劣表现来看，即便小时候遭受父母打骂，也不至于打骂出如此毛病；我更愿意相信，这么一个麻烦的孩子,更容易招致父母的打骂。

《教养的迷思》一书中,曾讲过这么一个笑话:

> 心理学家:你应该对约翰尼好一些,他来自一个破裂家庭。
>
> 老师:我一点也不感到惊讶。约翰尼可以让任何一个家庭破裂。

那么,有天生不好管教,甚至天生邪恶的人吗?

《教养的迷思》中是这么回答的:不幸的是,事实的确如此。现在心理学家说有的孩子天生就比较"麻烦",让父母不好带,自己难以社会化。他们的"麻烦"表现在以下几个方面:好动、任性、具有攻击性、易怒,对常规活动感到厌倦、乐于寻求刺激……所有这些特征都有遗传成分的存在。

是的,那位女同事不幸抽到了这些人格层面的麻烦基因,在她身上表现出来的种种令人不愉快的特征,让人联想到大五人格之外相对独立的一类人格:暗黑人格。

如果说大五人格展现的是相对健康和适应社会的普通人格特质,那么暗黑人格就处于健康人格与病态人格之间的灰色地带,代表着在某种程度上受到社会厌恶但仍在正常功能范围内的人格特质。一般来说,暗黑人格包含着三个各自独立又相互交织的特质,分别是自命不凡的自恋、冲动冷酷的精神病态以及腹黑算计的马基雅维利主义。三者的共同特点是"自我中心+擅长操纵+冷酷无情"。

这种人都以自我为中心,将自身的虚荣、成功、刺激追求凌驾于他人及社会利益之上，无视规则、随意说谎、背叛。而且，具有这三种人格特质的人都擅长操纵，倾向于利用他人来获得自我利益。其中，自恋者相对温和，精神病态者则强硬狠辣，最"厉害"的是马基雅维利主义者，有策略性、相当之迂回和灵活性。当然，三者也都表现出对他人的低共情，他们因这些人格缺陷会频繁地引发人际关系问题，但是受困扰的并不是他们自己，而是不得不与之打交道的人。出于盲目的优越感，他们不认为这是自己的缺点，而是个性。前面我提到的那位女同事，她经常津津乐道于自己从小被父母打、被学校开除、被同学厌弃的事，但她不以为耻，反以为傲。

目前有研究表明，暗黑人格的三个特质均有基因基础，遗传率在0.3%—0.7%之间。三者中，精神病态的遗传率相对最高，马基雅维利主义相对最低。也就是说，在大自然的基因抽彩中，这些人不幸抽到了这些暗黑的人格特质，而这些特质从小就表现出来，就像我那个女同事一样，因为顽劣经常遭到父母打骂。而父母的打骂可能会进一步加剧她的暗黑人格，形成马太效应。

不过这个女同事在命运的其他维度的抽彩中，又是何其幸运。比如出生在优渥的家庭，身材长相都很好，智商也不低。有时候又体现出很高的共情能力，善于揣摩人心，在领导面前长袖善舞，甚至还不乏风趣幽默等。这些幸运的抽彩，都让她在社会生活中，一定程度上缓和了人格缺陷带来的负面冲击。

是的，人性很复杂，否则你很难理解那些有着明显缺陷人格的人也能正常生活，甚至可以在特定的社会情境下发挥优势、名利双收。即便是我们普通人，身上多多少少也会有一些暗黑特质，让我们能够应对多变环境，获得某种竞争优势。因为不管是智商也好，人格也好，人与人之间的差异是连续、渐进的程度差异，而非壁垒分明、非黑即白的性质差异，有些孩子尽管没有达到严重人格障碍的程度，但来自先天的固有顽劣，依旧会给家庭和社会带来不少麻烦。就像那个女同事一样，杀人放火倒不至于，但她小时候挑战父母、挑战老师，现在与丈夫也矛盾重重，孩子也因为所谓不听话而经常遭她打骂。

据她自己说，丈夫在忍无可忍时向她母亲告状，母亲回应这位女婿说："小时候我们都没把她打改，你现在想改变她，算了吧。"

暗黑人格再往前走，可能会让你联想到"反社会人格"。

反社会人格

李玫瑾教授在其著作《犯罪心理研究》一书中，提到一种先天性危险人格，她将其称为"反社会人格"。人格具有稳定持续性，所以反社会人格几乎都是惯犯累犯，犯罪活动会成为他们的自然需要、习惯模式甚至生存方式。简单来说，反社会人格是以犯罪为生甚至以犯罪为乐。具有反社会人格的人就像装进文明社会的野兽，毫无良知、冷酷无情、肆意妄为。

还记得前文我们讲到赵美萍的故事时，所提到的那个被她称为"禽兽"的杨东启吗？也就是她母亲的前夫。据赵美萍在书中介绍，杨东启在年轻时就殴打自己的亲生母亲和弟弟，有一次还把母亲推到井里，若不是邻居解救，母亲可能也就没命了。赵美萍的母亲与杨结婚后，经常被杨家暴，后来杨犯事进了监狱后，赵母才得以离婚解脱。而杨最终的结局，是在上海犯了强奸杀人案被判死刑。

对于这类人，我们很难说是后天环境造成的，用一般老百姓的话说就是"天生的坏种"。这其实是有神经生理学依据的。犯罪学的创始人龙布罗梭曾经是意大利军医，具体工作是给死刑犯验身。在解剖了300多具死刑犯的尸体之后，他发现这些犯罪人的头盖骨都出现了类似原始人的"返祖"现象。1876年，龙布罗梭发表了《犯罪人论》，首次提出"天生犯罪人"概念，认为那些最不人道的犯罪是由于生理性的返祖带来兽性本能，而非理性选择，法律在这种人面前几乎毫无威慑力。

《教养的迷思》对这类人人格形成的原因是这么解释的：

> 他们也是受害者，他们是人类演化史上的牺牲品。……几乎所有"天生罪犯"的特征，只要略微淡化一下，就是狩猎采集社会中男子和他的群体所需要的。他的无畏、兴奋和冲动是他战胜敌人最强大的武器，他的进攻性、力量和铁石心肠使他能够在群体中占据支配地位，并在狩猎采集中捷足先登。

李玫瑾在研究了一些反社会人格的实际案例后也发现，后天的影响并不明显。比如，他们的家庭背景都基本正常，父母没有明显的心理异常或者管教不当，从家庭教育到周围环境都找不到明显的不良影响，但反社会人格很早就开始出现暴力倾向和其他违法犯罪行为。

类似的意思，《基因彩票》一书中也有表达。哈登指出，有很强的证据表明基因对人的攻击性和暴力行为有影响。从童年开始的严重行为问题、身体攻击行为和情感冷漠，都是反社会行为综合征的一部分。这种综合征在儿童时期已经具有高度的遗传性。除了高遗传率，科学界还获得了与犯罪可能性有关的遗传数据。与教育多基因指数类似，决定一个人反社会人格的并非一两个基因，而是多基因综合作用的结果，这里哈登使用了"外化多基因指数"的概念，"外化"简单理解就是指反社会人格。在与犯罪行为有关的规模最大的一项遗传学研究中，哈登和合作者汇集了多种冲动或危险行为的多基因指数信息，这项研究涉及150万人，发现与外化多基因指数低的人相比，外化多基因指数高的人被判定犯有重罪的可能性要高4倍以上，被监禁的可能性几乎高3倍。反社会人格障碍是一种以鲁莽、欺骗、冲动、攻击性和缺乏悔意为特征的精神病状况。

在法律尚不健全的社会，为了减少这类人对社会的危害，有时也会采取一些极端的方法。阿拉斯加西北部的因纽特人曾经告诉一位人类学家，在过去如果某一个人不停地制造麻烦，没有什么能够阻止他，那么就会有人悄悄地把他推到冰下面去。

历史学家张宏杰作品最迷人之处，就是喜欢从人性的视角去打量一个历史人物为什么会做出这样的选择、这样的行为。莫言在给他的《千年悖论》一书写序时就曾说，如果给这本书起个副标题的话，他建议叫作"人性的历史实验记录"。

张宏杰的代表作《大明的七张面孔》中，有一张面孔写的是张献忠。张献忠的暴虐，在四川制造的种种恐怖屠杀，令人不忍卒读。那么，张献忠这种性格怎么来的？张宏杰考察了他从小的经历。张献忠学生时代就不爱读书，只爱舞枪弄棒，后来进入官府成为捕快。在这里，张献忠也屡屡违犯纪律，最终被革职。走投无路之际去投军，又不遵守军纪，犯下死罪。幸有人说情，免了死罪，关入狱中。出狱后，正愁没生计呢，恰逢明末农民起义暴发，他就投入起义军，有了后来更大的暴行。

结合张献忠的人生轨迹，张宏杰这样推断：他有着一定的反社会型人格倾向。不甘心居于人下，有着强烈的改变命运的愿望。但他又容易冲动与暴怒，情绪极不稳定，不善自我克制，叛逆心理很强，尤其不善于跟上级相处。这一切导致他在正常社会中屡受挫折。如果大明天下继续太平，也许他一生会在监狱中而不是在马背上度过。

所谓性格决定命运，大概如此。

人性领域的"花剌子模信使问题"

行文至此，当你再听到育儿专家们挂在嘴边的，诸如"没有教不好的孩子，只有不合格的父母"或"每个孩子都是善良的天使"之类的话，心中作何感受呢？应该是五味杂陈吧。这是一个沉重的话题。在教育界，说到孩子的不同，总喜欢用小草、大树来形容，也会说"尊重孩子的不同"，但这些描述往往过于诗意化，却刻意回避了那些沉重或无解的问题。

"人是太复杂的动物，其复杂程度有时让人类自己也瞠目结舌。"这是张宏杰在观察了"人性的历史实验记录"之后发出的感慨。尽管他写的是成年人的世界，但我们通过对遗传学的了解，认识到这种复杂不仅来自后天环境的浸染塑造，先天基因更是起着系统性的重要作用。然而，在如今家庭教育的大语境中，人们总倾向于把那些不好的东西统统归因于父母的教养错误。尽管出发点是好的，但在客观上加剧了父母的育儿焦虑，加剧了他们的内疚和不甘，反而衍生出更多问题。

鲁迅曾说："真的勇士，敢于正视淋漓的鲜血，敢于直面惨淡的人生。"面对孩子的教育问题，我们也需要这样的勇气。孩子也是人，从亿万年的生物演化中走来，演化中那些在特定情景下利于生存的因素，被深深地刻进了基因里，使他们获得某种竞争优势，从而生存繁衍。然而，其中的很多特质并不符合现代价值观，不但不再有利于自己的生存，还会对他人造成危害。

那么，对于这些真相，是以诗意的语言不痛不痒地说出来，还是直面现实大胆挑破这层窗户纸？

我选择了大胆说出来，所以，在本章中，我使用了一些似乎让人不太舒服的词语或比喻，比如"愚蠢""脑子少根弦""脑子一团糨糊"等，还描述了职场生活中每个人都可能遇到的一些不愉快的情况。这些词语或故事在成人世界中可能不会显得违和，但如果与孩子的教育联系在一起，似乎有些残忍。

然而，我依然选择了说出来——我也相信你不会断章取义。因为在前面的章节中，我曾探讨了高考问题、高考外的多元化发展问题、成长中的弯路问题等。我相信很多孩子即便成绩不好，也各有优势，各有其价值和出路；同时，我还相信，孩子一时的犯错和弯路并不是什么大事，长大了长醒了，还是会回到正常轨道上来。但是，这依然并不是事实的全部，毕竟现实生活中，还是有一些小概率现象，超出了我们善意解释的范围。"没有完美的孩子"这句话，不应该仅仅是挂在教育工作者嘴边的一句轻描淡写之语，而应该成为被严肃对待的现实，从"不完美"到"邯郸三害"式的残忍之间，还有很多真实存在的挑战。

2024年初河北邯郸三名初中生杀人案发生后，人们不得不重新审视人性中一些与生俱来的残忍、幽暗之处。虽然这是一个极端案例，但别忘了，没有定性的差别，只有定量的不同。就邪恶/善良这个维度来看，从丧尽天良、恶毒、残忍、无情，到自私、冷漠、不友善、品格一般，再到无私、慈爱、善良、高尚之间，人格特质的分布是一个连续的光谱，没有断层。同样地，就懒散/勤奋这个维度来说，从摆烂、懒散、懒惰、懈怠，到不积极、不主动、一般努力，再到勤奋、靠谱、尽职尽责之间，人格特质的分布也是连续的。当我们热情讴歌光谱中积极的一端时，也要敢于正视人格光谱中消极的一端。

据传，中亚古国花剌子模有一个古怪的风俗：凡是给国王带来好消息的信使，就能得到丰厚的奖赏；而带来坏消息的信使，则会被送去喂老虎。于是，将帅出征时，若是麾下将士有功，就派他们报喜，以使他们擢升；有罪者就去送坏消息，以作虎口之食。久而久之，信使们为了生存，不得不隐瞒或篡改坏消息，致使信息失真。这便是"花剌子模信使问题"。

如今，随着行为遗传学、神经生物学、演化心理学等学科的发展，对人性的了解也达到了更全面、更幽微的程度。就好像各路探报分头行动，带回来的消息说"孩子并非生来完美、善良，他们在智商、人格方面，天生有着这样那样的缺陷，有些问题并没那么容易改变"，那家长是放平心态，主动接受呢？还是把头埋进沙堆里，屏蔽这些信息呢？正确的态度当然应该是前者——直面现实，认识到人性的复杂，并寻求适合这类孩子的教育方法。

尽力而为，不必苛求，从而减少育儿过程中的负罪感、内心不甘和愤怒情绪。

这是一个建设性的过程，是一种积极正向的态度。相反，如果我们逃避，或者不对这个问题进行细致的探讨，就很可能走向歧途，给一些别有用心之人以发挥的空间。在这里，我谈一下自己的一个观察。

我注意到，如今育儿自媒体博主中，已经形成了一个"黑化孩子派"。什么意思呢？这些博主很善于抓取家长郁积的愤怒情绪，以黑化孩子的方式，替家长出一口"恶气"，提供情绪价值。

事情是这样的：尽管很多家长没做错什么，但孩子依然表现出自私、懒惰、富有攻击性等缺点。这些家长可能用尽了浑身解数也无法解决问题，于是对孩子心生恨意，却无处发泄，毕竟主流观念认为"孩子没教好就是家长的错"。因此，这些博主就不失时机地成为父母的代言人，说什么"有些孩子天生就是来讨债的""有些孩子天生就是自私懒惰"之类的话。父母会觉得这些话说到了心坎里，终于有人理解自己了。从大量的留言可以看出，一些父母对孩子的恨达到了几近疯狂的程度，亲情一地鸡毛。

从"孩子的问题都是家长的问题"到"是孩子自己天生太坏"，家长受认知局限和情绪裹挟，往往会从一个极端走向另一个极端，得出偏颇的结论，从而让事情更加恶化。

生孩子如同开盲盒、买彩票，你要有接受这种不太幸运的随机事件的勇气。

那么，如果真的不幸"抓到一把烂牌"，该怎么办？是掀桌子不玩了？还是立足"烂牌"这一现实，尽量发挥牌技好好打？

首先，我们还是要认识到，处于正态分布极值处的孩子毕竟是少数，大多孩子还是在正常范围内，不要受一些流量博主的情绪煽动。另外，基因虽然强大，但并不完全决定命运，家长仍然可以发挥积极作用，一定程度上战胜概率。例如，即使孩子天生冲动、爱寻衅滋事、缺乏同理心，家长还是可以通过爱心、耐心和以身示范对孩子进行引导，而不是打骂责罚、以暴制暴。用对了方法，总会有一些改变的空间。把自己能做的做好。

同时，家长也可以调整自己的心态，学习一些心理学知识，这样在面对孩子的种种不如意时，不至于让自己陷入情绪泥潭。打个比方，就像我们自身有不太容易治愈的疾病一样，你是愿意每天埋怨、诅咒疾病呢，还是愿意对疾病多一些了解，平时注意饮食、锻炼，并尽量找到与疾病和谐相处的方法呢？显然，后者更为智慧。

总之，这是一个需要进行心理建设的过程。那么，这个过程是怎么发生的呢？

同情之理解，认清真相但依然去爱

2023年底英文世界出版了一本新书《注定》，作者是斯坦福大学神经生物学家萨波斯基。该书的核心观点正如书的副标题——没有自由意志的生命科学——所示，人没有自由意志。万维钢老师对这本书予以高度的评价。在解读这本书时，面对身边一些在智力及人格方面有种种缺陷之人，他曾做过一个推演。我觉得这个推演逻辑对家长很有借鉴意义。过程是这样的：

比如有个人天生身材特别矮小，成年后还跟幼儿园小孩一样高，你会嘲笑他、讨厌他吗？一百年前的人可能会的，但是现代人通常不会。你知道身高是天生的，那根本不是他的错。

有个人中等身材，平时都挺好，但是一打篮球就不行，投篮不准、动作笨拙，身体协调能力比较差。你会指责他吗？大概不会。每个人都有天生的强项和弱项，不是人人都有体育天赋。

那如果有个人体育挺好，但是智商不高，学什么东西都特别吃力，尤其是数学，难道就应该被人指责吗？其实，学数学跟打篮球没有本质区别，都有人擅长有人不擅长。不擅长学习的不是坏人，擅长学习也不是一种美德。你这么想很正确。

但是你觉得数学跟篮球的地位毕竟不一样，因为数学是一种通用技能，学好数学将来干什么都用得上。所以你会鼓励他人努力学数学。你会说：你知道吗？那些了不起的运动员并不是都靠运动天赋的，天赋的作用很有限，努力、坚持、不怕吃苦不怕疼痛才是关键！

好，继续来看。现代社会对身高之类的歧视已经很少了，但是人们暗自对肥胖的人有一点歧视。你会对他说，尽管你这个体质比较容易积累脂肪，但你可以锻炼啊！你不知道肥胖的害处吗？体质不是你的错，不锻炼是你的错，所以体脂是你的错。

总结一下，也就是说，在普遍的认识中，身高、相貌、身体协调性、智商、口味偏好，甚至包括情绪特征都属于生物属性，是你不得不接受的；但是努力、勇气、自我控制这些品质则是精神属性，是可以主动选择的，是自由意志。

但萨波斯基说，这个普遍认知是错误的。根本没有什么神奇的精神属性，那些品质也都是生物属性。因为那些品质也是大脑的活动，主要由前额叶皮质负责操作。比如青春期之所以有这样那样的问题,就是前额叶这个控制系统发育还不完善,是"八分熟"大脑。即便是成人的前额叶皮质,也可能有这样那样的缺陷。也就是说,你所认为的某人不够努力等缺陷,其实是源于他大脑前额叶的硬件特点。

不知道这是否让你想起了《基因彩票》一个重要观点:好奇心、努力、自律等这些人格层面的"非认知技能",其遗传率也高达60%。也就是说,即使家长认为这些因素更容易改变,实际上自由意志的作用也是有限的。只不过,作为神经生物学家,萨波斯基强调的是大脑的生物属性,这个生物属性是由基因和后天环境共同塑造的;而哈登则提醒人们不可忽视基因遗传的重要作用,尽管后天可以影响塑造大脑,但基本上还是在先天已有的蓝图和底色上展开。

总之,人的自由意志远比我们想象的要小得多。那个不爱学习的男孩,那个性情乖张的女孩,那个以自我为中心的"学霸",那个躺平懒散的大学生,那个对人不友好的同事……他们并不是想那样,他们只是控制不住自己,只是前额叶皮质没有长好而已,他们做不到啊。在学业导向的今天,诸如对学习无兴趣、懒散、不专注、没有自制力、缺少毅力等特点,几乎是造成亲子冲突的主要诱因。对此,家庭教育能改变一部分,但并非无所不能,因为它归根结底是一个硬件问题,受遗传影响很大,并不是你用对了方法,就能得到一个满意的孩子。你对孩子的期待,应该是基于其遗传优势或劣势进行重新校准。

总之,面对一个有着这样那样缺陷的孩子,家长需要做到——同情之理解。

让我们再回想一下刚才的推演,试想,你能接受孩子个头矮点、身材胖些、打不好篮球，为什么就不能接受他智力平庸、性格有某些天生缺陷呢？这都是大自然基因抽彩的结果，你有责任去教育引导孩子，但也只能做到因上努力、果上随缘。明白了这些，一方面会让家长的心态更平和、更容易接纳，不去与命运较劲。另一方面也可促使家长因人制宜，主动学习一些应对策略，而不是硬碰硬使事情变得更糟糕。目前家庭教育中所倡导的以鼓励为主、注重情感联结、引导情绪管理的育儿方法，特别是与青春期孩子相处的很多技巧，大多还是正确的。这些方法别的书中已经很多了，这里就不再多说。

总之，在这个问题上，我想引用罗曼·罗兰的那句话："世界上只有一种真正的英雄主义，那就是认清生活的真相后依然热爱生活。"

对待孩子亦是如此。因为懂得，所以慈悲。我们需要做好期待管理，放下执念，消化自己的不甘和失望，修炼出一颗淡定开阔的平常心。哪怕我们的孩子最终平庸，甚至有很多缺点（在我们努力后依然没有改观），但我们依然能看到孩子成长中的种种乐趣，看到亲子陪伴的价值，从而心怀热忱，感知到活着的意义和世间的美好。

第九章

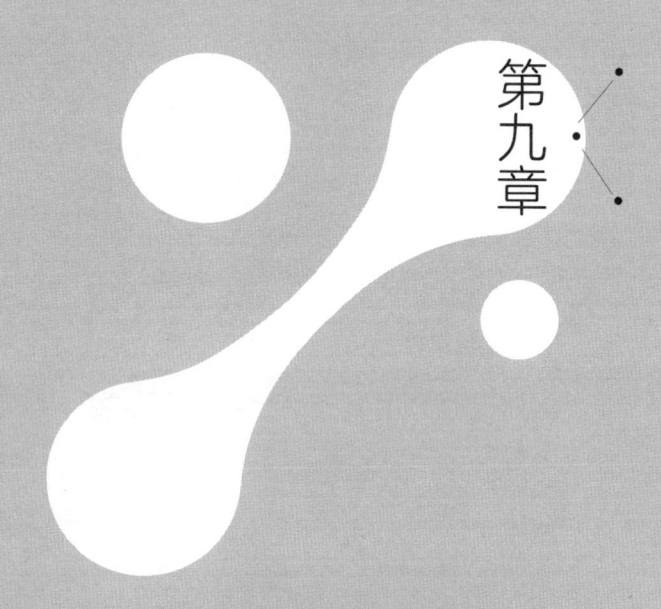

核心主张：自主性支持育儿

> 我们能给孩子最好的礼物就是放手，让他们成为自己，让他们独一无二的基因密码放声歌唱，尽管这歌声可能与你想象的不同。
>
> ——《为什么你的孩子和你想的不一样》作者
> 心理学家丹妮尔·迪克

行文至此，本书也进入尾声，作为家庭教育领域一本较为"叛逆"的图书，可能会招来很多质疑，我想就其中几个重要的议题再做一些阐述。其实这些议题前文也都有提及，但还是有必要再单独拎出来讨论一下。这些议题包括：避免基因决定论，表观遗传学视角下看父母对孩子的影响，育儿中的亲子陪伴价值，有关孩子阅读习惯的培养等。

最终，我将明确自己对家庭教育的核心主张：反对操控型育儿，提倡自主性支持育儿。

孩子成长很复杂　避免简单二分法

"既然基因这么重要，那家庭教育就没啥作用了？"

早在写这本书前，身边的人就经常对我发出这样的质疑。因为我在采访大量孩子和家庭后，确实经常流露出"孩子的基因天赋很重要，我们可能过分夸大了家庭教育"之类的想法。但请注意，认为"过分夸大"与认为"没啥作用"之间完全是两码事。我认为我的表达已经很清晰了，但人的思维总倾向于简单化、二分法，倾向于非黑即白。

正如进化生物学家斯蒂芬·杰伊·古尔德所说："在所有阻碍我们理解世界复杂性的有害二分法中，'天性—教养'必须排在前列。"

凡是触及这一话题的，大概都免不了被二分法质疑的宿命，即便世界级的心理学家也不例外。所以也就有了史蒂芬·平克的那句激愤之语："当谈及基因时，人们似乎突然之间失去了分辨能力，不能够对'50%''100%''一些''一切''影响'和'决定'加以区分。"

这也是我所遇到的困惑，我认为基因很重要，但从没说过"一切取决于基因"，也没有说过"家庭教育没有作用"。我们写书，一般都是在一定的社会语境下进行的，回应当下的某一问题。那么在当今家庭教育领域，最大的语境是什么？我认为是家长的盲目自信，认为"好教养"就一定能教出好孩子，然后发展为过度养育甚至对孩子的高度管控。

近20年来，中国父母越来越重视家庭教育，这本来是好事，在很大程度上减少了父母忽略和虐待孩子的可能性；但另一方面，各种流派的家庭教育理念和铺天盖地的"养育建议"，又在无形中给父母施加了巨大压力，比如某家这样教育孩子，孩子就考上了名牌大学；某家那样教育子女，结果没一个混出人样。教养方法往往被包装为一个个寓言故事，挟持家长的情绪。

我相信绝大多数父母都是爱孩子的，但在过度焦虑之下，就可能无所适从甚至动作变形。他们小心翼翼、草木皆兵，嘴里默念着"教养要点"，脑中反复演练着该如何在自家孩子身上实践，不知不觉间，就滑入过度养育的误区，出现很多"直升机父母"

或"割草机父母"——一边对孩子过度倾注资源和关注,一边又对孩子提出一系列难以达到的要求,即焦虑导致用力过猛。

当然,并不是所有的控制都出于养育焦虑,但对于一些急于想让孩子符合某个标准却不得法的父母来说,控制是一种最简单粗暴、立竿见影的办法。比如经常有"我为你付出了多少""以后考不上大学就去捡垃圾"之类的语言PUA(一种不考虑对方意愿,横加干涉和操控别人的行为),或者制定严格的作息制度,逼孩子补习,强制没收手机等。当社会对于"完美父母"的崇拜和对于"不称职"父母的谴责达到一定程度之后,父母就会努力并拼命地想多为孩子做些什么。

其实,不光中国父母如此,其他很多国家也这样。同为人母的心理学家丹妮尔博士就曾指出:"在人类历史中,我们从来没有花这么多时间来主动塑造我们的孩子。这种高投入的教养方式有着巨大的代价:让夫妻间的幸福感急剧下降,孩子也越来越焦虑。往轻里说,孩子们一直承受着压力,往重里说,他们简直是一直在被攻击。"以前,孩子们可以去树林里探险或者在小区附近随便玩耍,只要在天黑前回家就行。但是,这种日子已经一去不复返了。现如今,你要是让孩子一个人去公园玩,孩子可能会被警察给送回家。甚至在有的圈子里,不监督孩子做作业,或者没让孩子上各种应试课外班,都会被视为父母对孩子的忽视……至于你真的照着所谓社会标准做了到底能起到多大作用,不知道,但父母就这样被教养论绑架了。

重视家庭教育没错,但任何事情走到极端,就会被反噬。所以我写这本书,是希望大家都普遍关注A面的同时,往回拽一下,也要看看B面是什么。B面就是孩子DNA层面的遗传差异,这才

核心主张:自主性支持育儿

是影响个体发展最根本最系统的因素。只有从基因层面来认识孩子，才能弄清楚家庭教育在哪些时候有用，哪些时候是瞎折腾，哪些时候"无为"胜"有为"。过于紧绷的努力很可能适得其反，此时应该思考的反而是可以不做或者少做些什么。

也就是说，本书着重强调基因的影响，是在家庭教养论作为主流叙事背景下的一种思辨提醒，并非意味着对家庭教育的否定。

下面的几个问题，基本上也都是在具体情景中的反二分法实践，即在重视基因的前提下，看到基因与环境的交互作用，把握好度，既不激进也不消极，既不控制也不放任，智慧恰切地处理育儿中的各种真实挑战。

家长做错时，家庭教育纠偏最有用

这句话乍看好像是废话，但我想说的意思是，如果是一般正常的家庭环境，其作用远远小于基因，然而你一旦做错，家庭教育知识就能帮你纠偏，能治病救人。还记得那个小树苗比喻吗？——毁掉一棵树苗，很容易。

这种极端环境对一个人发展的影响，马特·里德利在《先天后天》一书中，也不厌其烦地进行了详细说明，比如他说：父母不可能因为对你更严厉一点便改变了你成年以后的个性。但是，有一点可以确定，如果他们曾经把你每天都锁在房间里长达10小时，每周如此，那么你的个性一定会有所改变。

在当今中国，物质极度匮乏或父母故意虐待很少见，严重的不当管教方式却很普遍，在客观上造成的精神虐待，其危害程度并不低。是的，父母没有把孩子每天都锁在房间里长达10小时，却可能营造了一个高度压抑的家庭环境，比如像盯犯人一样时刻盯着孩子的一举一动，制订严格的作息，逼着去补课，成绩下降就责骂等，这与每天将孩子锁在房间里10小时又有多大区别呢？再比如，有些孩子不适应学校的教育体制，或因校园人际关系挫折，出现厌学迹象，但父母毫不在意，以"人家能适应，你为啥适应不了"为理由，强行让孩子回到学校，从早晨7点到晚上9点，不也等于强行把孩子关起来吗？

我身边有许多优秀的家庭教育指导师，来找他们咨询求助的家长，大部分都属于管教不当导致孩子出现问题，但家长之前都没意识到，或打着"为你好"的旗号对孩子进行管控，最终孩子挺不住，以厌学躺平对抗；或长期忽视孩子的心理诉求，从没认真倾听过孩子，粗暴对待孩子的一切"不当"行为，造成孩子的抑郁厌世。针对这些问题，咨询师也都开出了药方，比如少些管控，放低期待，把自由还给孩子；或者学一些情绪管理知识，认真倾听、多陪伴孩子等。凡是能够及时醒悟、勇于反思并改正的家长，孩子的情况也总能得到好转，这就是家庭教育最能发挥作用的地方。

举个例子，我在一个学校采访时，听说这么一件事，一个13岁的六年级男孩，在学校后山上吊自杀，幸亏被及时解救。后来学校了解到的原因是，这个孩子总觉得自己长得不好，想要整容变成某个明星的样子。父母觉得孩子不可理喻、神经病，用辱骂和讽刺的方式对待，甚至威胁要把他赶出家门。这样拉扯了几个月后，孩子精神崩溃了。试想，如果家长懂一些家庭教育方法，能够认真倾听孩子的诉求，给予充分的理解和关怀，无论最终是否答应孩子整容,都会避免悲剧的发生。即便家长自己解决不了,也可以求助专业咨询师介入帮扶,都不至于让事情恶化到孩子要自杀的地步。前文中我曾提到,我儿子十四五岁时也遇到过类似问题,但因为我了解青春期孩子的心理,识别出这是常见的容貌焦虑,所以并没有造成多大麻烦。

再举一个令人痛心的案例。2020年,武汉江夏区一名14岁男孩因被母亲当众扇耳光,冲动之下当即从5楼跳下身亡。试想,如果这位家长具备情绪管理意识,或者了解一些青春期知识,就能意识到一个14岁孩子会很在意自己在同伴眼中的形象,从而避免粗暴地当众扇儿子耳光……

这些知识都属于家庭教育的基本范畴。从这个角度来说,经常被一些育儿师挂在嘴边的那句话还是对的:"驾驶员都要有驾照,家长怎么可以不学习就无证上岗呢?"因此,我仍然建议大家学习一些家庭教育知识。

"表观遗传"视角下,看父母对孩子的影响

你可能听说过"表观遗传学"这个概念,简单理解就是环境因素在不改变DNA序列的情况下打开或关闭基因表达。用大白话说就是:好的环境会抑制遗传风险,坏的环境会激活遗传风险。

表观遗传学认为,虽然我们生来基因已经确定,但每个基因上都有一个"开关",开关没被激活,这个基因就不一定被表达。也就是说,虽然不能改变你的遗传基因,但可以利用环境力量来影响遗传基因的表达方式,它是基因和环境交互作用的最佳证明。

有一本书《兰花与蒲公英》，光看书名，你可能会以为它是一本植物科普书，其实这是一本育儿书。"兰花"和"蒲公英"是对儿童不同性格特点的比喻，它说的是一部分孩子像兰花，他们很"敏感"，极易受环境的影响，如果精心照料，可以焕发无限光彩，但如果受到忽视与伤害，就会枯萎凋零；而另一些孩子则更像蒲公英，他们特别"皮实"，适应能力强，几乎在任何环境中都能茁壮成长。

对于"兰花型儿童"，父母的教养方式就显得比较重要，看父母能否提供一个充满爱的家庭环境，去激发"兰花型儿童"敏感与脆弱之下蕴含的巨大力量。比如，让孩子过有规律的生活，用"控制感"对冲"威胁感"；既要鼓励孩子参加一些有挑战性的活动，也要保护他们免受新奇、危险或困难的刺激，在"放手"和"保护"中找到一个微妙的平衡点；善于捕捉孩子身上的闪光点，以此提升孩子在群体中的存在感等。这些都对"兰花型儿童"的成长有着巨大助推作用。如果父母忽视、冷漠，甚至经常贬损打击这些孩子，则会有放大化的恶果。这就是好的环境会抑制遗传风险，坏的环境会激活遗传风险。比如上文提到的因容貌焦虑自杀的孩子，据学校介绍，孩子本身就敏感内向，父母处理方式不当，就容易引发孩子的极端行为。

家庭养育环境对基因表达的抑制或激活效应，还有一个非常典型的案例。来看一位脑科学家的故事，他的名字叫詹姆斯·法隆，是美国加州大学尔湾分校的教授。在自己的科研中，法隆发现，变态杀人狂通常具有明显的基因和生理特征，例如，在看到残忍至极的暴力场面时，一般人会产生的大脑额叶、颞叶以及眶额皮层反应在这些人身上是缺失的，同时他们基本都携带有低活性的MAO-A基因，于是法隆认为，通过脑成像和基因检测就能准确识别出"天生杀人狂"。

然而，在一次家族聚会中，法隆惊讶地获悉，他的父系家族在历史上曾出过好几位臭名昭著的变态杀手，于是他给亲戚们进行了一次筛查——扫描他们的大脑，检测他们的基因，结果发现，自己的特征完全符合他关于变态杀人狂的鉴定标准。这让法隆既震惊又疑惑，自己的大脑机能有障碍，也携带有"暴力基因"，但为什么没有成为杀人犯呢？

法隆将自己的经历和思考写成了一本书《天生变态狂》。在这本书中，他认为自己没有成为杀人犯的原因，是自己良好的童年和家人无微不至的爱，指出"真正优良的教育可以战胜先天不足的基因"。他还提出了一个形象的"三角凳理论"，认为对于制造变态杀人狂这件事情来说，基因、大脑和童年经历缺一不可。

的确，低活性MAO-A基因的携带者在人群中并不鲜见，但极端暴力者却相当罕见。一些研究证据表明，环境会极大调节基因的表达，那些在青春期前经历过巨大精神创伤（如被虐待）的低活性MAO-A基因持有者才更容易表达它，他们在青少年和成人时期做出暴力反社会行为的可能性大增。

总之，基因遗传因素和行为之间并不能画等号，拥有某个基因不代表它一定会表达出来，就算表达出来，环境对其如何表达也会起着很大作用。正如进化生物学家爱德华·威尔逊所说："基因对环境影响起着约束作用，但是，这是一种很有弹性的约束。"这种弹性，就给家长留下了施展作为的空间，他们可以进行引导和环境创设：想让孩子喜欢阅读，那你最好不要放纵自己一回到家就捧着手机刷个没完；想让孩子有礼貌，你最好也少说脏话；

想让孩子打篮球,你要给他提供接触篮球的机会;想避免孩子学坏,你还是要留意一下他的朋友圈……

《教养的迷思》作者哈里斯曾讲过一个读者的故事。这位名叫马里昂的妇女有11个孩子,其他孩子都不错,唯独倒数第二个孩子结交了坏朋友,还要辍学,马里昂以迅雷不及掩耳的速度把他从学校弄了出来,送到一个偏远的小镇上,与他大姐住在一起。这个方法虽然严厉,但很管用。你看,这就是帮助孩子避免环境对"不安分基因"的刺激作用,让它没机会表达。所以,即便在书中对家庭教育基本持消极态度,哈里斯还是很明确表示了如下观点:"如果只给你留下了父母是墙纸,在孩子成长过程中作壁上观的印象是不公平的,也是不准确的。"

父母的教养方式,影响孩子的童年体验

"三年级,我在学校一直都是主持节目的小红人,蹦蹦跳跳回家了,我爸爸说,干什么呢?这么轻浮?……就是生命原本的那种活力,或者说性格中有意思的那一部分,在这种评价下被压抑下去了……

"父亲是出了名的严厉,不准我照镜子,不准参加文体活动,每天必须坚持抄古诗词,还要坚持跑1000米……

"我父母从来都不表扬我,如果他们表扬我的话,我都想哭……我妈妈很认真,我记得我第一次做快乐大本营时,做到很晚,开会啊什么的,回来发现床上有个很

长的纸条,一怎么做得不好,二怎么做得不好……全部都是不好……"

你听到这些话会是什么感觉呢?这明显不符合当今主流教育方式啊。育儿专家都告诉我们,批评打击、管控过严,会造成孩子的自卑、焦虑等问题,但其实,这三段话分别出自主持人李小萌、董卿和李湘。在这样较为严厉的家庭管教方式下,她们长大后依然很优秀、很自信。

她们首先可能遗传了父母的好基因,三人的父母在那一代人中,也都是佼佼者。当然我并不赞成这样的严厉教育,也不仅仅是想说明基因的皮实——只要不是特别糟糕的管教方式,孩子该长成啥样还是啥样。显然,这几位的原生家庭,不属于那种极端糟糕的情况,只是与理想的教养方式差距很大。很多"70后""80后"都有类似的经历,那时还没有精细的家庭教养论,父母对孩子的管理一般都很粗糙。

那这是否就意味着父母只要守好不虐待的底线,就可以任意对待孩子呢?当然也不是,因为它会影响孩子的童年体验,以及亲子关系的融洽度。毕竟童年只有一次,如果父母给孩子多一些宽松和自由,多一些鼓励和认可,多一些倾听和陪伴,孩子的童年就会更快乐一些,也让未来拥有美好的亲情回忆。

其实,亲子关系与一般的人际关系并没有本质区别,适用于其他人际关系的原则也同样适用于亲子关系。比如尊重和理解、欣赏和赞美等,这些因素决定了你在人际关系中的体验,甚至有可能会促成人生的改变。所以,我们不妨想象,如果我们谈论的不是你的孩子,而是你的伴侣或是一位亲密朋友,你也会花很多时间和他们相处，因为你爱他们，想和他们建立一种关系，而不是试图改变他们，或把他们塑造成你想要的人。所以你会尊重彼此的边界，考虑双方需求与个性，从而让这种关系更加和谐愉悦。

就像你的伴侣或你最好的朋友一样，你的孩子也是属于他们自己的独立的人。一个小一点儿的人，需要你去慢慢了解，他们会有一些地方让你非常喜欢，还有一些地方让你不那么喜欢。这种关系的质量和性质在很大程度上取决于你是否接纳他，是否无条件地爱他。

就以父母最在意的学业成绩为例，相信你在了解了教育多基因指数这一概念后会明白，并非所有的孩子都适合走考大学这条路，那么，孩子从小学到中学的十多年（还可以从幼儿园算起），几乎占据了整个童年少年时光，也是他们在走向人生独立前能够跟父母最长情相伴的珍贵时光。不妨这么想，不管他们成绩如何，学校教育就是孩子成长的一部分，是孩子的生活本身，作为家长，陪伴孩子走过这段人生旅程就好，过程本身就有意义。

与父母相比，未成年的孩子处于弱势，他们需要依靠父母生活。如果因为孩子没达到预期，父母就每天冷着一张脸，没一句好话，孩子的日子当然不好过。试想一下，你在单位有一个脾气暴躁、经常批评你的领导，而且又不能辞职，那会是什么感受呢？或者是在婚姻生活中，你的伴侣缺乏同理心，总是不能及时回应你的情感需求，或者喜欢吹毛求疵，很少赞美鼓励你——当然，还没恶劣到让你要离婚的程度。在这样的婚姻中，你感觉愉快吗？

那么亲子关系也是这样，你虽然不能改变孩子的人格、学业成绩，却决定着孩子是否能有一个快乐的童年。

我大学有一个闺密，性格很好，乐观开朗，但她却有一个脾气古怪、愚讷固执的父亲,让她和弟弟每天生活得战战兢兢。小时候闺密就一直盼望着母亲与父亲离婚,但迫于生计,母亲没有离婚。闺密现在回忆起自己的童年,总伴随着父母吵架,父亲摔东西、打母亲等场面,很不愉快。如今父亲已60多岁,善良的闺密对他还是挺孝顺,尽赡养义务,但是,情感上终归是有那么一层隔膜。她宁愿拿钱让父亲住养老院,也不愿意父亲跟着她住。

这位闺密有了儿子后,她发现,孩子从小身上就有一些偏执、暴躁的特点,非常像姥爷,甚至还有自残行为,被诊断为患有一定程度的自闭症。但是,由于学过家庭教育,闺密能够以极大的耐心接住孩子的情绪,同时对孩子进行情绪管理训练,如今孩子状态还不错。试想,如果闺密没有相关知识,面对这样一个乖戾的孩子,肯定会有很多责骂、厌弃,让孩子的童年生活极不愉快,家庭生活也会一地鸡毛。

总之,不需要过分夸大家庭教育的作用,但给孩子一个温暖快乐的童年,让自己的晚年生活不至于那么清冷孤单,这些理由,还是值得你去学习一些家庭教育知识,经营好亲子关系。

孩子不爱阅读,这辈子就废了吗?

进入教育媒体后,我也在推广阅读,于是,总能收到家长这样那样的困惑:"孩子出生前,我就知道阅读的重要性,家里营造了阅读氛围,从孩子一岁多起,我就陪他阅读,每天都有固定的阅读时间,结果到了四五年级,孩子还是对阅读没什么兴趣,每天的固定阅读时间纯粹是为了完成任务。"

还有家长说:"我也特别想培养孩子的阅读习惯,家里的电视墙都被改为了书架,女儿的卧室里也放了很多书。幼儿园时孩子还好,会自己翻书看看,但后来就越来越没兴趣了,语文成绩也一般,老师说她的阅读量不够,真是急死了。"

有类似困惑的家长很多。首先我想说的是,培养孩子的阅读习惯绝对是好事,家长最应该引导孩子做的事情,就是阅读。关于阅读的种种美好,对人生的种种提升,在这里就不多说了。但是看过前面的章节后,你也会明白,孩子基因中有各种天生的倾向,其中与阅读关系最密切的是智识倾向。对于有些孩子来说,一般的乐趣无法满足他的好奇心,他更愿意在智识领域去探索,在思想和文字的奥妙中得到满足。这就是属于阅读基因多的孩子,家长稍微用点心,孩子阅读的小火苗就被点燃。

然而,对于阅读基因较少甚至为零的孩子,家长即使费尽心力,也未必能得到良好的效果。更糟糕的是,家长越是强迫,孩子反而越远离。这其实和家庭教育领域的其他焦虑一样,都是"大力出奇迹"的误区。家长总是认为,孩子可以按自己的意愿去塑造。但是,还记得我们曾经打过的一个比方吗?把马牵到河边是你可以做也应该做的事,但至于它喝不喝水,那是它的事,你不能逼迫它喝。就像上文我提及的那位闺密,她本人很爱阅读,也明白阅读对孩子的重要性,所以她从儿子很小时就在阅读引导上下了很多功夫,然而直到现在,孩子依然与书本不亲,倒是喜欢动手操作机械,一玩就是几个小时。没办法,这是孩子的天性决定的。

从人类大脑演化和阅读本质的角度来看,智人已存在二三十万年,而文字的出现只有几千年的历史,阅读并不是人类自然而然的生活方式。在阅读时，大脑需要调动负责图形识别的部分，分别处理字形、字音和字义，并将这些信息组合起来，从字到词、从词到句，再到篇章。这一过程是复杂的生理整合，因此，从某种意义上说，阅读对许多人来说并非一种本能行为。

此外，有一部分人自始至终无法形成这一块区域，这就是我们前面提到的阅读障碍患者。在人群中，这类人占比达5%到15%，并不是一个小数目。这并不是一种病，而是一种常态，就像有些人不喜欢数学、不喜欢美术或不喜欢动手操作一样，没什么好指责的。

那么，不爱阅读或者不擅长阅读的人就没有好奇心了吗？并不是，他们只是满足好奇心的方式不同而已。这就涉及一个话题：阅读的本质究竟是什么？我认为从根本上来说，阅读还是为了满足好奇心，只不过更倾向于知识类的好奇心。

那么，只有阅读才能满足这种好奇心吗？当然不是。如今知识服务的形式非常多样，视频、音频、聊天、听讲座等，很多时候，通过这些方式获得的知识密度和质量并不比书本低。因此，我们不应该将阅读狭隘化，书本只是知识的载体，并不是知识本身。我们之所以阅读，是因为有很多作者已经去世了，我们只能通过他们的书了解他们的思想和生活。

就我个人而言，如今短视频、直播、听书、播客等都是我获取知识的方式，所用的时间与读文字书本差不多。我儿子17岁，他也不是一个爱阅读的孩子，但对人文地理非常感兴趣，是这类博主的忠实粉丝。他在这方面的知识，可以说比我精深得多。很多时候他说的一些知识点，我不大确信时，就去查书，结果基本都能得到验证。这说明，即便是看短视频，当他对某方面的好奇心达到一定程度时,口味也会慢慢提升。这可能是这一代年轻人特有的学习方式吧。

总之,关于培养孩子的阅读习惯,我的基本观点是:第一,阅读是一件美好的事情,家长需要进行正向引导,提供环境刺激,但至于孩子是否"着道",那得看他自己。第二,阅读的本质是满足好奇心,是与作者交朋友。如今,孩子可以通过其他丰富的媒体形式获取知识,满足好奇心,走近他们喜欢的人。另外,即便孩子今天不爱阅读,并不意味着未来也不爱。也许他骨子里的阅读基因还在沉睡,还没到"程序启动"的时候。我身边有不少人是成年之后才培养起阅读兴趣的,包括我自己。人生很长,小时候没有培养起的兴趣、没有养成的习惯,以后也可以重新开始。所以,家长对待孩子的阅读习惯,完全可以更松弛一点。

正确的育儿方法:自主性支持

说了这么多,那么,我理想中的家庭教育是什么样的呢?

就在我写作本书时,《美国心理学家》期刊发表了一篇荟萃分析论文,分析了来自38个国家的238项研究,总样本人数达到126000人,对比了两种教育子女的方式。其结论被万维钢老师誉为"当前科学理解所能提供的最坚实的答案",很值得说一说。

论文的结论很明确:有一种养育方法是正确的,另一种是错误的。

先说错误的方式,就是管束。现在家长很少对孩子体罚,一般都是制定严苛的规则或进行语言操控。比如作息严格打表、逼上培训班、规定考多少分等。这种教育方式，也就是本书多次指出并反对的三高——高期待、高控制、高依赖。心理控制对孩子只有坏处，不管是心理健康还是学业表现。它容易让孩子感到焦虑和抑郁，会消极应对学业挑战。过于努力地按照你的意愿去塑造孩子，不仅会阻碍孩子成长，还会损害你和孩子的关系。

当然，我们刚刚就提到，像李小萌、董卿、李湘等，这些家庭管得严，甚至经常被负面评价的孩子，怎么也发展得挺好？那是她们幸运，本身比较皮实，自身能力方向与父母要求的方向一致。当然还有一个度的问题——还不至于很糟糕。这就好像是一个人抽烟但也活到了百岁，是其他因素抵消了抽烟的负面影响，而抽烟本身并不值得提倡。

那么正确的育儿方法是什么呢？叫作——自主性支持。这种育儿方式充分理解孩子的需求和兴趣，尊重孩子的独立性和选择权，支持孩子自主做一些决策，包括家里的一些事情也鼓励孩子参与，不搞胁迫，有事儿会对孩子解释。

研究表明，自主性支持与孩子的心理健康、学业表现以及成年后的幸福感之间存在正相关关系。无论文化背景是东方的还是西方的，对美国、俄罗斯、中国、印度、尼日利亚和韩国等国家青少年的分析发现，在自主性支持家庭中成长的孩子在生活满意度、学习主动性、学校适应度和自尊心方面表现更好。

为什么自主性支持这种养育方式这么有效呢？因为这符合人性。

20世纪80年代，两位心理学家爱德华·戴奇和理查德·瑞安提出的自我决定理论认为，所有的人，不管是大人还是小孩，都有三个最基本的心理需求——

第一是自主感,也就是你得有主人翁意识,自己可以做选择和决定,而不是事事都得听别人的。第二是能力感,也叫掌控感,就是你足以胜任一些事情,比较自信。第三是关系感,也就是你会感觉到被他人关爱,被人支持。

自我决定理论认为,当人的这三个需求得到满足的时候,他的幸福感就强,表现就好,也会激发出更多的亲社会善意。而自主性支持,就是基于自我决定理论的这三个需求,给孩子提供支持。

自主感方面,首先得允许孩子自己决定做什么不做什么,在安全底线之上,尽量允许孩子尝试。家长不妨心大一点儿,哪怕孩子做错了,但能学到成长经验就好。他们如果没有机会尝试和失败,就无法学会如何在未来做得更好。能力感方面,孩子遇到困难应该先鼓励他自己解决。你可以提供一些建议和指导,让孩子在成事中找到自信,而且这种自信还可以迁移到其他方面。关系感方面,应该多跟孩子交流,尤其是要理解孩子的感受。别动不动就否定孩子,每个人都被别人了解得太少了,你觉得不着调的行为,也许孩子有很好的理由。

从大脑的创造力来说,让孩子能够自我决定干什么,也有利于学习和创造力的发挥。因为创造力是大脑中三个神经网络的互动,分别是:注意力网络、默认模式网络和突显网络。要想让三个网络都活跃起来,需要一个关键的东西,这就是大脑中的"前扣带皮层",缩写为ACC。当人感到放松、有安全感、很愉快的时候,ACC很容易被点亮,才能迸发各种想法。如果是感到很害怕、很局促、很紧张,创造力就会被抑制。这也从脑科学的角度解释了为什么孩子干自己喜欢的事更容易出成绩。

核心主张:自主性支持育儿

总之，自主性支持会让孩子有更好的成绩、更强的自尊心和更高的生活满意度，减少孩子抑郁，增强孩子做事和感知的能力，并且有更多的亲社会行为和更好的家庭关系。

家长提供支持根本不难，但是孩子的感受会好很多。反过来说如果搞心理控制，孩子就只能要么反抗，要么屈服，要么自暴自弃。屈服，他很难受；反抗，你跟他都很难受；自暴自弃，你绝望他也绝望。最好的结局不过是他下一次因为恐惧而不这么做，但这不是成长。

我们反对严格管束孩子，并不意味着放任孩子为所欲为。孩子犯错时，当然需要指出来，但首先应该对孩子抱有同情和理解，给他讲道理，做示范，而不是情感压迫和羞辱。对于那些纯粹为了释放自己压力而霸凌孩子的行为，更应该特别警醒。

近年来，心理学和家庭养育领域达成了越来越多的共识，即反对心理控制型养育方式，主张自主性支持型养育方式。为了让家长践行表达这一观点，心理学家们试着用各种比喻来说明。例如，《园丁与木匠》一书认为，家长不应像木匠一样对孩子进行控制和塑型，而应像园丁一样，做好培植和施肥等支持性工作，将生长的自主权交还给孩子。也有人把孩子的成长比喻为驾驶车辆，坐在驾驶位置的只能是孩子自己，家长不能代替开车或者在副驾位置横加干涉，只应提供一些建议和支持。

核心观点只有一个：对孩子少一些管控束缚，多一些自主性支持。这从基因与环境的角度也很好理解，如果父母不接受孩子的遗传自我，拼尽全力去对抗孩子的遗传倾向，只会事与愿违；而自主性支持，则是尊重孩子的天性，让孩子的生命叙事照着基因蓝图展开，一边自我实现，一边自我发现，最终成为他自己。

家长最重要的事：活好自己

本章最后，我想把视角切换到家长自己：家长作为独立个体，又该如何过好自己的生活？

我的答案是，家长首先是自己，要活出自己的底气和力量。只有这样，才能接纳孩子的不同，才能不介意别人的评价。

如果只以孩子是否优秀（世俗意义上）来定义自己，那很多家长都是失败的。回到正态分布规律，要知道，从低智到天赋异禀之间，是一个连续光谱，没有严格的界限。我们来推演一下，如果正常孩子的智商为100分，你家孩子只有30分的话，你会认命，并合理调整自己的期待，那还有40分、50分的孩子呢？再往上一点，60分、70分呢？也许这些孩子能上普通学校，能正常地与小朋友交流，但学习可能会很吃力，也不爱学习，那么，父母又该如何面对呢？

这种差距并非只反映在智力上，还有性情人格维度。比如孩子坐不住、不自律，甚至自私、偏执……是的，他们不是不想，是不能，因为这些品质也要有大脑的生理硬件作基础。家长的教育引导，哪怕做得非常好，也只能在一定范围内改变，并不能从根本上扭转。

比如前面我刚提到的那位大学闺密，面对自闭症谱系儿子，她在家庭教育方面已经做得很好了，然而，儿子依然不爱阅读，依然有社交障碍，依然缺乏同理心，依然性情有些乖戾……这位闺密却很快乐，生活满意度挺高。提及儿子，她常说："小鸭就是小鸭，不能变成白天鹅；小草就是小草，不能变成参天大树。但小鸭有小鸭的乐趣，小草有小草的价值。每个孩子都有自己的节奏和方式，如果孩子的行为没有伤害到别人、不违背公序良俗，那么就不算'问题行为'，家长不必感到焦虑或不安。"

这是家长的自信和通透。孩子过自己喜欢的生活就好，这是他自己的事，不需要向谁解释；我们接纳孩子，也是我们自己的事，不需要向谁剖白。

正如法国作家安德烈·纪德在《人间食粮》中所说："须知对待生活有千姿百态，这只是其中的一种，去寻求你自己独特的生活方式吧。"

所以，家长只需尽责、尽心，不必对孩子的命运介入过多、卷入太深，否则对自我是消耗，对孩子也是负担。孩子可以反应迟钝，可以沉醉于小众爱好，也可以有一些自我刺激的怪异小动作……每个人都是在遗传自我的基础上寻求一种最适宜的生活方式，强扭的瓜不甜，强求的生活难受。不要为孩子过分担心，那些所谓教育焦虑，都指向遥远的未来。如果为一个不确定的未来，把眼前每一天都过得那么糟糕，就太不值得了。对我们来说，孩子成长中点点滴滴的亲情陪伴，已经是意义本身。

家庭教育的本质，其实是家长认知的提升，是家长的自我成长。

家长首先应该把自己的生活经营好，让自己的生命丰盛饱满，让自己的精神有所依托，这样你就不需要"孩子为你长脸"，不用揪着孩子不放，因为你的价值感来自你自己，你有自己打发时间的方式，有遣玩的意兴和悦己的能力。

这个世界上有那么多活泼泼的美好，你体验了吗？那么多好书可以阅读，那么多美食待你品尝，那么多好地方可以去旅游，那么多好玩的脱口秀逗得你哈哈笑……人间值得,你可以把自己的生活过得有滋有味。

总之,你是家长,但首先是自己。自己活得"支棱",才能为孩子撑起更大空间。

后记

我的故事，从武汉到重庆

> 这是孩子的命，由她去吧。
>
> ——我奶奶

1997年秋，我从大学退学

我永远不会忘记1997年秋季的一幕。河南农村，正值秋收季节，我拎着大包小包行李回家，父母正在门前的地里收割黄豆，看到我出现，他们的脸顿时变得痛苦扭曲。我们匆匆赶回家后，母亲边数落我边声嘶力竭地痛哭；父亲脸色铁青，目光呆滞，嘴巴里冷冷地挤出几个字："现在说什么都晚了，都晚了……"

我是从大学退学回家的。这可比当年黄有璨从高中退学更生猛、传播得更快。作为村里第一个本科大学生，我本来能让父母扬眉吐气，而现在一切打回原形，父母在亲友面前也颜面尽失。

退学的原因是多门课程不及格。当时我读的是一所理工院校，专业是供热通风与空调工程，属于机电系。从上专业课的第一天起，我就学得很吃力，痛苦万分，纠缠了两年后，最终不得不退学。

这是我前面在讲到自己的求学经历时，刻意保留、没有展开说的一段。是的，一个出生于20世纪70年代后期的农村女孩，借助高考的时代红利，考取了大学从而改变了命运。对比我的另外三个弟弟妹妹，我明白教育多基因指数在一个人学业成就中的重要作用；对比我的长辈们，我知晓生活在这个时代是多么幸运。但这只是一个粗线条的故事，从个人发展的角度，里面还有更多值得解读的细节。比如环境匮乏导致的无知和莽撞，家庭教育的有为和无为，时代思潮对个人选择的裹挟，偶然事件引发的连锁效应……

总之，从30年前高中文理分科时的错误选择，到第一次大学因极度不适应退学，再到后来转而对文科产生浓厚兴趣，又到如今电脑中敲下这些文字……伴随这个过程同时发生的，是我认识的人，生活的城市，选择的伴侣，从事的职业，也都走向了另外一个全新的轨道。而这个轨道，还有一个通俗的名字——命运。

我相信，命运的背后，一定有着一股隐秘而强大的力量。这是一个人生命底层的驱动力，于我来说，它驱动着我对文字更感兴趣却排斥数理公式，驱动我更愿意琢磨人的悲喜而不是琢磨制冷管道的种种参数，也驱动我从事的职业是媒体记者而不是纺织厂的工程师……

那么，这个力量究竟是什么？这是我多年来一直思考的问题，也一直没有答案。

但现在，我能够给出一个大略正确的答案：基因。基因通过编码蛋白质，影响我大脑中神经元的链接方式，决定着我的智商算力，决定着我的喜好和擅长，决定着我的诸多人格特质，也由此间接决定了我所接触的环境，最终塑造出如今的我。

基因不会说话，没有意识，拆解到最后，它无非是一个个原子。从原子运动到人的行为之间隔着很多层，至少包括化学、生物学、心理学和社会学。但是追根溯源，命运的初始密码，依然蕴藏于那些与生俱来的DNA字符中，蕴藏于一个个原子之中。

正如中国基因科学家仇子龙所说，基因是生命舞台上的绝对主角。

好，让我把自己的故事完整地讲完。这是另外一个典型的基因天赋、家庭环境与时代背景等诸多因素交互影响的案例，它以命运悲喜剧的方式呈现。

人家都能适应，我为什么不行？

高中时我学的理科。其实，在这之前，我并没有想过自己喜欢什么、擅长什么，对我来说，无论学什么都是刷题，我都能凭着毅力顺利地学下来，因为上大学的渴望太强烈了。"世间的道路，永远不止一条"，黄有璨的这一信条对我来说是不存在的。在我眼中，世间上的路，只有两条：要么上大学，要么在农村种地。也许是我小时候没读过郑渊洁吧，当然读了估计也不会被他洗脑，因为脑子与脑子不同，对环境刺激的反应也不同。

至于为什么选理科，很简单，当时还是一个"学好数理化，走遍天下都不怕"的年代。受认知局限，我实在想象不出来文科出来之后可以干什么，甚至在我看来，只有那些智商不够用的人，才会去选文科。

整个高中阶段，我的目标简单纯粹——考大学，而且要考武汉的大学。为什么选择这个城市，是因为奶奶的姐姐家在武汉，我小时候去过一次，城市与农村生活的强烈对比让我印象深刻，梦想的种子就此埋下。我想，如果我能考到武汉上大学，就可以让奶奶送我，让她深度分享我读大学的喜悦。

1995年，我参加了高考。考完后，具体报哪所学校、哪个专业，完全是蒙的。我去请教我爸爸的一个同学，这位叔叔在我们学校搞后勤工作。当得知我想去武汉读大学后，他根据我的估分，拿着资料研究了一会儿（整个过程不超过十分钟），指着武汉的一个学校说："小妮们嘛，读个纺织院校吧。"

这个逻辑挺奇怪，莫非在这位叔叔的观念中，我出来后应该会成为一个纺织女工？

就这样，我在志愿栏中郑重地填写：武汉纺织工学院，机电系，供热通风与空调工程专业。我已经忘了这个专业是怎么选出来的，只记得那个叔叔帮我参谋了学校，专业应该与他无关，我随手写的。

高考分数下来，我顺利被录取。虽然只是二本，但那个年代，高考录取率低，也不容易。

让奶奶深度分享这一喜悦的梦想实现了。当年，正是奶奶送我去的。她姐姐去世后，她已经多年没去过了，还有几个外甥女在。那年秋季的武汉之行，是我们祖孙俩最幸福的时刻。

大学与高中的学习节奏有很大差别，不用那么拼命，不用早晨五点多起床，不用一遍又一遍地刷题；每天的课程也不一定排满，课余时间可以在寝室听歌，可以逛街……这正是我向往的大学生活。

然而很快，可怕的事情来了，除了英语、数学，专业课我几乎都学不懂。比如制图课，什么投影轴之类，我云里雾里；管道制冷、纺织品的回潮率，对我来说也如同天书；还有些专业课，要做化学实验，在瓶瓶罐罐面前，我惶然不知所措。

是课程太难了吗？看看周围同学，人家都正常啊，为什么偏偏我一人这样？这让我很是惊恐和焦虑，学习成了一件很可怕的事情，于是，我开始头痛、失眠，头上像戴了紧箍咒一样，每天昏昏沉沉。

在老乡的帮助下，我得知大学可以休学一年，手续并不复杂。尽管没查出器质性病变，但医院还是给我开了神经衰弱的证明，经过学校审批，办理了休学手续。

在外人看来，我是属于上高中时努力过度，把脑子给累坏了，我自己也是这么看的，所以在这一年中，我尽量充分休息，不做任何费脑子的事情。除了帮父母做点农活，几乎无事可干，度过了无比寂寞的一年。

转眼间1996年秋季开学，我重返大学。然而，我依然学不会，头痛失眠再次复发。大学休学只能办理一年，如果再无法适应，那只能退学。我极度恐惧和痛苦，只有给家里打电话。那时接打电话是在寝室的宿管处。有一次，我泣不成声地向父母哭诉，被宿管科阿姨看到了，她赶紧过来询问情况，把我拉到怀里，劝慰、鼓励我一定坚持下去。至今想起那一幕还很温暖。

那时针对大学生的心理辅导还很少，只有师范院校开设。在同学的帮助下，我坐车到华中师范大学接受心理辅导，然而事情毫无转机，头痛越来越严重。

那段时间也给父母带来了极大痛苦。母亲告诉我，每次挂掉电话后，她与父亲都相对无言，默默地抹眼泪。是的，从小父母对我的学习不怎么关心，但那是因为还没考大学的意识，就好比中彩票一样，不去奢望而已。我能考取，当然是一份意外的大礼。

如今眼看着彩票即将兑现，却不得不被收回去，哪个父母不难受呢？

再说回我自己这边，头痛依然在继续，如果勉强读下去，人可能会疯掉，极度痛苦中，我萌生了退学的念头。十来年的寒窗苦读付之东流，但我实在无能为力。

1997年春节寒假回家后，我郑重地给父母说起这件事。可想而知，他们极力反对，因为在他们看来，问题还没那么严重，大学能混过去即可，怎么能主动退学呢？这个时候，训斥和打骂肯定也不是办法，他们只有小心翼翼地哄我，甚至乞求我寒假后一定要回到学校。我记得很清楚，一向节约的父母，为了讨得我的欢心，还特意到镇上给我买了一双60元的皮鞋。那时，身为民办教师的爸爸每月的工资大概也就一两百元。

不忍父母伤心，寒假后我回到了学校，但情况依旧，在学校度日如年，每一分每一秒都是煎熬。其实，在第一学期考试时，我已有两门专业课不及格，学校发出警告，如果下学期继续有多门学科不及格，就会被勒令退学。

我明白，这是早晚的结局。

浑浑噩噩又勉强待了一学期后，果然不出所料——大一第二学期期末考试多门功课不及格。秋季开学后，我就收到了退学通知。父亲闻讯赶来，记得在教务处，得到"退学已成定局"的回复时，他脸色惨白、脚步踉跄、几乎摔倒。

在我武汉亲戚的安慰下，父亲的情绪稳定下来，就先回去了。我留在学校办理退学手续，那是一种如释重负的感觉。

几天后，我拎着行李回到了家里。当时正逢秋收，父母在门前的地里忙碌。尽管对于我回家他们已有心理准备，但在看到我的那一刻，他们还是难抑悲伤，匆匆收拾了活路后，我们一起回到了家中。

关上大门，母亲放声大哭，数落我不懂事，以后怎么办；父亲铁青着脸，话很少。因为他们总觉得，我有故意考不及格的嫌疑。很快，奶奶过来了，也有邻居闻讯过来。那天大家说了很多话，一直到天黑。很多话我都忘记了，但有句我记得很清楚，奶奶反复重复道：这是孩子的命，由她去吧。

在我们那个由熟人网络构成的乡村社会中，这是一个爆炸性新闻，尤其是对于在学校教书的父亲来说，极为丢人。

发现自己，转文科重考

即便时至今日，我懂了一些基因天赋的知识，对于当年的这段经历，我依然觉得有许多难以解释之处。高中时的数学、物理、化学，我学起来都还不算吃力，为什么到了大学的专业应用阶段，就学不会了。要说不努力是不可能的，毕竟上大学是我自己奋斗多年的梦想。

我的这段经历，与如今一些厌学的孩子又何其类似。在家长眼中，孩子的行为难以理解：不就是上学吗？人家学得会你怎么学不会？人家能适应你怎么不能适应？谁天生喜欢学习？不喜欢难道就不能逼自己一把吗？这孩子咋这么脆弱、这么懒？……

但我想说的是，我是真做不到，真的毫无兴趣，一上专业课就产生恐惧感，极为排斥。我想，当年黄有璨应该也是这种无力感，宁愿承受辍学后的各种冷眼和压力，也没有能量去应付那些枯燥的题目和公式。

如果要追问根本原因，我只能说，就像你去问一株麦苗为什么产不出水稻，一条鱼为什么不能爬树一样。人与人天生不同，学习依赖的生理基础是大脑硬件，而大脑生理构造、神经元链接有着与生俱来的差异。A能轻松驾驭的事情，对于B来说却可能举步维艰。

所以，孩子出现厌学情绪，很可能是他们的天赋倾向与学校的要求不匹配，是挣扎努力后依然没有效果，是能量已经耗尽，如果家长不能理解和接纳，而是一味地指责、逼迫，很可能会造成二次伤害，导致孩子的抑郁，甚至自杀。

我还算幸运，父母在我退学后，也死了心，不再提及上学的事，妈妈甚至都张罗着要给我介绍"婆家"了，看我不答应，也就不管我了。

在随后的一年多里，我的失眠、头痛时好时坏，也不知道接下来该做些什么，曾又回到武汉在一家小餐馆打过一段时间工，也到城里的亲戚家帮忙带过孩子，处于当一天和尚撞一天钟，过一天是一天的状态。

转机往往在偶然间发生，时间来到1999年春。有一天，我在家里百无聊赖，突然看到桌子角落有一本残缺的书，里面有一段分析鲁迅小说的文字。我爸爸是小学语文教师，家里好歹还是有几本与教学有关的书的。我读着读着，觉得心中有一块柔软的地方被触动：这才是我喜欢的东西啊，以前怎么都不晓得呢？……我应该去学习文科呀，为什么当初选择了理科呢？

霎时间，一股热流冲击着我：我要回到高中，复读文科。

这简直是异想天开！此时我已经21岁，如果回到高中复读，一年后即便顺利考取，也已经22岁，到了一般大学生毕业的年龄。高中知识已丢弃三四年了，还能拾得起吗？再说，理转文，历史、政治几乎从头学起，行吗？

不知哪儿来的自信，我觉得自己可以。父母看到我要重新回去读书，高兴还来不及呢，对于理转文，也没任何异议，因为他们不懂。

接下来的一切比想象中的顺利，我似乎无师自通地掌握了学习方法。比如历史、政治，先看章节结构，对知识框架有个整体把握，然后再进入具体的细节学习。而且，与以往十多年不同的是，学习本身变成了一件挺有意思的事，特别是历史很让我着迷。同时，我不追求刷题，而是精读教材，吃透教材后再研究答题套路，这样的效率似乎挺高。

一年后，2000年高考，我考取了位于重庆的西南师范大学（如今的西南大学）教育学专业。这次是我自己深思熟虑后选的专业。

就这样，从1995年第一次高考到2000年第二次高考，我的人生经历了近5年的动荡，在专业方向上来了一个180度大转弯，从机电系的工程技术领域转向与人打交道的教育领域。当我郑重填报"教育学专业"时，我的计划是毕业后当教师。

然而，即便是在兴趣框架内的计划，依然会有很大变数。

一次偶然的投稿，开启媒体人生涯

2001年4月份，大一下学期。一天，我与同学在学校所在的北碚街头闲逛。在一个眼镜专卖店，我被一副太阳镜吸引。小心翼翼地拿起来，戴上试了下，镜中的我一下子洋气多了。几个同学也连呼好看，怂恿我买下来。我内心十分纠结，是很想买，当时马上就要进入夏天了……可是，这副太阳镜是"牌子货"，70多元，我半个月的伙食费啊。

但……我实在太喜欢了……踌躇了很久，我最终还是刷了卡，买下了平生第一件时尚"奢侈品"。

吃过晚饭到自习室后，我怎么都学不进去，满脑子都想着，买墨镜花了这么多钱，这个月咋办？我能否自己挣点钱呢？人家这个年龄都已经上班了，我却还在依靠父母。

于是，鬼使神差地，我铺开稿纸，开始写作——挣稿费，是我首先想到的事情。其实，在这之前，我并没有在写作上表现出什么天赋，从小到大，语文成绩都平平。而且，我也没有读过多少书，关键是也没多少课外书读，那时流行《读者》《青年文摘》，以及《少女》《女友》《知音》《家庭》等或时尚或通俗的杂志，只要见到，我都能津津有味地读下去。

于是，在因买墨镜遭遇经济困顿后，我首先想到了给这些杂志投稿。

我一口气写了十篇，根据各个杂志的风格、对字数的要求等，分别投了出去。其中，写给《知音》的那篇，讲述我第一次上大学不适应、退学重考的经历，还渲染了中间在武汉小餐馆打工的插曲。

348　　　　　　　　　　　　　　　生孩子与开盲盒

半个月后，尽管其他稿子都石沉大海，却等来了《知音》的回复。一个名叫赵美萍的编辑给我打来了电话，说我的故事很特别，写得也感人，她要到重庆出差，约我见面。

这便是前面章节中，我在重庆宾馆见到赵美萍的那个故事。

稿子顺利刊出，几个月后，我收到了稿费，竟然有4000元之多，大大出乎我的预料，也让同学们惊呆了。记得当时还是用汇款单，班长转交给我时，他睁大了眼睛，连连说："肯定是4后面多写了一个0。"

这次投稿，不光解决了我一年的生活费，而且也直接改变了我后来的职业走向。

我是后来才知道能在《知音》上发一篇稿子有多难，那时的《知音》如日中天，是全国顶流大刊。大学毕业时，在想进入重庆主城的学校未果后，我正是凭着这篇文章，叩开了媒体的大门。

尽管当年投稿可能只是一个偶然事件，但在后来20多年的职业生涯中，我确信，这是最适合我的职业。

"我的人生是一张不带地图的旅行，对这个世界的好奇，是我生命的基本动力。"这是历史学家张宏杰在回顾自己从财经专业转向历史学研究领域时发出的一句慨叹。我想每个人都可能如此，"对这个世界的好奇"，你可以理解为一个人的天赋倾向，以密码的方式储存在基因里，表现为生命的基本动力，推动着你对这件事好奇而对另外一件事无感，推动着你要去趋向这个环境而不是另外一个。而当你的行进方向与密码所指示的方向相悖离时，它也会硬生生地把你给拽回来，哪怕兜兜转转，哪怕磕磕碰碰，最终还是要回到既定方向。

这种过程中的暂时悖离，往往是由于环境资源的匮乏所致，使得选择受限,天赋优势没有机会发挥。比如我骨子里原本应该有热爱阅读的一面,然而由于从小家中图书严重匮乏,阅读细胞根本就没机会发育,加之城乡地域差异、家长见识狭窄,还有时代因素,比如重理轻文思潮,学校教育普遍不重视课外阅读等,以上种种不利因素,都使得我体内潜藏的人文、写作兴趣难以被激发。

这种事情也发生在很多我的同龄人身上。比如斯哥,本来也是对文学感兴趣,但当年读高中时也因重理轻文选了理科,大学又稀里糊涂选了一所工学院的电焊专业;还有营销专家小马宋,本来对广告感兴趣,但根本不知道大学还有这个专业,又加上报考失误,被调剂到锅炉专业;历史学家张宏杰,本来是一个似乎就为历史写作而生的人,但苦于小学中学时接触的历史书极其有限,史学兴趣一直处于沉睡状态。

好在,天赋倾向是一个倔强的存在,只要有一点点机会,就会破土而出,顽强地生长、蔓延。斯哥毕业后一天电焊工都没干过,直奔媒体写作;小马宋毕业后做了一年多锅炉工,辞职进入广告营销领域;张宏杰在被一本《万历十五年》"击中"后,最终走上了历史研究和写作道路;而我自己也是,当年无意中看到的那篇鲁迅小说解析,激活了我体内的文科密码,重新校正了方向,并一直走到今天……

我记得,当2000年我第二次捧回大学录取通知书,家里一片欢腾时,奶奶却平和淡然地说了一句:"这是孩子的命,命里该吃这碗饭。"这句话是不是很熟悉?时针再往前拨回到1997年秋天,我退学回家的那天,父母悲伤得难以自抑时,奶奶说:"这是孩子的命,由她去吧。"这并不意味着奶奶不疼我,也不是封建迷信,而是一个老人的智慧,她看到了一个孩子生命深处那股属于他自己的力量。这是一种家长无法左右的力量,只能将其交还给孩子、交还给时间。

这种力量,在一个相对公平、条件充分、不再有"祖母遗憾"的社会中,通常以正向的面貌存在。因为它指向的是独立、自由的人格,是一种真实的、蓬勃的生命活力,是一边自我实现、一边自我发现的过程,是成为你自己的英雄之旅,是"你当像鸟最终飞往你的山"……

这种力量,就叫基因天赋。